国家自然科学基金重点项目：政府资产负债测度相
理论方法与政策研究（项目编号：71333014）

中国政府资产负债表
（2008—2016）

杜金富　王　毅　阮健弘◎等著

中国金融出版社

责任编辑：张　铁
责任校对：潘　洁
责任印制：张也男

图书在版编目（CIP）数据

中国政府资产负债表. 2008—2016/杜金富等著. —北京：中国金融出版社，2019.5
ISBN 978 - 7 - 5220 - 0071 - 8

Ⅰ.①中…　Ⅱ.①杜…　Ⅲ.①国家行政机关—资金平衡表—中国—2008—2016
Ⅳ.①F231.1

中国版本图书馆 CIP 数据核字（2019）第 068935 号

中国政府资产负债表（2008—2016）
Zhongguo Zhengfu Zichan Fuzhaibiao（2008—2016）

出版
发行　**中国金融出版社**

社址　北京市丰台区益泽路 2 号
市场开发部　（010）63266347，63805472，63439533（传真）
网上书店　http://www.chinafph.com
　　　　　　（010）63286832，63365686（传真）
读者服务部　（010）66070833，62568380
邮编　100071
经销　新华书店
印刷　保利达印务有限公司
尺寸　185 毫米 ×260 毫米
印张　21.75
字数　486 千
版次　2019 年 5 月第 1 版
印次　2019 年 5 月第 1 次印刷
定价　68.00 元
ISBN 978 - 7 - 5220 - 0071 - 8
如出现印装错误本社负责调换　联系电话（010）63263947

前　言

《中国政府资产负债表（2008—2016）》是国家自然科学基金重点项目"政府资产负债测度核算的理论方法与政策研究"子课题的研究成果。它是在完成《中国政府资产负债表编制研究》（中国金融出版社，2018）的基础上收集数据编制而成的。所收集数据取得相关部门权威专家的认可。报表的编制既与国际接轨，又体现中国的特点，无论是对机构部门、资产负债核算项目的定义分类，还是核算方法等方面都有一些突破，有些弥补了核算的不足，有些填补了核算的空白。

全书分为十五章，第一章为政府资产负债总表，第二章至第十三章为政府组成部门及分层次部门（狭义政府、事业单位、政府控制的非营利组织、广义政府、国有非金融企业、政府非金融部门、中央银行、国有其他存款性金融机构、国有存款性金融机构、国有非存款性金融机构、国有金融机构、国有企业）的资产负债表，第十四章为政府部门总体资产负债表（基础核算表），第十五章为政府部门总体资产负债表（SNA 标准表）。每一章由三部分组成：编制说明、报表及简要分析。

本书由杜金富（北京语言大学商学院、经济研究院）主持完成。撰写人员与分工如下：第一章由杜金富等撰写，第二章由王毅、宋光磊、马晓菁撰写，第三章由王毅、宋光磊、马晓菁撰写，第四章由阮健弘、陈浩、计茜撰写，第五章由王毅、郭永强、刘智媛撰写，第六章由王毅、宋光磊、马晓菁撰写，第七章由王小龙、朱尔茜、白玮撰写，第八章由阮健弘、陈浩、计茜撰写，第九章由苗雨峰、刘琦撰写，第十章由张文红、刘智媛、白玮撰写，第十一章由刘琦撰写，第十二章由阮健弘、郑桂环、石春华撰写，第十三章由宋晓玲、杜美杰、朱尔茜撰写，第十四章由杜金富、李红岗、王珏帅撰写，第十五章由杜金富等撰写。宋晓玲、朱尔茜、白玮、岳鑫等撰写了简要分析。全书由杜金富、王毅、阮健弘统稿。

杜金富

2019 年 1 月 15 日

目　　录

表目录

第一章 2008—2016 年政府资产负债总表

第一节 2008—2016 年政府资产负债表编制报告

2008—2016 年中国政府资产负债表是以国际公认准则为依据，参考其他国家做法，结合中国的实际情况编制完成的。9 个年度核算数据初步分析显示：我国政府"家底"较为厚实，总体风险可控，具备对经济影响和调控的条件，但融资形式不尽合理、渠道不甚完善，问题较为突出。现将有关情况报告如下。

一、2008—2016 年中国政府资产负债表的编制框架

2008—2016 年中国政府资产负债表的编制框架是，以国际公认准则为依据和标准，针对中国政府核算的实际情况，确定机构部门、核算工具的定义、分类以及核算规则等。

（一）编制的依据和标准

目前国际公认的编制政府资产负债表的准则主要有：联合国等制定的《国民账户体系2008》（简称 SNA2008）、2001 年国际货币基金组织出版的《政府财政统计手册》（GFSM2001）和《国际公共部门会计准则》（IPSASs）等。在编制政府资产负债表方面，这些准则的主要内容有：对政府部门进行定义及分类，对核算的资产负债工具项目进行定义及分类，确定核算规则等。

编制政府资产负债表，首先要明确政府的定义及其范围。SNA2008 并没有对核算意义上的政府做过一般定义，而是将政府机构部门分为三个层次：狭义政府部门、广义政府部门和公共部门。狭义政府部门即通常所称的拥有立法、司法或行政权的法律实体；广义政府部门由狭义政府部门和政府控制的非市场非营利组织构成；公共部门由广义政府部门和公共公司构成。我们认为，核算意义的政府既不等同于行使行政权的政府，也不等同于行政事业单位或政府管理体系机构，而是拥有、支配和控制公共资源的法律实体。在我国政府资产负债表的编制中，我们也将我国政府机构部门分为三个层次：狭义政府部门、广义政府部门和政府总体部门。狭义政府部门包括行政单位、社会保障保险基金和政府财政总预算；广义政府部

门包括狭义政府部门、事业单位和政府控制的非营利组织；政府总体部门包括广义政府部门和国有企业。

编制政府资产负债表还需要明确政府拥有的资产和承担的负债的定义和分类。SNA2008将资产定义为："资产是一种价值储备，代表经济所有者在一定时期内通过持有或使用某实体所产生的一次性或连续性经济利益。它是价值从一个核算期向另一个核算期结转的载体。"《国际部门公共会计准则》（IPSASs）将资产定义为："资产是作为过去事项的结果而由主体控制，并且所带来的未来经济利益或服务潜能预期会流入主体的资源。"《政府财政统计手册》（GFSM2014）将资产定义为："政府核算中的所有资产都是经济资产，这些资产是具有以下特点的实体：机构单位对这些资产行使单个或集体所有权，这些资产的所有者通过在一定时期内持有或使用这些资产获得经济利益，这些资产能以货币计量。"资产一般分为非金融资产和金融资产两大类。非金融资产包括固定资产、存货、贵重物品和非生产资产。金融资产包括货币黄金和特别提款权、通货和存款、债务性证券、贷款、股权和投资基金份额、保险技术准备金、金融衍生工具、其他应收/预付款等。我们认为，政府资产可定义为，政府控制的未来能获得经济利益或提供服务的、能以货币计量的资源。编制我国政府资产负债表时，我们也将资产分为非金融资产和金融资产两大类。非金融资产包括固定资产、公共基础设施、存货、文物文化资产、非生产资产和其他非金融资产。金融资产包括国际储备资产、通货和存款、债务性证券、贷款、股权和其他权益、保险技术准备金、金融衍生工具、其他应收/预付款和其他金融资产等。负债是金融负债。金融负债与金融资产是一个问题的两个方面，其定义和分类大致相同（金融负债中没有国际储备项目）。

编制政府资产负债表还需确定核算规则。这些核算规则的主要内容有：资产负债价值的确定、记录时间的确定以及数据的汇总、合并和轧差等。编制我国政府资产负债表时，我们在数据可获得的情况下，尽量遵从国际核算规则。

（二）我国政府部门核算的范围与层次

为了反映政府拥有、支配和控制公共资源的程度，如前所述，我们把编制政府资产负债表的政府分为三个层次：第一层次为直接拥有、支配和控制公共资源的法律实体，即狭义政府部门；第二层次为广义政府（狭义政府＋事业单位＋政府控制的非营利组织）；第三层次为政府总体部门（广义政府＋国有企业）。从这三个层次来看，第一层次的政府对公共资源拥有、支配和控制力最强，其他层次政府对公共资源拥有、支配和控制力逐级减弱。

狭义政府或称行政单位或预算政府，是指经政治程序设立或国家编制部门批准设立、其支出纳入国家预算、履行相应公共职责的法律实体。在我国主要是指政府财政总预算、行政单位和社会保障保险基金。事业单位是我国特有的称谓，是由国家机关举办或者其他组织利用国有资产举办，以公益性活动为目标，经编制部门批准，从事教育、科技、文化、卫生等活动的社会服务实体。政府控制的非营利组织主要指非营利组织的人员和资金受政府控制。非营利组织指从事公益性或者非营利性活动，不向出资人、设立人或者会员分配所取得利润，投入人对投入该组织的财产不保留或者享有任何财产权利的社会组织。国有企业分为国有非金融企业和国有金融企业。国有非金融企业主要经营非金融产品，国有金融企业主要经营金融产品。国有非金融企业一般称为国有企业，它是国家作为出资人依照相关法律投入资本金举办的企业，包括国有独资企业、国有独资公司、国有联营企业、国有绝对控股企业、国有相对控股企业、国有参股企业等。国有金融企业又分为国有存款性金融机构和国有非存款性金融机构。存款性金融机构是以存款为主要负债，以贷款为主要资产，直接参与存款货币创造过程的金融机构。非存款性金融机构则是负债未包括在广义货币中的金融机构。国有金融企业也是国家作为出资人依照相关法律投入资本金举办的企业。我国政府部门的构成有：

1. 狭义政府。我国是在中国共产党的领导下，坚持和完善人民代表大会制度、多党合作和协商制度、民族自治制度以及基层群众自治制度的具有中国特色的社会主义国家。我国预算政府机构包括中国共产党机构、人民代表大会机构、人民政治协商会议机构、行政机构、司法机构、部队、群众团体、民主党派机构等，我们把这些机构统称为行政单位。我国狭义政府机构还包括政府财政总预算和社会保障保险基金等机构。

2. 广义政府。广义政府除狭义政府机构外，还包括事业单位和政府控制的非营利组织。事业单位包括教育、科研、文化艺术、卫生、体育、农林渔和水利、社会福利、城市公用、交通、信息咨询、中介服务、勘察（探）、气象、地震测防、海洋、环保、检验检测、知识产权、机关后勤服务等 19 大类机构。政府控制的非营利组织主要有政府控制的社会服务机构、社会团体、基金会、其他社会服务机构、宗教机构等。

3. 政府总体部门。政府总体部门除广义政府外，还包括国有非金融企业、国有存款性金融机构和国有非存款性金融机构。

（三）我国政府资产负债核算的范围与分类

我国政府资产的分类，既要遵循国际一般准则，又要体现本国的特色，还要注重分类的多样性和综合性。所谓遵循国际一般准则，是指大的分类即主要分类标准上与国际一般准则相一致；所谓体现本国的特色主要是指要体现本国核算的关注点，重点体现在大的分类下的细分类上；所谓多样性是指资产分类标准选择上要满足政府各部门核算多种需要，主要以流动性为主，还要兼顾实体性与虚拟性、法律特征、风险性、交易性等其他分类标志；所谓综合性是指政府总体资产分类项目不像政府组成部门的分类那么多，那么细，而是进行大的分类，并且分类全覆盖，体现综合的特征。我国政府资产核算的分类要在大的分类的基础上，再进行细分类。我们认为，我国政府资产核算的分类，首先分为非金融资产和金融资产。非金融资产是实体资产，为政府所有或控制，不代表对其他单位的融资关系；金融资产是虚拟资产，代表对其他单位的融资关系。其次，对两大类资产再进行分类。非金融资产可能作为生产过程的产出而产生、自然产生和作为社会构成物。生产资产划分为固定资产、存货和文化文物。自然资产及社会构成物通称为非生产资产。自然资产包括土地和地下矿藏等。社会构成物包括专利和租赁。其他非金融资产是上述之外的所有非金融资产。金融资产可再分为国际储备资产、通货和存款、债务性证券、贷款、股票和其他权益、保险技术准备金、金融衍生产品、应收/预付款、其他金融资产。最后，是政府组成部门资产在上述大的分类基础上的细分类。负债是指金融负债。金融负债与金融资产相对应，它的载体是金融工具，通过金融工具确定融资关系。金融工具对债权者来说是金融资产，对债务者来说是金融负债。

（四）我国政府资产负债核算方法

政府资产负债的价值在力求以市场价值为基础的前提下，按审慎原则加以确定。资产的估值一般可稍低于市场价格；负债的估值要尽量接近市场价格。从估值的角度，我们将资产分为金融资产和非金融资产。金融资产又可分为货币性金融资产和非货币性金融资产。金融负债的分类与金融资产相同。货币性金融资产包括通货和存款、贷款、应收预付款、保障保险基金等。非货币性金融资产主要指股票、债券和国际储备资产等。货币性金融资产账面价值就是市场价值。因此，估值主要是对非金融资产、非货币性金融资产项目的价格进行调整。固定资产的估价采用"永续盘存法"，按编表时的市场价格进行重置估价；存货按账目价值计价；文物文化资产的估价利用投保的价值数据进行估算；非生产资产的土地以国家征用价格估价，无形资产按合同规定的金额估值；非货币金融资产中的国际储备资产根据市场价格进行计价，股票债券按其发行价格计价。

我国政府资产负债的核算基础采用收付实现制和权责发生制。我们认为，广义政府与国有企业分别采用收付实现制和权责发生制对政府总体资产负债核算并未产生过大影响。因为在采用收付实现制的广义政府资产负债核算中，特殊经济业务和事项也采用权责发生制核算；收付实现制对广义政府影响最大的是在负债方面有应付的债务利息等，在资产方面有应收的税收、应缴款等，我们推算的结果是应收资产大于应付负债，这符合审慎核算的要求。

我们在整理政府资产负债数据时，对于能够识别的数据，尽量采用合并的方法处理，其余采用汇总方法。

二、2008—2016 年中国政府资产负债表编制的特点

编制 2008—2016 年中国政府资产负债表，无论是对机构部门、资产负债核算项目的定义分类，还是核算方法等方面都有一些突破和创新，有些弥补了核算上的不足，有些填补了核算的一些空白。

（一）政府机构部门核算的主要特点

1. 狭义政府部门核算范围由行政单位扩大到政府财政总预算和社会保障保险基金。现行财政部门对外公布的行政事业单位资产负债简表中，行政单位只是狭义政府部门的一部分，财政部和国家社保基金理事会作为行政单位组成部分，只反映其作为行政单位资产负债的存量情况，并未反映财政总预算和社会保障保险资产负债的存量情况。在核算上，我们设立虚拟机构"财政总预算"、"社会保障保险基金"反映其履行狭义政府职能资产负债存量情况。9 年狭义政府资产负债表显示，狭义政府总资产中，政府财政总预算占 65.8%，行政单位占 24.1%，社会保障保险基金占 10.1%。狭义政府总资产年均增长 13.7%，其中，政府财政总预算增长 13.7%，行政单位增长 12.27%，社会保障保险基金增长 19.55%。即：行政单位的资产占狭义政府总资产的比重不到四分之一，且增长速度低于政府财政总预算和

社会保障保险基金。显然仅核算行政单位资产负债不能全面反映狭义政府的全貌。

2. 界定事业单位核算范围，对于一个机构多种身份事业单位资产负债核算区分处理。事业单位的界定范围有四种口径：（1）宽泛的界定。《中华人民共和国公益事业捐赠法》明确规定事业单位包括："公益性非营利为目的的教育机构、科学研究机构、医疗卫生机构、社会公共文化机构、社会公共体育机构和社会福利机构等。"这里指的事业单位既包括编制部门准许的行政事业单位，也包括民政部门准许的公益性事业单位，还包括行业自律性组织如协会、学会等；既包括国家投资举办的事业单位，也包括其他经济成分投资举办的事业单位。这种口径与国家综合统计部门分类"非营利机构"相对应。（2）广义的界定。《事业单位登记管理暂行条例》将事业单位界定为"国家为了社会公益目的，由国家机关举办或者其他组织利用国有资产举办的，从事教育、科技、文化、卫生等活动的社会服务组织"。这里指的事业单位主要强调经编制部门准许的、由国家机关举办或者其他组织利用国有资产举办的社会服务组织，排除了民政部门准许的公益性事业单位。但它强调事业单位国家拥有、服务和公益性的同时，也包括实际已经纳入狭义政府的事业单位，如党校等，还包括国有企业举办的事业单位。（3）财政部门的界定。即财政部门根据编制部门的定性意见，再考虑预算情况确定事业单位的范围。我国对事业单位界定的口径，编制部门与财政部门并不完全一致。实际情况是编制部门确定的事业单位的范围要大于财政部门确定的范围，有些参公管理的事业单位已纳入狭义政府，国有企业设立的事业单位也未纳入预算之中。（4）狭义的界定。我们认为，事业单位是由国家机关举办或者其他组织利用国有资产举办，以公益性活动为目标，经编制部门批准，从事教育、科技、文化、卫生等活动的社会服务实体。判断机构是否属于事业单位的标准有：一是由编制部门批准。事业单位提供公共服务，需要财政提供资金支持，它的准入就需要编制部门准许并核定职能和编制等，为财政提供资金支持提供依据。企业的市场准入由工商管理部门准许，社会团体和民办非企业组织的准入由民政部门准许。从准入维度我们就可以将企业、社会团体和民办非企业排除在外。二是活动的公益性。这将企业排除在外。三是活动的服务性。即事业单位提供的是专业化服务，而非行政管理，即活动不具有强制性；其内部管理也不采取行政管理模式。这就将纳入狭义政府的某些特定事业单位排除在外。四是组织的实体性。这可以将社会团体和民办非企业组织等排除在外。五是资产的国有性。这可以将非国有的社会组织和法人排除在外。我们认为纳入广义政府的事业单位应该是狭义事业单位。对于一个机构多重身份如工会等，在进行资产负债核算时，我们对其用于履行行政职能的财政资金和用于履行事业单位职能的资产负债做区分处理。

3. 界定政府控制的非营利组织，并纳入广义政府的核算范围。我国对政府控制的非营利组织还未有公认完整的定义。财政部门在行政单位资产负债简表中只公布"民间非营利组织"的资产负债情况。我国也未就政府控制的非营利组织给予明确的定义或进行较为完整的核算。我们认为，非营利组织是指从事公益性或非营利性活动，不向出资人、设立人或者会员分配所取得利润的法人。我国非营利组织应包括社会团体、基金会、社会服务机构等。根据 SNA2008，控制一个非营利组织的判断标准主要考虑以下五个方面：官员的任命，可授权文书的其他条款，合约的安排，资金来源，风险暴露。据此，我们确定了我国政府控制的非营利组织核算部门并纳入广义政府的核算范围。

4. 界定国有企业的核算范围，并纳入政府总体部门核算范围。迄今为止，虽然国有企业一词在我国现行的法律体系以及日常生活中使用频繁，但在法律、行政法规层面仍未对国有企业的含义和范围进行明确的界定。我们认为判断国有企业的标准有：一是国家出资，即政府（包括政府，或国有企业，或事业单位等）作为出资人，依法履行出资人的义务和享有出资人的权益；二是依法设立，依照公司法或者企业法设立，具有独立法人资格的公司实体或企业实体；三是国家参与任命和经营管理，包括任命董事会成员、高管层、监事会成员等，参与企业的重大经营管理决策；四是依法对相应的资产享有权益。国有企业包括国有独资企业、国有独资公司、国有联营企业；国有绝对控股企业、国有相对控股企业等。我国的国有企业与 SNA2008 提出的公共公司有相似之处，我们把它纳入政府总体部门的核算范围之内。

（二）政府资产负债核算项目的主要特点

1. 设立"出资额"项目，核算政府投资出资的存量。

我们认为，政府对国际金融机构、企业、事业单位、非营利组织和其他机构如政府投资基金等的一些投资性支出并未纳入存量核算的范围，这是政府核算较为突出的一个薄弱环节。虽然在政府财政总预算会计制度中，单独设立了"股权投资"用以核算对国际金融组织、投资基金以及企业的股权投资，但没有涉及对事业单位、非营利组织如小微企业担保基金等的一些投资核算，对企业等投资也核算不全。我们编制政府资产负债表设立了"出资额"项目，用以核算对国际金融机构、企业的股权投资；对事业单位、非营利组织和其他机构等的出资存量。9 年核算数据表明，政府出资额余额由 2008 年的 11.8 万亿元增加到 2016 年的 30.5 万亿元。其中，对国有非金融企业的出资余额由 2008 年的 5.9 万亿元增加到 2016 年的 14.2 万亿元，对国有存款性金融机构的出资余额由 2008 年的 1.3 万亿元增加到 2016 年的 2.3 万亿元，对国有非存款性金融机构的出资余额由 2008 年的 0.15 万亿元增加到 2016 年的 0.8 万亿元。

2. 完善"存货"核算项目，把战略性储备纳入核算范围。

我国"存货"核算项目应包括三部分内容：战略性储备、政府储备物资和其他存货。我国战略性储备体系较为复杂，既有国家全资的战略性储备，如国家物资储备局储备的战略性物资，又有国家出资采取市场化运作方式储备的战略性物资，如粮食储备等。目前狭义政府"政府储备物资"只核算行政单位直接储存管理的各项政府应急或救灾储备物资，没有把国家战略性物资储备纳入政府资产负债表的核算范围。我们编制政府资产负债表设立的"存货"核算项目将这三部分内容都纳入了核算范围。

3. 设立"文物文化资产"项目，填补核算上的空白。

我国文物文化资产核算在国家核算体系中还是一个空白。用于展示、陈列的字画、古玩、雕塑等纳入了固定资产分类中的文物和陈列品之中。相当部分文物文化资产只有物量统计，并且没有纳入政府核算范围。文物文化资产核算具有以下特点：实际价值将会升高，一般不会贬值，不需要提取折旧；不是生产的辅助工具；在正常情况下不会随时间推移而退化。文物文化资产核算不具有固定资产核算的特点。我们编制政府资产负债表设立了"文物文化资产"核算项目。我们初步核算，文物文化资产2016年为4585亿元。

4. 设立"非生产资产"项目，完善核算体系。

非生产资产作为非金融资产的一部分，是相对于生产资产而言的，它不是作为生产过程的产出而产生，而是自然产生或作为社会构成物。自然资产包括土地、地下矿藏等。社会构成物包括专利和租赁。我们编制政府资产负债表，一是设立了"土地"核算项目。这里的土地是指地面本身，不包括地上的价值物，如房屋、道路、农作物等。我国土地实行社会主义公有制和用途管理制度。国家编制土地利用总体规划，将土地用途分为农用土地、建设用地和未用土地。我国目前制度上已把行政单位、事业单位以及国有企业的建设用地和国有农业企业的农用土地纳入政府固定资产核算中，但没有进行核算操作，事实上这些核算无实际经济意义，因为纳入固定资产核算的土地，已经是固定资产的构成部分，已经是生产资产而不是非生产资产。政府的储备用地、未利用土地和其他农用土地还未单独列项纳入资产负债核算之中。我们核算中设立的土地项目，主要指政府持有的国有土地储备。二是设立了"无形资产"核算项目，包括著作权、土地使用权、专利权、非专利技术等。

（三）政府资产负债核算方法的主要特点

1. 多方式搜集核实数据，注重数据质量。编表所需数据，已有的进行核实；未有的采取调查、推算等多方式搜集，确保不缺项，尽力缩小数据缺口。所提供的数据均注明其来源和核实的方法，并取得相关部门权威专家的认可。编制政府总体部门资产负债表需要编制7个政府部门资产负债表。其中，编制国有企业（包括国有金融部门和国有非金融企业）4个部门资产负债表所需数据搜集核实较为容易。这些部门的数据多有公布，质量相对较高。编制广义政府部门（包括狭义政府、事业单位和政府控制的非营利组织）3个部门资产负债表所需数据的搜集核算则相对困难。狭义政府中的政府总预算数据没有对外公布。现在编制的政府财政总预算的7项指标的数据相当部分是通过编制其他部门资产负债表推算得到的。其中，"存款"是通过编制中央银行资产负债表推算而来，"出资额"中的企业投资是通过编制企业资产负债表把其负债中的国家资本相加得来。行政事业单位虽然对外公布了资产负债简表，但其是从预算管理的角度定义和核算的，比如"财政应返还额度"也作为其流动资产而纳入核算。有些核算项目如水库大坝等资产的核算，受当时管理体制的影响，有些投入（劳动投入等）并没有计入成本，资产的账面价值与市场价值差距过大。因此，我们编表时调整了核算项目和数据。编制政府控制的非营利组织资产负债表所需数据搜集难度最大。我们与民政部门一起研究，从省级数据推算全国数据。为了搜集核实"文物文化资产"、"土地"、"战略物资储备"、"公共基础设施"等项目的数据，我们实地调查和走访了多个部委和多家单位的专家。

2. 先部门后整体编制两套报表，注重信息的"原汁原味"，既体现中国政府核算的特点，又与国际惯例接轨。我们并未采取传统的编表做法，即先确定机构部门、工具的定义范围，然后搜集整理数据，进而编制总体资产负债表。而是先部门后整体编制两套报表，即在确定总体框架的前提下，先搜集整理部门的会计报表，分析现行会计报表核算项目与总体核算框架核算项目的关系，编制以会计核算项目为主的部门和总体资产负债表，再在此基础上编制与国际接轨的部门和总体资产负债表。这种做法的长处是，清晰地反映部门和总体的关系，既保持了信息的"原汁原味"，如"出资额"、"公共基础设施"、"投资性房地产"、"同业拆借"、"买入返售资产"、"卖出回购证券"等，便于理解和分析这些信息的内涵，又与国际接轨，便于与国际比较。

三、2008—2016 年中国政府资产负债表的初步分析

编制政府资产负债表的主要任务是摸清情况，提供给有关各方研究参考。我们仅对 2008—2016 年中国政府资产负债表反映的一些重要问题做一些初步分析。

（一）我国政府"家底"较为厚实

我国政府资产规模较大，净值规模较大，国际储备资产规模较大，政府"家底"较为厚实。

1. 资产规模较大。

政府总体部门的总资产由 2008 年的 168.5 万亿元增加到 2016 年的 523.3 万亿元，8 年增加 354.8 万亿元，年均增加 44.4 万亿元，平均年增长 15.23%，超过 GDP 增长近 4 个百分点。总资产与 GDP 之比由 2008 年的 527.5% 上升到 2016 年的 703.8%，上升 176.4 个百分点。

政府非金融部门资产由 2008 年的 90.9 万亿元增加到 2016 年的 282.6 万亿元，8 年增加 191.7 万亿元，年均增加 24.0 万亿元，平均年增长 15.3%，超过 GDP 增长 4 个百分点。资产与 GDP 之比由 2008 年的 284.6% 上升到 2016 年的 380.1%，上升 95.5 个百分点。其中，狭义政府资产年均增长 13.7%，广义政府资产年均增长 11.9%，国有非金融企业年均增长 20.2%。

政府总体部门总资产中金融资产平均占比为 63%，非金融资产平均占比为 37%，8 年金融资产占比上升了 5 个百分点。政府非金融部门资产中金融资产平均占比为 32.9%，非金融资产平均占比为 67.1%，8 年金融资产占比上升了 8.8 个百分点。其中，狭义政府资产中金融资产平均占比为 60.6%，非金融资产平均占比为 39.4%，8 年金融资产占比下降了 0.4 个百分点。广义政府资产中金融资产平均占比为 33.8%，非金融资产平均占比为 66.2%，8 年金融资产占比上升了 4.4 个百分点。国有非金融企业资产中流动资产平均占比为 36.4%，非流动资产平均占比为 63.6%，8 年流动资产占比上升了 8.5 个百分点。

2. 净值规模较大。

我国政府总体部门的各部门净值均为正值，且规模较大，与美国、日本等国相比差异较大。我国政府总体部门的净值由 2008 年的 63.0 万亿元增加到 2016 年的 169.0 万亿元，8 年

增加 106.0 万亿元，年均增加 13.3 万亿元，平均年增长 13.24%，超过 GDP 增长 2 个百分点。净值与 GDP 之比由 2008 年的 197.2% 上升到 2016 年的 227.3%，上升 30.0 个百分点。其中，狭义政府净值占总净值的 26.3%，年均增长 10.3%；广义政府净值占总净值的 67.9%，年均增长 10.3%。国有非金融企业净值占总净值的 26.0%，年均增长 19.96%；金融企业净值占总净值的 6.1%，年均增长 24.88%。

国有企业的净值扣除了实收资本，这是从审慎的角度考虑的。按照 SNA2008 的标准，计算净值可以不扣除实收资本。若不扣除实收资本，国有企业的净值 9 年平均为 52.7 万亿元，占其资产的比例为 22.5%。

美国政府除 2009 年净值是正值外，其余 8 年均是负值，最高负值为 2014 年的 -4.8 万亿美元，9 年平均净值为 -3.1 万亿美元，占 GDP 的 -19.3%。日本政府净值同期 5 个年度是正值，4 个年度是负值，平均净值为 12.8 万日元，占 GDP 的 2.5%。我国与世界第一大经济体的美国和第三大经济体的日本相比，无论是规模还是速度，差异较大。

3. 国际储备资产规模较大。

我国国际储备资产从 2008 年的 13.4 万亿元增加到 2016 年的 21.5 万亿元，8 年增加 8.1 万亿元，年均增加 1 万亿元，年均增长 6.5%。2016 年的国际储备资产占 GDP 的比重已达 28.9%。

（二）我国政府总体风险可控

1. 狭义政府资产负债率较低，流动性和偿付能力较强。

狭义政府资产负债率从 2008 年的 30.1% 上升到 2016 年的 47%，9 年平均资产负债率为 33.2%。若不考虑社会保障保险基金的因素（社会保障保险基金资产负债率高），9 年平均资产负债率为 25.9%，处于较低水平。

从 2008 年到 2016 年的 9 年间，狭义政府金融资产占总资产的比重平均为 60.6%，超过同期平均资产负债率 27.4 个百分点。狭义政府金融资产平均余额为 28.9 万亿元，金融负债的平均余额为 16.4 万亿元，也就是说，现有的流动性较强的金融资产规模远远大于金融负债的规模。

2. 广义政府资产负债率适中，流动性和偿付能力较强。

从 2008 年到 2016 年的 9 年间，广义政府金融资产占总资产的比重平均为 33.8%，超过同期平均资产负债率 13.4 个百分点。广义政府金融资产平均余额为 34.7 万亿元，金融负债的平均余额为 21.3 万亿元，金融资产净值占总净值的比重平均为 16.9%。也就是说，现有的流动性较强的金融资产规模远远大于金融负债的规模。

国有非金融企业资产负债率从 2008 年的 46.4% 上升到 2016 年的 52.8%，9 年平均资产负债率为 47.0%。流动资产占总资产的比重从 2008 年的 30.7% 上升到 2016 年的 39.2%，9 年平均流动资产占总资产的比重为 36.4%。

3. 政府非金融部门资产负债率不高，流动性和支付能力不断提升。

政府非金融部门资产负债率由 2008 年的 28.3% 上升到 2016 年的 40.4%，9 年平均资产负债率为 31.8%。金融资产占总资产的比重从 2008 年的 29.8% 上升到 2016 年的 38.6%，9 年金融资产占总资产的比重平均为 32.9%。

从逻辑关系分析，我们认为地方政府融资平台的所有资金，要么投资于企业和行政事业单位等，要么贷给企业和行政事业单位等。贷给企业和行政事业单位，就会在政府非金融部门资产负债有所反映。若地方政府融资平台作为企业，其融资情况要么在非金融企业的资产负债得到反映，要么在非存款性金融机构的资产负债得到反映，要么没有纳入核算。我国的非存款性金融机构，主要是银行业非存款性金融机构的资产负债率 9 年来基本稳定在 80% 左右，约低于存款性金融机构的资产负债率 11 个百分点。这可以从一个侧面反映地方政府融资平台的风险状况。

4. 国有金融企业特别是存款性金融机构的风险可控。

我国国有金融企业资产的 93.1% 为存款性金融机构。存款性金融机构特别是其他存款性金融机构的风险状况直接影响着整个金融系统的风险状况。9 年来，其他存款性金融机构的资产负债率呈下降趋势，其净值呈上升趋势。净值中包括风险准备金等。9 年其他存款性金融机构的不良贷款率平均为 2.32%，而拨备覆盖率平均为 145.76%。此外，其他存款性金融机构 9 年平均借用央行贷款余额为 9182 亿元，只占央行再贷款余额的 31%。

（三）政府具备影响和调控经济的条件

1. 政府净值规模较大，负债率较低，举债的空间较大。

2. 政府调整国有企业经济余地较大。国有企业国家资本金占比较高，相当部分是上市企业。这为混合所有制改革提供了较大的空间。

3. 我国国际储备资产规模较大，具备支持"一带一路"倡议实施的条件。

（四）政府融资结构不尽合理

政府非金融部门特别是国有非金融企业融资结构不尽合理。9 年国有非金融企业融资结构是：债务性证券占 7.4%，贷款占 14.8%，股票及股权占 21.2%，应付预收款占 44.9%，其他负债占 11.7%。而同期美国金融市场的融资结构是：股票及股权占 34.4%，债务性证券占 1.3%，贷款占 0.7%。虽然各国国情决定其融资结构，但我国直接融资与间接融资比例不合理，企业表现得尤为突出。

四、完善政府资产负债表编制的建议

完善我国政府资产负债表的编制需要逐步完善编制政府资产负债表的法律法规体系、报告体系和操作体系。

（一）逐步完善编制政府资产负债表的法律法规体系

一是逐步完善编制政府资产负债表主体组成部门的法律法规体系。适时出台和修订完善国有企业、政府控制的非营利组织、政府部门特殊目的实体、事业单位和行政单位管理的法律法规，进一步明确政府主体组成部门的范围。

二是建立和完善政府资产负债核算项目的法规制度体系，建立政府投资和资本管理规章和条例，建立文物文化资产、非生产资产等核算制度。修订和完善固定资产核算制度，完善金融资产和负债核算制度。

三是完善政府资产负债表编制的基础法规制度体系。针对政府主体不同的组成部分，完善会计、统计和业务核算相协调的记录时间、定值估值、数据搜集和整理、数据报送等一整套法规制度体系。

（二）进一步完善政府资产负债表的编制报告体系

一是明确编制政府资产负债表的分工体系。编制政府资产负债表大体分为三个层面：第一个层面为代表国家编制政府资产负债表。国外大都有两套编制报告体系，一套是财政部门编制的政府资产负债表报告体系，一套是统计部门编制的国民资产负债报告体系。两套编制体系各有特点，互相补充。但二者核算的范围不同，反映结果的角度也不一样，彼此不能相互代替。我国应建立和完善两套编制报告体系。第二个层面为各部委承担编制分部门资产负债表。政府资产负债表是由预算部门、事业单位、政府控制的非营利组织、国有非金融企业和国有金融企业等分部门资产负债表构成的。我们建议，预算部门、事业单位的资产负债表编制由财政部门负责，政府控制的非营利组织的资产负债表编制由财政部门、民政部门和工商管理部门负责，国有非金融企业的资产负债表编制由统计部门和国资管理部门负责，国有金融企业的资产负债表编制由中央银行负责。第三个层面为机构单位编制上报资产负债表。这是编制政府资产负债表最基础的数据源。编制机构单位要按照规则制度等要求，编制本机构单位的资产负债表。

二是建立完善政府资产负债表编制上报的责任体系。国家编制政府资产负债表应提交全国人大作为审议预算和国民经济计划的重要参考。各部门编制的部门资产负债表也应公开，接受社会监督。编制政府资产负债表的三个层次按照权责对等的原则，建立和完善责任制，失责必究。

（三）不断完善编制政府资产负债表的操作体系

一是要完善编制中国政府资产负债的分类体系。中国政府资产负债的分类体系也包括三个层面：第一个层面为国家资产负债的分类，按国际分类和我国实际情况，提出涵盖全部机构单位与部门的资产负债的分类。第二个层面是国家综合管理部门对机构和资产负债的分类，如中央银行、金融监管部门、财政部门、商务管理部门、民政部门等。第三个层面为部门单位对本部门机构和资产负债的分类，这是在第二个层面分类的基础上，根据本部门管理的需要，对机构和资产负债的再分类。三个层面的分类体系应该相互衔接，特别是第三个层面的分类，会计核算的分类与统计核算的分类也应该相互衔接。

二是逐步完善统计指标的标准化。在机构、资产和负债分类标准化的基础上，逐步实现统计指标的标准化，即实现统计指标的代码化。

三是数据搜集上实行会计核算的数据与统计核算的数据无缝对接。数据搜集在计算机操作的基础上实行会计核算的全科目上报。

第二节　2008—2016 年政府资产负债表——基础核算表

2008 年政府总体资产负债表——基础核算表

表 1-1　　　　　　　　　　　　　　　　　　　　　　　　　　　　　　　　单位：亿元

项目	广义政府				国有企业										政府总体部门	
	狭义政府	事业单位	政府控制的非营利组织	合计	国有非金融企业	国有金融机构							合计		合计	
						中央银行	国有存款性金融机构			国有非存款性金融机构	合计					
							其他存款性金融机构	未经合并	合计		未经合并	合并	未经合并	合并	未经合并	合并
一、资产	254145	318873	11062	584080	325162	207096	527622	734718	530895	41364	776082	551600	1101244	821340	1685324	1276496
（一）金融资产	166281	24077	9120	199478	71826	206552	517430	723982	520159	39897	763879	539397	835705	558801	1035183	626355
1. 国际储备资产						134382		134382	134382		134382	134382	134382	134382	134382	134382
2. 通货和存款	36645	10030	5125	51800	41683	1166	95124	96290	0	16254	112544	0	154227	0	206027	0
3. 贷款	359			359	0	20407	270669	291076	281720	4868	295944	285973	295944	281766	296303	272223
4. 有价证券	123512	1844	2347	127703	17307	34651	127580	162231	74125	16952	179183	90521	196490	106272	324193	185211
5. 买入返售金融工具					0	0	19490	19490	14821	313	19803	13332	19803	13332	19803	13332
6. 衍生金融工具					0			0	0	2	2	2	2	2	2	2
7. 应收预付款	5515	11980	963	18458	7976	3246	2156	5402	0	1432	6834	0	14810	0	33268	0
8. 其他金融资产	250	223	685	1158	4860	12700	2411	15111	15111	76	15187	15187	20047	20047	21205	21205
（二）非金融资产	87864	294796	1942	384602	253336	544	10192	10736	10736	1467	12203	10736	265539	265539	650141	650141
1. 固定资产	52661	144432	1416	198509	130219	544	4131	4675	4675	583	5258	5258	135477	135477	333986	333986
2. 在建工程	2687	15178	89	17954	42574		439	439	439		439	439	43013	43013	60967	60967

续表

项目	广义政府 狭义政府	广义政府 事业单位	广义政府 政府控制的非营利组织	广义政府 合计	国有企业 国有非金融企业	国有金融机构 国有存款性金融机构 中央银行	国有金融机构 国有存款性金融机构 其他存款性金融机构	国有金融机构 国有存款性金融机构 未经合并	国有金融机构 国有存款性金融机构 合并	国有金融机构 国有非存款性金融机构	国有金融机构 合计 未经合并	国有金融机构 合计 合并	国有企业 合计 未经合并	国有企业 合计 合并	政府总体部门 合计 未经合并	政府总体部门 合计 合并
3. 公共基础设施	0	126285		126285				0	0		0	0	0	0	126285	126285
4. 投资性房地产					2000		0	0	0	50	50	50	2050	2050	2050	2050
5. 存货	147	942	176	1265	46894			0	0		0	0	46894	46894	48159	48159
6. 文物文化资产		2589	34	2623											2623	2623
7. 非生产资产	32369	291	223	32883	17054		1093	1093	1093	196	1289	1289	18343	18343	51226	51226
8. 其他非金融资产	0	5079	4	5083	14595		4529	4529	4529	638	5167	5167	19762	19762	24845	24845
二、负债	76903	23831	5796	106530	198015	205877	506489	712366	508543	38215	750581	526099	948596	668692	1055126	646298
1. 权益性负债	416			416	47056	220	17370	17590	17590	3798	21388	21388	68444	68444	68860	68860
2. 流通中货币						37116		37116	32360		37116	31547.1	37116	29463	37116	26873
3. 存款						109662	414793	524455	432921	7184	531639	424664	531639	385065	531639	335855
4. 贷款		9876	26	9902	4207		9356	9356	0	615	9971	0	14178	0	24080	0
5. 有价证券	48753		11	48764	1556	45780	42326	88106	0	556	88662	0	90218	0	138982	0
6. 卖出回购金融资产				0	0		4669	4669	0	1802	6471	0	6471	0	6471	0
7. 衍生金融负债							0	0	0	2	2	2	2	2	2	2
8. 保险基金	20082			20082				0	0	14737	14737	14737	14737	14737	34819	34819
9. 应付预收款	7576	13782	4763	26121	109241	555	11303	11858	6456	1804	13662	6828	122903	108093	149024	115756
10. 其他负债	76	173	996	1245	35955	12544	6672	19216	19216	7717	26933	26933	62888	62888	64133	64133
三、净值	177242	295042	5266	477550	127147	1219	21133	22352	22352	3149	25501	25501	152648	152648	630198	630198

表 1－2

2009 年政府总体资产负债表——基础核算表

政府总体部门　　　　　　　　　　　　　　　　　　　　　　　单位：亿元

项目（部门）	广义政府 · 狭义政府	广义政府 · 事业单位	广义政府 · 政府控制的非营利组织	广义政府 · 合计	国有企业 · 国有非金融企业	国有金融机构 · 国有存款性金融机构 · 中央银行	国有金融机构 · 国有存款性金融机构 · 其他存款性金融机构	国有存款性金融机构合计 · 未经合并	国有存款性金融机构合计 · 合并	国有金融机构 · 国有非存款性金融机构	国有金融机构合计 · 未经合并	国有金融机构合计 · 合并	国有企业合计 · 未经合并	国有企业合计 · 合并	合计 · 未经合并	合计 · 合并
一、资产	313903	384755	11724	710382	420847	227530	668684	896214	661230	56194	952408	687763	1373255	1009376	2083637	1566522
（一）金融资产	190625	28971	9666	229262	112283	226972	657396	884368	649384	54518	938886	674241	1051169	687290	1280431	763316
1. 国际储备资产						167508		167508	167508		167508	167508	167508	167508	167508	167508
2. 通货和存款	45336	12335	5432	63103	58766	3288	110839	114127	0	24239	138366	0	197132	0	260235	0
3. 贷款	530			530	0	19959	358850	378809	372825	6715	385524	367187	385524	360803	386054	349542
4. 有价证券	138446	2198	2488	143132	29870	30292	150631	180923	86957	21646	202569	107720	232439	128000	375571	213710
5. 买入返售金融工具						0	32063	32063	22976	262	32325	22976	32325	22976	32325	22976
6. 衍生金融工具					0					1	1	1	1	1	1	1
7. 应收预付款	5720	14180	1020	20920	18856	5493	2284	7777	0	1605	9382	0	28238	0	49158	0
8. 其他金融资产	593	258	726	1577	4791	432	2729	3161	3211	50	3211	3211	8002	3211	9579	9579
（二）非金融资产	123278	355784	2058	481120	308564	558	11288	11846	11846	1676	13522	13522	322086	322086	803206	803206
1. 固定资产	65468	184101	1501	251070	151826	558	4284	4842	4842	701	5543	5543	157369	157369	408439	408439
2. 在建工程	3416	18446	94	21956	55388		782	782	782		782	782	56170	56170	78126	78126
3. 公共基础设施	0	143190		143190											143190	143190
4. 投资性房地产					3049					64	64	64	3113	3113	3113	3113

续表

政府总体部门

项目	广义政府 狭义政府	广义政府 事业单位	广义政府 政府控制的非营利营利组织	广义政府 合计	国有企业 国有非金融企业	国有企业 国有金融机构 中央银行	国有企业 国有金融机构 其他存款性金融机构	国有企业 国有金融机构 国有存款性金融机构 未经合并	国有企业 国有金融机构 国有存款性金融机构 合并	国有企业 国有金融机构 国有非存款性金融机构	国有企业 国有金融机构 合计 未经合并	国有企业 国有金融机构 合计 合并	国有企业 合计 未经合并	国有企业 合计 合并	合计 未经合并	合计 合并
5. 存货	194	1321	187	1702	55852				0		0	0	55852	55852	57554	57554
6. 文物文化资产		2726	36	2762					0		0	0	0	0	2762	2762
7. 非生产资产	54200	371	236	54807	22449		1141	1141	1141	162	1303	1303	23752	23752	78559	78559
8. 其他非金融资产	0	5629	4	5633	20000		5081	5081	5081	749	5830	5830	25830	25830	31463	31463
二、负债	91552	28183	6145	125880	237595	225123	642855	867978	632994	51285	919263	654618	1156858	792979	1282738	765623
1. 权益性负债	315			315	67974	220	18022	18242	18242	4309	22551	22551	90525	90525	90840	90840
2. 流通中货币						41556		41556	41556		41556	34802	41556	31864	41556	28709
3. 存款						124280	537027	661307	539403	8806	670113	538501	670113	482673	670113	422725
4. 贷款		11764	27	11791	12022	42064	51902	93966		883	94849		106871		118662	
5. 有价证券	57411		11	57422	9590		7492	7492		1857	9349		18939		76361	
6. 卖出回购金融资产					0		11622	11622		1077	12699		12699		12699	
7. 衍生金融负债					0		0	0	0	1	1	1	1	1	1	1
8. 保险基金	25599			25599						18137	18137	18137	18137	18137	43736	43736
9. 应付预收款	8143	16126	5050	29319	128501	319	11330	11649	11649	2328	13977	4595	142478	114240	171797	122639
10. 其他负债	84	293	1057	1434	19508	16684	5460	22144	22144	13887	36031	36031	55539	55539	56973	56973
三、净值	222351	356572	5579	584502	183252	2407	25829	28236	28236	4909	33145	33145	216397	216397	800899	800899

表1-3　　2010年政府总体资产负债表——基础核算表

单位：亿元

项目	广义政府·狭义政府	广义政府·事业单位	广义政府·政府控制的非营利组织	广义政府·合计	国有非金融企业	国有存款性金融机构·中央银行	国有存款性金融机构·其他存款性金融机构	国有存款性金融机构·未经合并	国有存款性金融机构·合计	国有非存款性金融机构	国有金融机构合计·未经合并	国有金融机构合计·合计	国有企业合计·未经合并	国有企业合计·合计	政府总体部门合计·未经合并	政府总体部门合计·合计
一、资产	380313	430354	11967	822634	524374	259275	793032	1052307	771577	66823	1119130	805480	1643504	1167967	2466138	1812249
（一）金融资产	215988	33820	9866	259674	154022	258705	780281	1038986	758256	64107	1103093	789443	1257115	781578	1516789	862900
1. 国际储备资产						192998		192998	192998		192998	192998	192998	192998	192998	192998
2. 通货和存款	53300	14899	5544	73743	76166	4085	144096	148181	0	25443	173624	0	249790	0	323533	0
3. 贷款	1105			1105	0	20678	426769	447447	436643	9639	457086	444095	457086	409044	458191	396396
4. 有价证券	154094	2529	2540	159163	36901	31416	164175	195591	95368	26513	222104	120775	259005	141585	418168	234109
5. 买入返售金融资产					0	0	38976	38976	27894	753	39729	27894	39729	26135	39729	26135
6. 衍生金融工具					0	0	664	664	664	7	671	664	671	671	671	671
7. 应收预付款	7051	16125	1041	24217	34579	8562	1878	10440	0	1672	12112	0	46691	0	70908	0
8. 其他金融资产	438	267	741	1446	6376	966	3723	4689	4689	80	4769	4769	11145	11145	12591	12591
（二）非金融资产	164325	396534	2101	562960	370352	570	12751	13321	13321	2716	16037	16037	386389	386389	949349	949349
1. 固定资产	73992	209085	1532	284609	172555	570	4631	5201	5201	914	6115	6115	178670	178670	463279	463279
2. 在建工程	3429	22650	96	26175	68867		956	956	956		956	956	69823	69823	95998	95998
3. 公共基础设施		152512		152512	4806										152512	152512
4. 投资性房地产							47	47	47	91	138	138	4944	4944	4944	4944

续表

政府总体部门

项目	广义政府·狭义政府	广义政府·事业单位	广义政府·政府控制的非营利组织	广义政府·合计	国有企业·国有非金融企业	国有企业·国有金融机构·国有存款性金融机构·中央银行	国有企业·国有金融机构·国有存款性金融机构·其他存款性金融机构	国有企业·国有金融机构·国有存款性金融机构·未经合并	国有企业·国有金融机构·国有存款性金融机构·合并	国有企业·国有金融机构·国有非存款性金融机构	国有企业·国有金融机构·合计·未经合并	国有企业·国有金融机构·合计·合并	国有企业·合计·未经合并	国有企业·合计·合并	合计·未经合并	合计·合并
5. 存货	256	1509	191	1956	72264				0		0	0	72264	72264	74220	74220
6. 文物文化资产		2881	37	2918					0		0	0	0	0	2918	2918
7. 非生产资产	86648	513	241	87402	28353		1125	1125	1125	205	1330	1330	29683	29683	117085	117085
8. 其他非金融资产		7384	4	7388	23507		5992	5992	5992	1506	7498	7498	31005	31005	38393	38393
二、负债	108050	33473	6270	147793	298213	256465	756885	1013350	732620	60373	1073723	760073	1371936	896399	1519729	865840
1. 权益性负债	97			97	74169	220	20045	20265	20265	5247	25512	25512	99681	99681	99778	99778
2. 流通中货币						48646		48646	41441		48646	40169	48646	36361	48646	32674
3. 存款						161600	636636	798236	657260	14074	812310	647163	812310	574805	812310	504749
4. 贷款		13725	28	13753	35051		10804	10804		2187	12991	0	48042	0	61795	0
5. 有价证券	66628		11	66639	16091	40497	59726	100223		1106	101329	0	117420	0	184059	0
6. 卖出回购金融资产							11082	11082		2512	13594	0	13594	0	13594	0
7. 衍生金融负债							656	656	656	9	665	665	665	665	665	665
8. 保险基金	31073			31073						18696	18696	18696	18696	18696	49769	49769
9. 应付预收款	10158	19406	5153	34717	148281	1422	12526	13948	3508	2544	16492	4380	164773	118082	199490	128582
10. 其他负债	94	342	1078	1514	24621	4080	5410	9490	9490	13998	23488	23488	48109	48109	49623	49623
三、净值	272263	396881	5697	674841	226161	2810	36147	38957	38957	6450	45407	45407	271568	271568	946409	946409

表1-4

2011年政府总体资产负债表——基础核算表

单位：亿元

项目	狭义政府	事业单位	政府控制的非营利组织	广义政府 合计	国有非金融企业	中央银行	其他存款性金融机构	国有存款性金融机构 未经合并	国有存款性金融机构 合并	国有非存款性金融机构	国有金融机构合计 未经合并	国有金融机构合计 合并	国有企业合计 未经合并	国有企业合计 合并	合计 未经合并	合计 合并
一、资产	427958	484110	12670	924738	640781	280979	936042	1217021	876471	75024	1292045	914396	1932826	1331387	2857564	2057485
（一）金融资产	240732	37014	10445	288191	195132	280392	922663	1203055	862505	71540	1274595	896946	1469727	868288	1755918	957839
1. 国际储备资产						205144		205144	205144		205144	205144	205144	205144	205144	205144
2. 通货和存款	58664	15721	5870	80255	88601	1316	192786	194102	0	25553	219655	0	308256	0	388511	0
3. 贷款	1616	0	0	1616	0	19699	505773	525472	510888	13040	538512	519953	538512	464014	540128	449477
4. 有价证券	171148	2420	2688	176256	43916	37100	174067	211167	111375	29892	241059	139681	284975	159042	461231	261447
5. 买入返售金融工具					0	0	41530	41530	26024	573	42103	22990	42103	22990	42103	22990
6. 衍生金融工具					0		938	938	938	13	951	951	951	951	951	951
7. 应收预付款	8621	18657	1103	28381	54695	14278	2288	16566	0	2378	18944	0	73639	0	102020	0
8. 其他金融资产	683	216	784	1683	7920	2855	5281	8136	8136	91	8227	8227	16147	16147	17830	17830
（二）非金融资产	187226	447096	2225	636547	445649	587	13379	13966	13966	3484	17450	17450	463099	463099	1099646	1099646
1. 固定资产	81863	232799	1622	316284	198162	587	5241	5828	5828	1106	6934	6934	205096	205096	521380	521380
2. 在建工程	3621	25265	102	28988	84331		1108	1108	1108		1108	1108	85439	85439	114427	114427
3. 公共基础设施		175504		175504											175504	175504
4. 投资性房地产					6302		51	51	51	191	242	242	6544	6544	6544	6544

续表

（单位续表；政府总体部门 = 广义政府 + 国有企业；"合计"为总合计。列路径以 / 分隔，空白为无数据。）

项目	广义政府/狭义政府	广义政府/事业单位	广义政府/政府控制的非营利组织	广义政府/合计	国有企业/国有非金融企业	国有金融机构/国有存款性金融机构/中央银行	国有金融机构/国有存款性金融机构/其他存款性金融机构	国有金融机构/国有存款性金融机构/未经合并	国有金融机构/国有存款性金融机构/合并	国有金融机构/国有非存款性金融机构	国有金融机构/合计/未经合并	国有金融机构/合计/合并	国有企业/合计/未经合并	国有企业/合计/合并	合计/未经合并	合计/合并
5. 存货	387	2081	202	2670	92651				0		0	0	92651	92651	95321	95321
6. 文物文化资产		3036	39	3075					0		0	0	0	0	3075	3075
7. 非生产资产	101355	585	255	102195	35622		1123	1123	1123	267	1390	1390	37012	37012	139207	139207
8. 其他非金融资产	7826		5	7831	28581		5856	5856	5856	1920	7776	7776	36357	36357	44188	44188
二、负债	124499	38104	6637	169240	330613	278517	888592	1167109	826559	67789	1234898	857249	1565511	964072	1734751	934672
1. 权益性负债	207			207	83765	220	20908	21128	21128	6278	27406	27406	111171	111171	111378	111378
2. 流通中货币						55850		55850	46211		55850	44933	55850	40503	55850	36490
3. 存款						192434	741854	934288	749825	15692	949980	741242	949980	657071	949980	580829
4. 贷款		16124	29	16153	55939		14584	14584	0	3975	18559	0	74498	0	90651	0
5. 有价证券	73839		12	73851	24555	23337	76455	99792	0	1586	101378	0	125933	0	199784	0
6. 卖出回购金融资产					0		15506	15506	0	3607	19113	0	19113	0	19113	0
7. 衍生金融负债					0		754	754	754	19	773	773	773	773	773	773
8. 保险基金	38542			38542				0	0	22688	22688	22688	22688	22688	61230	61230
9. 应付预收款	11815	21648	5455	38918	131478	3425	15325	18750	2184	2978	21728	2784	153206	79567	192124	90104
10. 其他负债	96	332	1141	1569	34876	3251	3206	6457	6457	10966	17423	17423	52299	52299	53868	53868
三、净值	303459	446006	6033	755498	310168	2462	47450	49912	49912	7235	57147	57147	367315	367315	1122813	1122813

表1-5

2012年政府总体资产负债表——基础核算表

单位：亿元

政府总体部门

项目	广义政府				国有企业										合计	
					国有非金融企业	国有金融机构							合计			
	狭义政府	事业单位	政府控制的非营利组织	合计		中央银行	国有存款性金融机构			国有非存款性金融机构	合计					
							其他存款性款金融机构	未经合并	合并		未经合并	合并	未经合并	合并	未经合并	合并
一、资产	445180	545107	13375	1003662	766342	294537	1089566	1384103	992812	91125	1475228	1036748	2241570	1504899	3245232	2289973
（一）金融资产	263792	41621	11027	316440	241976	293938	1073871	1367809	976518	87331	1455140	1016660	1697116	960445	2013556	1058297
1. 国际储备资产						212944		212944	212944		212944	212944	212944	212944	212944	212944
2. 通货和存款	64634	17623	6197	88454	99331	1708	224058	225766	0	29788	255554	0	354885	0	443339	0
3. 贷款	2354			2354	0	20136	581150	601286	583266	17581	618867	594704	618867	516479	621221	502929
4. 有价证券	186128	2824	2839	191791	55903	28558	199579	228137	154404	36293	264430	120189	320333	170259	512124	279515
5. 买入返售金融资产						4980	58315	63295	45186	853	64148	40252	64148	40252	64148	40252
6. 衍生金融工具							860	860	860	8	868	868	868	868	868	868
7. 应收预付款	9641	20890	1164	31695	77002	22938	2809	25747	4299	2679	28426	3585	105428	0	137123	0
8. 其他金融资产	1035	284	827	2146	9740	2674	7100	9774	9774	129	9903	9903	19643	19643	21789	21789
（二）非金融资产	181388	503486	2348	687222	524366	599	15695	16294	16294	3794	20088	20088	544454	544454	1231676	1231676
1. 固定资产	86586	238633	1712	326931	225395	599	5793	6392	6392	1221	7613	7613	233008	233008	559939	559939
2. 在建工程	5784	27984	107	33875	99191		1431	1431	1431		1431	1431	100622	100622	134497	134497
3. 公共基础设施		220555		220555									0	0	220555	220555
4. 投资性房地产					8462		82	82	82	220	302	302	8764	8764	8764	8764

续表

政府总体部门

项目	广义政府·狭义政府	广义政府·事业单位	广义政府·政府控制的非营利组织	广义政府·合计	国有企业·国有非金融企业	国有存款性·中央银行	国有存款性·其他存款性金融机构	国有存款性·未经合并	国有存款性·合并	国有金融·国有非存款性金融机构	国有金融合计·未经合并	国有金融合计·合并	国有企业合计·未经合并	国有企业合计·合并	合计·未经合并	合计·合并
5. 存货	547	2451	213	3211	112662				0		0	0	112662	112662	115873	115873
6. 文物文化资产		3525	41	3566					0		0	0	0	0	3566	3566
7. 非生产资产	88471	798	269	89538	43807		1156	1156	1156	277	1433	1433	45240	45240	134778	134778
8. 其他非金融资产		9540	6	9546	34849		7233	7233	7233	2076	9309	9309	44158	44158	53704	53704
二、负债	143496	40706	7006	191208	460963	291006	1029579	1320585	929294	81820	1402405	963925	1863368	1126697	2054576	1099317
1. 权益性负债	203			203	92960	220	21297	21517	21517	7588	29105	29105	122065	122065	122268	122268
2. 流通中货币						60646		60646	49443		60646	47954	60646	42987	60646	38564
3. 存款						213801	851429	1065230	850667	18187	1083417	840555	1083417	746191	1083417	662160
4. 贷款		15873	31	15904	78225		18020	18020	0	6143	24163	0	102388	0	118292	0
5. 有价证券	82522		13	82535	40048	13880	94068	107948	0	2078	110026	0	150074	0	232609	0
6. 卖出回购金融资产							18109	18109	0	5787	23896	0	23896	0	23896	0
7. 衍生金融负债							832	832	832	13	845	845	845	845	845	845
8. 保险基金	47643			47643					0	26671	26671	26671	26671	26671	74314	74314
9. 应付预收款	13024	24540	5759	43323	208373	1125	20323	21448	0	3393	24841	0	233214	127786	276537	139414
10. 其他负债	104	293	1203	1600	41357	1334	5501	6835	6835	11960	18795	18795	60152	60152	61752	61752
三、净值	301684	504401	6369	812454	305379	3531	59987	63518	63518	9305	72823	72823	378202	378202	1190656	1190656

表 1－6

2013 年政府总体资产负债表——基础核算表

单位：亿元

项目	广义政府 狭义政府	广义政府 事业单位	广义政府 政府控制的非营利组织	广义政府 合计	国有企业 国有非金融企业	国有金融机构 中央银行	国有金融机构 国有存款性金融机构 其他存款性金融机构	国有金融机构 国有存款性金融机构 未经合并	国有金融机构 国有存款性金融机构 合并	国有金融机构 国有非存款性金融机构	国有金融机构 合计 未经合并	国有金融机构 合计 合并	国有企业 合计 未经合并	国有企业 合计 合并	合计 未经合并	合计 合并
一、资产	554481	602698	14173	1171352	913955	317278	1226922	1544200	1140162	107172	1651372	1195528	2565327	1731202	3736679	2650158
（一）金融资产	312435	49879	11589	373903	296490	316665	1207732	1524397	1120359	103062	1627459	1171615	1923949	1089824	2297852	1211331
1. 国际储备资产						236583		236583	236583		236583	236583	236583	236583	236583	236583
2. 通货和利存款	80744	20159	7023	107926	111854	1597	231655	233252	231655	30873	264125		375979		483905	0
3. 贷款	2884			2884		20442	659965	680407	658982	25064	705471	675772	705471	566011	708355	553542
4. 有价证券	216482	3382	1926	221790	64736	37469	235102	272571	235102	41353	313924	157209	378660	194965	600450	339331
5. 买入返售金融资产							68103	68103	68103	2121	70224	46421	70224	46421	70224	46421
6. 衍生金融工具							1494	1494	1494	76	1570	1570	1570	1570	1570	1570
7. 应收预付款	11172	24806	1354	37332	106291	13467	2385	15852	2385	3406	19258		125549		162881	0
8. 其他金融资产	1153	1532	1286	3971	13609	7107	9028	16135	9028	169	16304		29913		33884	33884
（二）非金融资产	242046	552819	2584	797449	617465	613	19190	19803	19803	4110	23913	23913	641378	641378	1438827	1438827
1. 固定资产	98634	264329	1764	364727	251614	613	6435	7048	7048	1375	8423	8423	260037	260037	624764	624764
2. 在建工程	4649	17084	98	21831	113865		1701	1701	1701	1701	1701	1701	115566	115566	137397	137397
3. 公共基础设施	259866			259866											259866	259866
4. 投资性房地产					11424		85	85	85	409	494	494	11918	11918	11918	11918

续表

政府总体部门

项目	广义政府：狭义政府	广义政府：事业单位	广义政府：政府控制的非营利组织	广义政府：合计	国有企业：国有非金融企业	国有金融机构：国有存款性金融机构：中央银行	国有金融机构：国有存款性金融机构：其他存款性金融机构	国有存款性金融机构 合计（未经合并）	国有存款性金融机构 合计（合并）	国有金融机构：国有非存款性金融机构	国有金融机构 合计（未经合并）	国有金融机构 合计（合并）	国有企业 合计（未经合并）	国有企业 合计（合并）	合计（未经合并）	合计（合并）
5. 存货	751	3501	226	4478	138839			0	0		0	0	138839	138839	143317	143317
6. 文物文化资产	3863		264	4127				0	0		0	0	0	0	4127	4127
7. 非生产资产	138012	991	227	139230	54992		1208	1208	1208	407	1615	1615	56607	56607	195837	195837
8. 其他非金融资产	3185		5	3190	46731		9761	9761	9761	1919	11680	11680	58411	58411	61601	61601
二、负债	164055	43525	7788	215368	556095	313833	1155246	1469079	1065041	96591	1565670	1109826	2121765	1287640	2337133	1250612
1. 权益性负债	384			384	102257	220	21927	22147	22147	8713	30860	30860	133117	133117	133501	133501
2. 流通中货币						64981		64981	64981		64981	64981	64981	64981	64981	40866
3. 存款						235983	953722	1189705	968036	22278	1211983	960984	1211983	854723.1	1211983	752193.4
4. 贷款		15322	31	15353	109761	7762	107600	115362		3597	118959		139460	0	154813	0
5. 有价证券	91780		5	91785	50375		21425	21425		8274	29699		169334	0	261119	0
6. 卖出回购金融资产					0		18147	18147	0	5656	23803	0	23803	0	23803	0
7. 衍生金融负债					0		1417	1417	1417	22	1439	1439	1439	1439	1439	1439
8. 保险基金	56400			56400						30537	30537	30537	30537	30537	86937	86937
9. 应付预收款	15387	27443	6551	49381	240143	664	23312	23976	23976	4494	28470	9212	268613	143064	317994	155113
10. 其他负债	104	760	1201	2065	53559	4223	7696	11919	11919	13020	24939	24939	78498	78498	80563	80563
三、净值	390426	559173	6385	955984	357860	3445	71676	75121	75121	10581	85702	85702	443562	443562	1399546	1399546

表 1 - 7　2014 年政府总体资产负债表——基础核算表

单位：亿元

项目	广义政府·狭义政府	广义政府·事业单位	广义政府·政府控制的非营利组织	广义政府·合计	国有企业·国有非金融企业	国有企业·国有金融机构·国有存款性金融机构·中央银行	国有企业·国有金融机构·国有存款性金融机构·其他存款性金融机构	国有企业·国有金融机构·国有存款性金融机构·合计·未经合并	国有企业·国有金融机构·国有存款性金融机构·合计·合并	国有企业·国有金融机构·国有非存款性金融机构	国有企业·国有金融机构·合计·未经合并	国有企业·国有金融机构·合计·合并	国有企业·合计·未经合并	国有企业·合计·合并	合计·未经合并	合计·合并
一、资产	578280	577677	15427	1171384	1057470	338249	1384993	1723242	1266710	147593	1870835	1336099	2928305	1933678	4099689	2821053
（一）金融资产	356162	54299	12904	423365	364615	337627	1365558	1703185	1246653	142275	1845460	1310724	2210075	1215448	2633440	1354804
1. 国际储备资产						238597		238597	238597		238597	238597	238597	238597	238597	238597
2. 通货和存款	91623	23393	7179	122195	124528	2262	256762	259024	0	43813	302837	0	427365	0	549560	0
3. 贷款	3538	3808	3064	3538	0	36132	742491	778623	752508	37423	816046	776693	816046	639469	819584	626085
4. 有价证券	245331			252203	85205	15318	284017	299335	164159	52153	351488	211074	436693	232181	688896	381291
5. 买入返售金融资产					0	1000	67170	68170	46673	3900	72070	39335	72070	39335	72070	39335
6. 衍生金融工具					232		1627	1627	1627	88	1715	1715	1947	1947	1947	1947
7. 应收预付款	14319	26005	1475	41799	134041	12307	2413	14720	0	4677	19397	0	153438	0	195237	0
8. 其他金融资产	1351	1093	1186	3630	20609	32011	11078	43089	43089	221	43310	43310	63919	63919	67549	67549
（二）非金融资产	222118	523378	2523	748019	692855	622	19435	20057	20057	5318	25375	25375	718230	718230	1466249	1466249
1. 固定资产	102647	262919	1554	367120	277760	622	7103	7725	7725	1678	9403	9403	287163	287163	654283	654283
2. 在建工程	8113	24092	88	32293	121749		1783	1783	1783		1783	1783	123532	123532	155825	155825
3. 公共基础设施	739	223903		224642									0	0	224642	224642
4. 投资性房地产					13858		96	96	96	466	562	562	14420	14420	14420	14420

续表

政府总体部门

项目	政府总体部门															
	广义政府				国有企业										合计	
	狭义政府	事业单位	政府控制的非营利组织	合计	国有非金融企业	国有金融机构							合计		未经合并	合计
						国有存款性金融机构				国有非存款性金融机构	合计					
						中央银行	其他存款性金融机构	未经合并	合并		未经合并	合并	未经合并	合并		
5. 存货	953	3954	511	5418	160934			0	0		0	0	160934	160934	166352	166352
6. 文物文化资产		4088	138	4226				0	0		0	0	0	0	4226	4226
7. 非生产资产	108609	1760	228	110597	59901		1224	1224	1224	432	1656	1656	61557	61557	172154	172154
8. 其他非金融资产	1057	2662	4	3723	58653		9229	9229	9229	2742	11971	11971	70624	70624	74347	74347
二、负债	189850	48043	7870	245763	650290	334487	1297216	1631703	1175171	132227	1763930	1229194	2414220	1419593	2659983	1381347
1. 权益性负债	533			533	111959	220	24183	24403	24403	10426	34829	34829	146788	146788	147321	147321
2. 流通中货币						67151		67151	54313		67151	52122	67151	45896	67151	39786
3. 存款						259775	1060105	1319880	1073694	28136	1348016	1060208	1348016	941906	1348016	825821
4. 贷款		16844	78	16922	137224		26115	26115		13238	39353		176577		193499	0
5. 有价证券	103075		18	103093	64098	6522	128654	135176		5238	140414		204512		307605	0
6. 卖出回购金融资产					0		21497	21497		11238	32735		32735		32735	0
7. 衍生金融负债					196		1554	1554	1554	91	1645	1645	1841	1841	1841	1841
8. 保险基金	65254			65254						34880	34880	34880	34880	34880	100134	100134
9. 应付预收款	19627	30221	6638	56486	264575	249	25701	25950	11230	6864	32814	13417	297389	143951	353875	158638
10. 其他负债	1361	978	1136	3475	72238	570	9407	9977	9977	22116	32093	32093	104331	104331	107806	107806
三、净值	388430	529634	7557	925621	407180	3762	87777	91539	91539	15366	106905	106905	514085	514085	1439706	1439706

表1-8

2015年政府总体资产负债表——基础核算表

单位：亿元

项目	广义政府				政府总体部门 / 国有企业										合计	
	狭义政府	事业单位	政府控制的非营利组织	合计	国有非金融企业	中央银行	其他存款性金融机构	国有存款性金融机构 未经合并	国有存款性金融机构 合并	国有非存款性金融机构	国有金融机构 未经合并	国有金融机构 合并	国有企业 未经合并	国有企业 合并	未经合并	合并
一、资产	627437	670005	23732	1321174	1258465	317836	1601145	1918981	1408499	196762	2115743	1503480	3374208	2205998	4695382	3175883
（一）金融资产	403545	60385	20157	484087	475295	317184	1581405	1898589	1388107	189137	2087726	1475463	2563021	1394811	3047108	1527609
1. 国际储备资产						221179		221179	221179		221179	221179	221179	221179	221179	221179
2. 通货和存款	95348	26600	13061	135009	141527	2139	245650	247789	0	57099	304888	0	446415	0	581424	0
3. 贷款	4142			4142	0	35254	845197	880451	846259	45997	926448	877125	926448	717583	930590	703401
4. 有价证券	284855	4667	4799	294321	112350	15318	408244	423562	246995	74116	497678	308991	610028	338057	904349	482617
5. 买入返售金融资产					0	100	62175	62275	32776	6030	68305	26859	68305	26859	68305	26859
6. 衍生金融工具					355		3591	3591	3591	151	3742	3742	4097	4097	4097	4097
7. 应收预付款	17781	28318	2096	48195	171594	18739	3696	22435	0	5484	27919	0	199513	0	247708	0
8. 其他金融资产	1419	800	201	2420	49469	24455	12852	37307	37307	260	37567	37567	87036	87036	89456	89456
（二）非金融资产	223892	609620	3575	837087	783170	652	19740	20392	20392	7625	28017	28017	811187	811187	1648274	1648274
1. 固定资产	111177	284743	2576	398496	301510	652	7526	8178	8178	2028	10206	10206	311716	311716	710212	710212
2. 在建工程	10135	28516	267	38918	131482		1804	1804	1804		1804	1804	133286	133286	172204	172204
3. 公共基础设施	1217	282535		283752											283752	283752
4. 投资性房地产					17542		96	96	96	549	645	645	18187	18187	18187	18187

续表

政府总体部门（单位：表中数值）

项目	广义政府·狭义政府	广义政府·事业单位	广义政府·政府控制的非营利组织	广义政府·合计	国有企业·国有非金融企业	国有存款性金融机构·中央银行	国有存款性金融机构·其他存款性金融机构	国有存款性金融机构·未经合并	国有存款性金融机构·合并	国有金融机构·国有非存款性金融机构	国有金融机构合计·未经合并	国有金融机构合计·合并	国有企业合计·未经合并	国有企业合计·合并	政府总体合计·未经合并	政府总体合计·合并
5. 存货	1299	4866	542	6707	181617			0	0		0	0	181617	181617	188324	188324
6. 文物文化资产		4163	158	4321				0	0		0	0	0	0	4321	4321
7. 非生产资产	98748	2071	28	100847	69264		1237	1237	1237	535	1772	1772	71036	71036	171883	171883
8. 其他非金融资产	1316	2726	4	4046	81755		9077	9077	9077	4513	13590	13590	95345	95345	99391	99391
二、负债	251542	53781	13896	319219	796343	315241	1492997	1808238	1297756	174679	1982917	1370654	2779260	1611050	3098479	1578980
1. 权益性负债	1023			1023	125872	220	30044	30264	30264	12699	42963	42963	168835	168835	169858	169858
2. 流通中货币						69886		69886	57604		69886	54749	69886	47672	69886	40922
3. 存款						236497	1187763	1424260	1188754	38868	1463128	1173377	1463128	1038927	1463128	910668
4. 贷款		18076	248	18324	159542		34192	34192		15131	49323		208865		227189	0
5. 有价证券	149758		3	149761	83284	6572	169995	176567		12120	188687		271971		421732	0
6. 卖出回购金融资产					0		29499	29499		11947	41446		41446		41446	0
7. 衍生金融负债					281		3353	3353	3353	151	3504	3504	3785	3785	3785	3785
8. 保险准备金	75082			75082				0	0	39747	39747	39747	39747	39747	114829	114829
9. 应付预收款	24164	34217	13018	71399	301829	1107	29469	30576	8141	10837	41413	13494	343242	143729	414641	166933
10. 其他负债	1515	1488	627	3630	125535	959	8682	9641	9641	33179	42820	42820	168355	168355	171985	171985
三、净值	375895	616224	9836	1001955	462122	2595	108148	110743	110743	22083	132826	132826	594948	594948	1596903	1596903

表 1 - 9

2016 年政府总体资产负债表——基础核算表

政府总体部门

单位：亿元

项目	广义政府 狭义政府	广义政府 事业单位	广义政府 政府控制的非营利组织	广义政府 合计	国有企业 国有非金融企业	国有企业 国有金融机构 国有存款性金融机构 中央银行	国有企业 国有金融机构 国有存款性金融机构 其他存款性金融机构	国有存款性金融机构 合计 未经合并	国有存款性金融机构 合计 合并	国有金融机构 国有非存款性金融机构	国有金融机构 合计 未经合并	国有金融机构 合计 合并	国有企业 合计 未经合并	国有企业 合计 合并	合计 未经合并	合计 合并
一、资产	696654	697316	28704	1422674	1403371	343711	1838859	2182570	1554021	224846	2407416	1674158	3810787	2453616	5233461	3438475
（一）金融资产	453127	71978	23587	548693	554233	343031	1815176	2158207	1529658	212403	2370610	1637352	2924843	1567672	3473535	1678549
1. 国际储备资产						214897		214897	214897		214897	214897	214897	214897	214897	214897
2. 通货和存款	101372	29871	13502	144745	153689	2835	270878	273713	0	56005	329718	0	483407	0	628152	0
3. 贷款	4675			4675	0	74014	952543	1026557	968947	52941	1079498	1003505	1079498	833748	1084173	821803
4. 有价证券	326229	5089	7892	339210	139230	15279	529006	544285	326789	86692	630977	399580	770207	440794	1109417	560949
5. 买入返售金融资产					0	14550	37114	51664	0	10464	62128	0	62128	0	62128	0
6. 衍生金融工具					448		5394	5394	5394	79	5473	5473	5921	5921	5921	5921
7. 应收预付款	19230	36128	2037	57395	202451	22984	5082	28066	0	5956	34022	0	236473	0	293868	0
8. 其他金融资产	1621	890	156	2667	58415	-1528	15159	13631	13631	266	13897	13897	72312	72312	74979	74979
（二）非金融资产	243527	625338	5117	873982	849138	680	23683	24363	24363	12443	36806	36806	885944	885944	1759926	1759926
1. 固定资产	115557	296223	2228	414008	330392	680	7832	8512	8512	2943	11455	11455	341847	341847	755855	755855
2. 在建工程	11827	32912	1611	46350	138812		1647	1647	1647		1647	1647	140459	140459	186809	186809
3. 公共基础设施	1534	280880		282414											282414	282414
4. 投资性房地产					20372		132	132	132	840	972	972	21344	21344	21344	21344

续表

政府总体部门 | 合计

项目	广义政府·狭义政府	广义政府·事业单位	广义政府·政府控制的非营利组织	广义政府·合计	国有企业·国有非金融企业	国有存款性金融机构·中央银行	国有存款性金融机构·其他存款性金融机构	国有存款性金融机构·合计·未经合并	国有存款性金融机构·合计·合并	国有非存款性金融机构	国有金融机构·合计·未经合并	国有金融机构·合计·合并	国有企业·合计·未经合并	国有企业·合计·合并	政府总体·合计·未经合并	政府总体·合计·合并	合计·未经合并	合计·合并
5. 存货	1696	5674	1147	8517	195937			0	0		0	0	195937	195937	195937	195937	204454	204454
6. 文物文化资产		4482	103	4585				0	0		0	0	0	0	4585	4585	4585	4585
7. 非生产资产	112743	2526	23	115292	79623		1280	1280	1280	581	1861	1861	81484	81484	81484	81484	196776	196776
8. 其他非金融资产	170	2641	5	2816	84002		12792	12792	12792	8079	20871	20871	104873	104873	104873	104873	107689	107689
二、负债	330014	56386	13091	399491	885514	341787	1715889	2057676	1429127	200793	2258469	1525211	3143983	1786812	3543474	1748488	3543474	1748488
1. 权益性负债	791			791	144028	220	32227	32447	32447	15525	47972	47972	192000	192000	192791	192000	192791	192791
2. 流通中货币						74884		74884	74884		74884	61340.1	74884	58539.9	74884	50855.4	74884	43618.2
3. 存款						265643	1301147	1566790	1306621	50492	1617282	1306621	1617282	1303908	1617282	1157904	1617282	1020396
4. 贷款		16367	253	16620	169757		57610	57610	57610	18383	75993	0	245750	0	262370	0	262370	0
5. 有价证券	219043		12	219055	98016	500	216996	217496	217496	13901	231397	0	329413	0	548468	0	548468	0
6. 卖出回购金融资产							61234	61234	61234	9525	70759	9570	70759	8631	70759	8631	70759	8631
7. 衍生金融负债					378		5085	5085	5085	97	5182	5085	5560	5182	5560	5560	5560	5560
8. 保险基金	82908			82908				0	0	45565	45565	45565	45565	45565	45565	45565	128473	128473
9. 应付预收款	26941	38294	12089	77324	342981	358	31285	31643	31643	15126	46769	3577	389750	12747	389750	153277	467074	173206
10. 其他负债	331	1725	737	2793	130354	182	10305	10487	10487	32179	42666	10487	173020	42666	173020	173020	175813	175813
三、净值	366640	640930	15613	1023183	517857	1924	122970	124894	124894	24053	148947	148947	666804	666804	666804	666804	1689987	1689987

第三节 2008—2016 年政府资产负债表——SNA 标准表

2008 年政府总体资产负债表——SNA 标准表

表 1–10　　　　　　　　　　　　　　　　　　　　　　　　　　　单位：亿元

项目	广义政府				国有企业										合计	
						国有金融机构										
						国有存款性金融机构					合计					
	狭义政府	事业单位	政府控制的非营利组织	合计	国有非金融企业	中央银行	其他存款性金融机构	未经合并	合并	国有非存款性金融机构	未经合并	合并	未经合并	合并	未经合并	合并
一、资产	254145	318873	11062	584080	325161	207096	527622	734718	530675	41368	776086	545384	1101247	798861	1685327	1207639
非金融资产	87864	294796	1942	384602	253336	544	10192	10736	10736	1468	12204	12204	265540	265540	650142	650142
固定资产	52661	144432	1416	198509	130219	544	4131	4675	4675	583	5258	5258	135478	135478	333987	333987
在建工程	2687	15178	89	17954	42574	0	439	439	439	0	439	439	43013	43013	60967	60967
投资性房地产	0	0	0	0	2000	0	0	0	0	50	50	50	2050	2050	2050	2050
公共基础设施	0	126285	0	126285	0	0	0	0	0	0	0	0	0	0	126285	126285
存货	147	942	176	1265	46894	0	0	0	0	0	0	0	46894	46894	48159	48159
文物文化资产	0	2589	34	2623	0	0	0	0	0	0	0	0	0	0	2623	2623
非生产性资产	32369	291	223	32883	17054	0	1093	1093	1093	197	1289	1289	18343	18343	51226	51226
其他非金融资产	0	5079	4	5083	14595	0	4529	4529	4529	638	5167	5167	19762	19762	24845	24845
金融资产	166281	24077	9120	199478	71825	206552	517430	723982	519939	39900	763882	533180	835707	533321	1035185	557497
国际储备资产	0	0	0	0	0	134382	0	134382	134382	0	134382	134382	134382	134382	134382	134382
通货和存款	36645	10030	5125	51800	41683	1166	95124	96290	0	16255	112545	0	154227	0	206027	0

续表

政府总体部门

项目	广义政府·狭义政府	广义政府·事业单位	广义政府·政府控制的非营利组织	广义政府·合计	国有企业·国有非金融企业	国有金融机构·中央银行	国有存款性金融机构·其他存款性金融机构	国有存款性金融机构·未经合并	国有存款性金融机构·合并	国有非存款性金融机构	国有金融机构·未经合并	国有金融机构·合并	国有企业·合计·未经合并	国有企业·合计·合并	合计·未经合并	合计·合并
债务性债券	5303	1844	1527	8674	1043	34651	126515	161166	73061	11799	172965	84302	174008	83790	182682	43700
贷款	359	0	0	359	0	20407	290159	310565	296540	5182	315748	299307	315748	295100	316107	285557
股票和其他权益	118209	0	820	119029	16263	0	1065	1065	845	5153	6218	0	22481	0	141510	72652
保险技术准备金	0	0	0	0	0	0	0	0	0		0	0	0	0	0	0
衍生金融资产	0	0	0	0	0	0	0	0	0	2	2	2	2	2	2	2
应收预付款	5515	11980	963	18458	7976	3246	2156	5402	0	1433	6834	0	14810	0	33268	0
其他金融资产	250	223	685	1158	4860	12700	2411	15111	15111	76	15187	15187	20047	20047	21205	21205
二、负债	76903	23831	5796	106530	198016	205876	506487	712363	508321	38215	750578	519877	948594	646208	1055124	577437
通货和存款	0	0	0	0	0	146777	414793	561570	465280	7183	568754	456209	568754	414526	568754	362726
债务性证券	48753	0	11	48764	1556	45780	42326	88106	0	557	88663	0	90219	0	138983	0
贷款	0	9876	26	9902	4207	0	14025	14025	0	2416	16441	0	20648	0	30550	0
股票和其他权益	416	0	0	416	47056	220	17369	17589	17369	3798	21387	15168	68443	45961	68859	0
保险技术准备金	20082	0	0	20082	0	0	0	0	0	14737	14737	14737	14737	14737	34819	34819
衍生金融负债	0	0	0	0	0	0	0	0	0	2	2	2	2	2	2	2
应付预收款	7576	13782	4763	26121	109241	555	11303	11858	6457	1805	13663	6829	122904	108094	149025	115757
其他负债	76	173	996	1245	35956	12544	6672	19215	19215	7717	26932	26932	62888	62888	64133	64133
三、净值	177242	295042	5266	477550	127145	1220	21135	22355	22355	3153	25507	25507	152653	152653	630203	630203

表 1—11

2009年政府总体资产负债表——SNA标准表

单位：亿元

项目	狭义政府	事业单位	政府控制的非营利组织	广义政府合计	国有非金融企业	中央银行	其他存款性金融机构	国有存款性金融机构合计（未经合并）	国有存款性金融机构合计（合并）	国有非存款性金融机构	国有金融机构合计（未经合并）	国有金融机构合计（合并）	国有企业合计（未经合并）	国有企业合计（合并）	政府总体部门合计（未经合并）	政府总体部门合计（合并）	合计（未经合并）	合计（合并）
一、资产	313903	384755	11724	710382	420847	227530	668684	896214	661011	56193	952407	680080	1373254	974537	2083636	1475681	2083636	1475681
非金融资产	123278	355784	2058	481120	308564	558	11288	11846	11846	1675	13521	13521	322085	322085	803205	803205	803205	803205
固定资产	65468	184101	1501	251070	151826	558	4284	4842	4842	764	5606	5606	157433	157433	408503	408503	408503	408503
在建工程	3416	18446	94	21956	55388	0	782	782	782	0	782	782	56170	56170	78126	78126	78126	78126
投资性房地产	0	0	0	0	3049	0	0	0	0	64	64	64	3113	3113	3113	3113	3113	3113
公共基础设施	0	143190	0	143190	0	0	0	0	0	0	0	0	0	0	143190	143190	143190	143190
存货	194	1321	187	1702	55852	0	0	0	0	0	0	0	55852	55852	57554	57554	57554	57554
文物文化资产	0	2726	36	2762	0	0	0	0	0	0	0	0	0	0	2762	2762	2762	2762
非生产资产	54200	371	236	54807	22449	0	1141	1141	1141	162	1303	1303	23752	23752	78559	78559	78559	78559
其他非金融资产	0	5629	4	5633	20000	0	5080	5080	5080	685	5766	5766	25765	25765	31398	31398	31398	31398
金融资产	190625	28971	9666	229262	112283	226973	657396	884368	649165	54518	938886	666559	1051169	652452	1280431	672476	1280431	672476
国际储备资产	0	0	0	0	0	167508	0	167508	167508	0	167508	167508	167508	167508	167508	167508	167508	167508
通货和存款	45336	12335	5432	63103	58766	3288	110839	114127	0	24238	138365	0	197132	0	260235	0	260235	0
债务性债券	6907	2198	1619	10724	2714	30292	149528	179819	85853	15065	194884	100035	197598	93159	208322	46461	208322	46461
贷款	530	0	0	530	0	19959	390913	410872	391758	6978	417850	395803	417850	383781	418380	372520	418380	372520

续表

部门	广义政府				国有企业										政府总体 合计	
项目	狭义政府	事业单位	政府控制的非营利组织	合计	国有非金融企业	国有金融机构							合计			
						中央银行	国有存款性金融机构			国有非存款性金融机构	合计		未经合并	合并	未经合并	合并
							其他存款性金融机构	未经合并	合并		未经合并	合并				
股票和其他权益	131539	0	869	132408	27156	0	1103	1103	884	6580	7683	0	34839	0	167247	76406
保险技术准备金	0	0	0	0	0	0	0	0	0	0	0	0	0	0	0	0
衍生金融资产	0	0	0	0	0	0	0	0	0	1	1	3212	1	1	1	1
应收预付款	5720	14180	1020	20920	18856	5493	2284	7777	0	1604	9381	0	28237	0	49157	0
其他金融资产	593	258	726	1577	4791	432	2729	3162	3162	50	3212	3212	8003	8003	9580	9580
二、负债	91552	28183	6145	125880	237596	225124	642855	867979	632776	51287	919266	646939	1156861	758144	1282741	674786
通货和存款	0	0	0	0	0	165836	537026	702863	588735	8806	711669	573304	711669	514537	711669	451434
债务性证券	57411	0	0	57422	9590	42064	51902	93966	0	883	94849	0	104440	0	161862	0
贷款	0	11764	27	11791	12022	0	19114	19114	0	2934	22048	0	34069	0	45860	0
股票和其他权益	315	0	0	315	67974	220	18023	18243	18024	4310	22553	14869	90527	55687	90842	0
保险技术准备金	25599	0	0	25599	0	0	0	0	0	18137	18137	18137	18137	18137	43736	43736
衍生金融负债	0	0	0	0	0	0	0	0	0	1	1	1	1	1	1	1
应付预收款	8143	16126	5050	29319	128501	319	11330	11649	3872	2328	13977	4596	142478	114241	171797	122640
其他负债	84	293	1057	1434	19508	16684	5460	22144	22144	13888	36032	36032	55540	55540	56974	56974
三、净值	222351	356572	5579	584502	183252	2407	25828	28235	28235	4906	33141	33141	216393	216393	800895	800895

表 1－12　2010 年政府总体资产负债表——SNA 标准表

单位：亿元

部门 / 项目	广义政府 — 狭义政府	广义政府 — 事业单位	广义政府 — 政府控制的非营利组织	广义政府 — 合计	国有企业 — 国有非金融企业	国有企业·国有金融机构·国有存款性金融机构 — 中央银行	国有企业·国有金融机构·国有存款性金融机构 — 其他存款性金融机构	国有存款性金融机构 合计 — 未经合并	国有存款性金融机构 合计 — 合并	国有金融机构 — 国有非存款性金融机构	国有金融机构 合计 — 未经合并	国有金融机构 合计 — 合并	国有企业 合计 — 未经合并	国有企业 合计 — 合并	合计 — 未经合并	合计 — 合并
一、资产	380313	430354	11967	822634	524374	259275	793031	1052306	771356	66824	1119130	794190	1643504	1120860	2466138	1712470
非金融资产	164325	396534	2101	562960	370352	570	12752	13322	13322	2716	16037	16037	386389	386389	949349	949349
固定资产	73992	209085	1532	284609	172555	570	4631	5200	5200	1004	6204	6204	178759	178759	463368	463368
在建工程	3429	22650	96	26175	68867	0	956	956	956	0	956	956	69823	69823	95998	95998
投资性房地产	0	0	0	0	4806	0	47	47	47	91	138	138	4944	4944	4944	4944
公共基础设施	0	152512	0	152512	0	0	0	0	0	0	0	0	0	0	152512	152512
存货	256	1509	191	1956	72264	0	0	0	0	0	0	0	72264	72264	74220	74220
文物文化资产	0	2881	37	2918	0	0	0	0	0	0	0	0	0	0	2918	2918
非生产性资产	86648	513	241	87402	28353	0	1125	1125	1125	206	1331	1331	29684	29684	117086	117086
其他非金融资产	0	7384	4	7388	23507	0	5992	5992	5992	1416	7408	7408	30915	30915	38303	38303
金融资产	215988	33820	9866	259674	154022	258705	780280	1038985	758034	64108	1103093	778152	1257114	734471	1516788	763120
国际储备资产	0	0	0	0	0	192998	0	192998	192998	0	192998	192998	192998	192998	192998	192998
通货和存款	53300	14899	5544	73743	76166	4085	144096	148182	92137	25443	173624	109483	249791	94477	323534	0
债务性债券	8480	2529	1653	12662	1084	31416	160945	192360	160813	18453	210813	130945	211897	94477	224559	40500
贷款	1105	0	0	1105	0	20678	465746	486424	464537	10392	496816	470230	496816	435179	497921	422531

续表

政府总体部门

项目	广义政府 狭义政府	广义政府 事业单位	广义政府 政府控制的非营利组织	广义政府 合计	国有企业 国有非金融企业	国有存款性金融机构 中央银行	国有存款性金融机构 其他存款性金融机构	国有存款性金融机构 未经合并	国有存款性金融机构 合并	国有非存款性金融机构	国有金融机构合计 未经合并	国有金融机构合计 合并	国有企业合计 未经合并	国有企业合计 合并	合计 未经合并	合计 合并
股票和其他权益	145614	0	887	146501	35816	0	3230	3230	3010	8060	11289	0	47105	0	193606	93829
保险技术准备金	0	0	0	0	0	0	0	0	0	0	0	0	0	0	0	0
衍生金融资产	0	0	0	0	0	0	664	664	664	8	672	672	672	672	672	672
应收预付款	7051	16125	1041	24217	34579	8562	1878	10440	0	1671	12111	0	46690	0	70907	0
其他金融资产	438	267	741	1446	6376	966	3722	4688	4688	81	4769	4769	11145	11145	12591	12591
二、负债	108050	33473	6270	147793	298212	256464	756884	1013348	732397	60375	1073723	748782	1371935	849292	1519728	766060
通货和存款	0	0	0	0	0	210246	636635	846881	698699	14073	860954	687330	860954	611163	860954	537420
债务性证券	66628	0	11	66639	16091	40497	59726	100224	0	1106	101330	0	117421	0	184060	0
贷款	0	13725	28	13753	35051	0	21886	21886	0	4700	26586	0	61637	0	75390	0
股票和其他权益	97	0	0	97	74169	220	20045	20264	20045	5247	25512	14222	99681	52575	99778	0
保险技术准备金	31073	0	0	31073	0	0	0	0	0	18696	18696	18696	18696	18696	49769	49769
衍生金融负债	0	0	0	0	0	0	656	656	656	9	665	665	665	665	665	665
应付预收款	10158	19406	5153	34717	148281	1422	12526	13948	3508	2544	16492	4381	164772	118082	199489	128582
其他负债	94	342	1078	1514	24621	4080	5410	9490	9490	13999	23489	23489	48110	48110	49624	49624
三、净值	272263	396881	5697	674841	226161	2810	36148	38958	38958	6449	45407	45407	271569	271569	946410	946410

表 1 - 13

2011 年政府总体资产负债表——SNA 标准表

单位：亿元

项目	广义政府				国有企业										合计	
					国有非金融企业	国有金融机构										
部门	狭义政府	事业单位	政府控制的非营利组织	合计		中央银行	其他存款性金融机构	国有存款性金融机构 未经合并	国有存款性金融机构 合并	国有非存款性金融机构	国有金融机构合计 未经合并	国有金融机构合计 合并	国有企业合计 未经合并	国有企业合计 合并	未经合并	合并
一、资产	427958	484110	12670	924738	640780	280978	936041	1217019	876248	75025	1292044	901722	1932824	1276558	2857562	1946106
非金融资产	187226	447096	2225	636547	445649	587	13379	13966	13966	3484	17450	17450	463099	463099	1099646	1099646
固定资产	81863	232799	1622	316284	198162	587	5241	5828	5828	1297	7126	7126	205287	205287	521571	521571
在建工程	3621	25265	102	28988	84331	0	1108	1108	1108	191	1108	1108	85439	85439	114427	114427
投资性房地产	0	0	0	0	6302	0	51	51	51	191	242	242	6544	6544	6544	6544
公共基础设施	0	175504	0	175504	0	0	0	0	0	0	0	0	0	0	175504	175504
存货	387	2081	202	2670	92651	0	0	0	0	0	0	0	92651	92651	95321	95321
文物文化资产	0	3036	39	3075	0	0	0	0	0	0	0	0	0	0	3075	3075
非生产资产	101355	585	255	102195	35622	0	1123	1123	1123	267	1390	1390	37012	37012	139207	139207
其他非金融资产	0	7826	5	7831	28581	0	5856	5856	5856	1729	7585	7585	36166	36166	43997	43997
金融资产	240732	37014	10445	288191	195132	280391	922662	1203053	862282	71540	1274593	884271	1469725	813459	1757916	846460
国际储备资产	0	0	0	0	0	205144	0	205144	205144	0	205144	205144	205144	205144	205144	205144
通货和存款	58664	15721	5870	80255	88601	1316	192786	194102	0	25552	219654	0	308255	0	388510	0
债务性债券	8651	2420	1749	12820	1762	37100	170480	207579	107788	20805	228384	127006	230146	104214	242966	43183
贷款	1616	0	0	1616	0	19699	547303	567002	536911	13614	580616	542944	580616	487005	582232	472468

续表

部门 项目	广义政府 狭义政府	事业单位	政府控制的非营利组织	合计	国有企业 国有非金融企业	国有金融机构 国有存款性金融机构 中央银行	其他存款性金融机构	未经合并	合并	国有非存款性金融机构	国有金融机构合计 未经合并	国有金融机构合计 合并	国有企业合计 未经合并	国有企业合计 合并	合计 未经合并	合计 合并
股票和其他权益	162497	0	939	163436	42154	0	3587	3587	3367	9087	12674	3367	54828	0	218264	106886
保险技术准备金	0	0	0	0	0	0	0	0	0	0	0	0	0	0	0	0
衍生金融资产	0	0	0	0	0	0	938	938	938	13	951	951	951	951	951	951
应收预付款	8621	18657	1103	28381	54695	14278	2288	16566	0	2378	18944	0	73639	0	102020	0
其他金融资产	683	216	784	1683	7920	2855	5280	8135	8135	91	8226	8226	16146	16146	17829	17829
二、负债	124499	38104	6637	169240	330613	278516	888593	1167109	826339	67790	1234898	844576	1565512	909246	1734752	823296
通货和存款	0	0	0	0	0	248284	741854	990137	796036	15692	1005829	786175	1005829	697574	1005829	617319
债务性证券	73839	0	12	73851	24555	23337	76455	99792	0	1586	101378	0	125933	0	199784	0
贷款	0	16124	29	16153	55939	0	30091	30091	0	7581	37672	0	93611	0	109764	0
股票和其他权益	207	0	0	207	83765	220	20909	21128	20908	6278	27407	14732	111172	56343	111379	56343
保险技术准备金	38542	0	0	38542	0	0	0	0	0	22688	22688	22688	22688	22688	61230	61230
衍生金融负债	0	0	0	0	0	0	754	754	754	19	774	774	774	774	774	774
应付预收款	11815	21648	5455	38918	131478	3425	15325	18750	2184	2978	21728	2784	153206	79568	192124	90105
其他负债	96	332	1141	1569	34876	3251	3206	6457	6457	10967	17423	17423	52300	52300	53869	53869
三、净值	303459	446006	6033	755498	310167	2462	47448	49910	49910	7235	57145	57145	367312	367312	1122810	1122810

表 1－14　2012 年政府总体资产负债表——SNA 标准表

单位：亿元

政府总体部门

项目	广义政府				国有企业										合计	
					国有非金融企业	国有金融机构							合计			
						国有存款性金融机构				国有非存款性金融机构	合计					
	狭义政府	事业单位	政府控制的非营利组织	合计		中央银行	其他存款性金融机构	未经合并	合计		未经合并	合计	未经合并	合计	未经合并	合计
一、资产	445180	545107	13375	1003662	766344	294537	1089566	1384104	992592	91124	1475228	1021657	2241571	1439202	3245233	2167704
非金融资产	181388	503486	2348	687222	524366	599	15695	16295	16295	3793	20088	20088	544454	544454	1231676	1231676
固定资产	86586	238633	1712	326931	225395	599	5793	6393	6393	1440	7833	7833	233229	233229	560160	560160
在建工程	5784	27984	107	33875	99191	0	1431	1431	1431	0	1431	1431	100622	100622	134497	134497
投资性房地产	0	0	0	0	8462	0	82	82	82	219	301	301	8763	8763	8763	8763
公共基础设施	0	220555	0	220555	0	0	0	0	0	0	0	0	0	0	220555	220555
存货	547	2451	213	3211	112662	0	0	0	0	0	0	0	112662	112662	115873	115873
文物文化资产	0	3525	41	3566	0	0	0	0	0	0	0	0	0	0	3566	3566
非生产资产	88471	798	269	89538	43807	0	1156	1156	1156	277	1433	1433	45240	45240	134778	134778
其他非金融资产	0	9540	6	9546	34849	0	7233	7233	7233	1856	9089	9089	43938	43938	53484	53484
金融资产	263792	41621	11027	316440	241977	293938	1073871	1367809	976297	87331	1455139	1001569	1697117	894748	2013557	936028
国际储备资产	0	0	0	0	0	212944	0	212944	212944	0	212944	212944	212944	212944	212944	212944
通货和存款	64634	17623	6197	88454	99331	1708	224058	225766	224058	29789	255555	0	354886	0	443340	0
债务性债券	7892	2824	1848	12564	5296	28558	195523	224081	116133	25260	249341	139315	254638	104563	267202	34592
贷款	2354	0	0	2354	0	25116	639464	664580	639464	18433	683014	634954	683014	628450	685368	543180

续表

政府总体部门

（列分组：广义政府 = 狭义政府、事业单位、政府控制的非营利组织、合计；国有企业 = 国有非金融企业、国有金融机构〔国有存款性金融机构（中央银行、其他存款性金融机构、未经合并、合并）、国有非存款性金融机构、合计（未经合并、合并）〕、合计（未经合并、合并）；合计（未经合并、合并））

项目	狭义政府	事业单位	政府控制的非营利组织	广义政府 合计	国有非金融企业	中央银行	其他存款性金融机构	国有存款性金融机构 未经合并	国有存款性金融机构 合并	国有非存款性金融机构	国有金融机构合计 未经合并	国有金融机构合计 合并	国有企业合计 未经合并	国有企业合计 合并	合计 未经合并	合计 合并
股票和其他权益	178236	0	991	179227	50607	0	4056	4056	3837	11033	15089	3837	65696	0	244923	122655
保险技术准备金	0	0	0	0	0	0	0	0	0	0	0	0	0	0	0	0
衍生金融资产	0	0	0	0	0	0	860	860	860	8	868	868	868	868	868	868
应收预付款	9641	20890	1164	31695	77002	22938	2809	25747	4299	2678	28425	4299	105428	0	137123	0
其他金融资产	1035	284	827	2146	9740	2674	7100	9774	9774	129	9903	9903	19643	19643	21789	21789
二、负债	143496	40706	7006	191208	460963	291006	1029581	1320587	929075	81820	1402407	948836	1863369	1061001	2054577	977048
通货和存款	82522	0	13	82535	0	274447	851428	1125875	900110	18187	1144062	888507	1144062	789176	1144062	700722
债务性证券	0	15873	31	15904	40048	13880	94068	107948	0	2078	110026	0	150075	0	232610	0
贷款	203	0	0	203	78225	0	36130	36130	0	11929	48059	0	126284	0	142188	0
股票和其他权益	0	0	0	0	92960	220	21298	21517	6428	7588	29106	14016	122066	56369	122269	0
保险技术准备金	47643	0	0	47643	0	0	0	0	0	26671	26671	26671	26671	26671	74314	74314
衍生金融负债	0	0	0	0	0	0	832	832	832	13	846	846	846	846	846	846
应付预收款	13024	24540	5759	43323	208373	1125	20323	21448	21448	3392	24841	24841	233214	127786	276537	139414
其他负债	104	293	1203	1600	41357	1334	5501	6835	6835	11960	18795	18795	60152	60152	61752	61752
三、净值	301684	504401	6369	812454	305381	3531	59986	63517	63517	9304	72821	72821	378202	378202	1190656	1190656

表 1－15　2013 年政府总体资产负债表——SNA 标准表

单位：亿元

项目＼部门	政府总体部门															
	广义政府				国有企业										合计	
					国有非金融企业	国有金融机构							合计			
						国有存款性金融机构				国有非存款性金融机构	合计					
	狭义政府	事业单位	政府控制的非营利组织	合计		中央银行	其他存款性金融机构	未经合并	合并		未经合并	合并	未经合并	合并	未经合并	合并
一、资产	554481	602698	14173	1171352	913955	317279	1226922	1544200	1139941	107175	1651375	1178678	2565330	1654933	3736682	2516660
非金融资产	242046	552819	2584	797449	617465	613	19188	19802	19802	4111	23913	23913	641378	641378	1438827	1438827
固定资产	98634	264329	1764	364727	251614	613	6435	7048	7048	1785	8833	8833	260447	260447	625174	625174
在建工程	4649	17084	98	21831	113865	0	1701	1701	1701	0	1701	1701	115566	115566	137397	137397
投资性房地产	0	0	0	0	11424	0	85	85	85	410	494	494	11918	11918	11918	11918
公共基础设施	0	259866	0	259866	0	0	0	0	0	0	0	0	0	0	259866	259866
存货	751	3501	226	4478	138839	0	0	0	0	0	0	0	138839	138839	143317	143317
文物文化资产	0	3863	264	4127	0	0	0	0	0	0	0	0	0	0	4127	4127
非生产性资产	138012	991	227	139230	54992	0	1208	1208	1208	407	1615	1615	56607	56607	195837	195837
其他非金融资产	0	3185	5	3190	46731	0	9760	9760	9760	1509	11270	11270	58001	58001	61191	61191
金融资产	312435	49879	11589	373903	296489	316665	1207733	1524399	1120140	103064	1627462	1154766	1923952	1013555	2297855	1077833
国际储备资产	0	0	0	0	0	236583	0	236583	236583	0	236583	236583	236583	236583	236583	236583
通货和存款	80744	20159	7023	107926	111854	1597	231655	233252	152926	30873	264125	178111	375979	133052	483905	0
债务性债券	12052	3382	791	16225	5316	37469	230819	268288	152926	28781	297069	178111	302386	133052	318611	57492
贷款	2884	0	0	2884	0	20442	728068	748510	708938	27187	775697	722196	775697	612435	778581	599966

续表

政府总体部门

项目	广义政府 狭义政府	广义政府 事业单位	广义政府 政府控制的非营利组织	广义政府 合计	国有企业 国有非金融企业	国有企业 国有金融机构 中央银行	国有企业 国有金融机构 国有存款性金融机构 其他存款性金融机构	国有存款性金融机构 未经合并	国有存款性金融机构 合并	国有非存款性金融机构	国有金融机构 合计 未经合并	国有金融机构 合计 合并	国有企业 合计 未经合并	国有企业 合计 合并	合计 未经合并合计	合计 合并
股票和其他权益	204430	0	1135	205565	59419	0	4283	4283	4063	12571	16854	4063	76273	0	281838	148336
保险技术准备金	0	0	0	0	0	0	0	0	0	0	0	0	0	0	0	0
衍生金融资产	0	0	0	0	0	0	1494	1494	1494	77	1571	1571	1571	1571	1571	1571
应收预付款	11172	24806	1354	37332	106291	13467	2385	15852	0	3406	19258	0	125549	0	162881	0
其他金融资产	1153	1532	1286	3971	13609	7107	9028	16136	16136	170	16305	16305	29914	29914	33885	33885
二、负债	164055	43525	7788	215368	556095	313832	1155248	1469080	1064821	96591	1565671	1092975	2121766	1211370	2337134	1117112
通货和存款	0	0	0	0	0	300964	953723	1254687	1021434	22278	1276965	1012840	1276965	900986	1276965	793060
债务性证券	91780	0	5	91785	50375	7762	107600	115362	0	3597	118959	0	169334	0	261119	0
贷款	0	15322	31	15353	109761	0	39572	39572	0	13929	53501	0	163262	0	178615	0
股票和其他权益	384	0	0	384	102257	220	21928	22147	21927	8714	30862	14007	133119	56845	133503	0
保险技术准备金	56400	0	0	56400	0	0	0	0	0	30537	30537	30537	30537	30537	86937	86937
衍生金融负债	0	0	0	0	0	0	1417	1417	1417	23	1440	1440	1440	1440	1440	1440
应付预收款	15387	27443	6551	49381	240143	664	23312	23975	8123	4494	28470	9212	268613	143064	317994	155113
其他负债	104	760	1201	2065	53559	4223	7696	11919	11919	13019	24938	24938	78498	78498	80563	80563
三、净值	390426	559173	6385	955984	357859	3446	71674	75120	75120	10584	85704	85704	443563	443563	1399547	1399547

表 1-16

2014 年政府总体资产负债表——SNA 标准表

单位：亿元

项目	广义政府 狭义政府	广义政府 事业单位	广义政府 政府控制的非营利组织	广义政府 合计	国有企业 国有非金融企业	国有企业 国有金融机构 国有存款性金融机构 中央银行	国有企业 国有金融机构 国有存款性金融机构 其他存款性金融机构	国有企业 国有金融机构 国有存款性金融机构 未经合并	国有企业 国有金融机构 国有存款性金融机构 合并	国有企业 国有金融机构 国有非存款性金融机构	国有企业 国有金融机构 合计 未经合并	国有企业 国有金融机构 合计 合并	国有企业 合计 未经合并	国有企业 合计 合并	合计 未经合并	合计 合并
一、资产	578280	577677	15427	1171384	1057469	338249	1384992	1723241	1266489	147594	1870834	1315611	2928304	1856742	4099688	2673730
非金融资产	222118	523378	2523	748019	692855	622	19434	20056	20056	5319	25375	25375	718229	718229	1466248	1466248
固定资产	102647	262919	1554	367120	277760	622	7103	7724	7724	2145	9869	9869	287629	287629	654749	654749
在建工程	8113	24092	88	32293	121749	0	1783	1783	1783	0	1783	1783	123532	123532	155825	155825
投资性房地产	0	0	0	0	13858	0	96	96	96	466	562	562	14420	14420	14420	14420
公共基础设施	739	223903	0	224642	0	0	0	0	0	0	0	0	0	0	224642	224642
存货	953	3954	511	5418	160934	0	0	0	0	0	0	0	160934	160934	166352	166352
文物文化资产	0	4088	138	4226	0	0	0	0	0	0	0	0	0	0	4226	4226
非生产资产	108609	1760	228	110597	59901	0	1224	1224	1224	432	1656	1656	61557	61557	172154	172154
其他非金融资产	1057	2662	4	3723	58653	0	9229	9229	9229	2276	11504	11504	70157	70157	73880	73880
金融资产	356162	54299	12904	423365	364615	337627	1365558	1703185	1246433	142275	1845460	1290236	2210074	1138513	2633439	1207482
国际储备资产	0	0	0	0	0	238597	0	238597	238597	0	238597	238597	238597	238597	238597	238597
通货和存款	91623	23393	7179	122195	124528	2262	256762	259024	0	43813	302837	0	427364	0	549559	0
债务性债券	14269	3808	1681	19758	28759	15318	279384	294702	159527	36299	331001	190588	359760	155248	379518	71913
贷款	3538	0	0	3538	0	37132	809661	846792	799180	41323	888116	816027	888116	678802	891654	665418

续表

政府总体部门

项目	狭义政府	事业单位	政府控制的非营利组织	广义政府 合计	国有非金融企业	中央银行	其他存款性金融机构	国有存款性金融机构 合计 未经合并	国有存款性金融机构 合计 合并	国有非存款性金融机构	国有金融机构 合计 未经合并	国有金融机构 合计 合并	国有企业 合计 未经合并	国有企业 合计 合并	合计 未经合并	合计 合并
股票和其他权益	231062	0	1383	232445	56447	0	4633	4633	4413	15855	20487	0	76934	0	309379	162058
保险技术准备金	0	0	0	0	0	0	0	0	0	0	0	0	0	0	0	0
衍生金融资产	0	0	0	0	232	0	1627	1627	1627	88	1715	1715	1947	1947	1947	1947
应收预付款	14319	26005	1475	41799	134041	12307	2413	14720	0	4677	19397	0	153438	0	195237	0
其他金融资产	1351	1093	1186	3630	20609	32011	11078	43089	43089	221	43310	43310	63919	63919	67549	67549
二、负债	189850	48043	7870	245763	650291	334487	1297218	1631706	1174954	132227	1763933	1208709	2414224	1342663	2659987	1234029
通货和存款	0	0	0	0	0	326927	1060106	1387032	1128008	28136	1415168	1112331	1415168	987804	1415168	865609
债务性证券	103075	16844	18	103093	64098	6522	128654	135176	0	5238	140413	0	204512	0	307605	0
贷款	0	0	78	0	137225	0	47612	47612	0	24476	72089	0	209313	0	226235	0
股票和其他权益	533	0	0	16922	111959	220	24184	24404	24184	10426	34829	14342	146788	69854	147321	0
保险技术准备金	65254	0	0	533	0	0	0	0	1554	34880	34880	34880	34880	34880	100134	100134
衍生金融负债	0	0	0	65254	196	0	0	0	0	91	1645	1645	1841	1841	1841	1841
应付预收款	19627	30221	6638	56486	264575	249	25701	25950	11230	6864	32814	13417	297389	143951	353875	158638
其他负债	1361	978	1136	3475	72238	570	9407	9978	9978	22116	32094	32094	104332	104332	107807	107807
三、净值	388430	529634	7557	925621	407178	3762	87773	91535	91535	15366	106901	106901	514079	514079	1439700	1439700

表 1－17

2015 年政府总体资产负债表——SNA 标准表

单位：亿元

项目	广义政府·狭义政府	广义政府·事业单位	广义政府·政府控制的非营利组织	广义政府·合计	国有非金融企业	国有存款性金融机构·中央银行	国有存款性金融机构·其他存款性金融机构	国有存款性金融机构·未经合并	国有存款性金融机构·合并	国有非存款性金融机构	国有金融机构合计·未经合并	国有金融机构合计·合并	政府总体部门合计·未经合并	政府总体部门合计·合并	合计·未经合并	合计·合并
一、资产	627438	670005	23732	1321175	1258464	317837	1601144	1918981	1408279	196762	2115744	1467990	3374208	2104226	4695383	3006025
非金融资产	223892	609620	3575	837087	783170	652	19740	20392	20392	7625	28018	28018	811188	811188	1648275	1648275
固定资产	111177	284743	2576	398496	301510	652	7526	8178	8178	2578	10755	10755	312265	312265	710761	710761
在建工程	10135	28516	267	38918	131482	0	1804	1804	1804	0	1804	1804	133286	133286	172204	172204
投资性房地产	0	0	0	0	17542	0	96	96	96	549	645	645	18187	18187	18187	18187
公共基础设施	1217	282535	0	283752	0	0	0	0	0	0	0	0	0	0	283752	283752
存货	1299	4866	542	6707	181617	0	0	0	0	0	0	0	181617	181617	188324	188324
文物文化资产	0	4163	158	4321	0	0	0	0	0	0	0	0	0	0	4321	4321
非生产资产	98748	2071	28	100847	69264	0	1237	1237	1237	535	1772	1772	71036	71036	171883	171883
其他非金融资产	1316	2726	4	4046	81755	0	9077	9077	9077	3965	13042	13042	94797	94797	98843	98843
金融资产	403546	60385	20157	484088	475294	317185	1581404	1898589	1387886	189137	2087726	1439973	2563020	1293038	3047108	1357751
国际储备资产	0	0	0	0	0	221179	0	221179	221179	0	221179	221179	221179	221179	221179	221179
通货和存款	95348	26600	13061	135009	141527	2139	245650	247789	234037	57100	304889	236284	446416	0	581425	0
债务性证券	17356	4667	3156	25179	46067	15318	395286	410604	234037	51585	462189	273501	508256	236284	533435	111702
贷款	4142	0	0	4142	0	35354	907371	942725	879034	52027	994752	903984	994752	744442	998894	730260

续表

政府总体部门

项目	广义政府				国有企业										政府总体部门 合计		合计	
	狭义政府	事业单位	政府控制的非营利组织	合计	国有非金融企业	国有金融机构							合计					
						国有存款性金融机构			国有非存款性金融机构	合计		合计						
						中央银行	其他存款性金融机构	未经合并	合并		未经合并	合并	未经合并	合并	未经合并	合并	未经合并	合并
股票和其他权益	267500	0	1643	269143	66282	0	12958	12958	12738	22531	35489	12738	101771	12738	370914	201057	370914	201057
保险技术准备金	0	0	0	0	0	0	0	0	0	0	0	0	0	0	0	0	0	0
衍生金融资产	0	0	0	0	355	0	3591	3591	3591	151	3743	3591	4098	4098	4098	4098	4098	4098
应收预付款	17781	28318	2096	48195	171594	18739	3696	22436	22436	5483	27919	27919	199513	199513	247708	0	247708	0
其他金融资产	1419	800	201	2420	49469	24455	12852	37307	37307	259	37566	37566	87035	37566	89455	87035	89455	89455
二、负债	251542	53781	13896	319219	796342	315242	1492997	1808239	1297536	174679	1982918	1335164	2779260	1509278	3098479	1409121	3098479	1409121
通货和存款	0	0	0	0	0	306383	1187764	1494147	1246358	38868	1533014	1246358	1533014	1228126	1533014	951589	1533014	951589
债务性证券	149758	0	3	149761	83284	6572	169995	176567	0	12121	188688	0	271972	0	421733	0	421733	0
贷款	0	18076	248	18324	159542	0	63691	63691	0	27077	90768	0	250310	0	268634	0	268634	0
股票和其他权益	1023	0	0	1023	125872	220	30043	30263	30043	12699	42963	30043	168835	7473	169858	67063	169858	0
保险技术准备金	75082	0	0	75082	0	0	0	0	0	39747	39747	39747	39747	39747	114829	39747	114829	114829
衍生金融负债	0	0	0	0	281	0	3353	3353	3353	152	3505	3353	3786	3505	3786	3786	3786	3786
应付预收款	24164	34217	13018	71399	301829	1107	29469	30577	8141	10837	41413	8141	343242	13494	414641	143729	414641	166933
其他负债	1515	1488	627	3630	125535	959	8682	9641	9641	33178	42819	42819	168354	42819	171984	168354	171984	171984
三、净值	375896	616224	9836	1001956	462122	2595	108147	110743	110743	22083	132826	132826	594948	594948	1596904	1596904	1596904	1596904

表 1－18

2016年政府总体资产负债表——SNA标准表

单位：亿元

政府总体部门

项目	狭义政府	事业单位	政府控制的非营利组织	广义政府合计	国有非金融企业	中央银行	其他存款性金融机构	国有存款性金融机构合计（未经合并）	国有存款性金融机构合计（合并）	国有非存款性金融机构	国有金融机构合计（未经合并）	国有金融机构合计（合并）	国有企业合计（未经合并）	国有企业合计（合并）	合计（未经合并）	合计（合并）
一、资产	696654	697316	28704	1422674	1403371	343712	1838860	2182571	1544233	224845	2407416	1617557	3810787	2325004	5233461	3237055
非金融资产	243527	625338	5117	873982	849138	680	23683	24363	24363	12442	36805	36805	885943	885943	1759925	1759925
固定资产	115557	296223	2228	414008	330392	680	7832	8512	8512	3782	12294	12294	342687	342687	756695	756695
在建工程	11827	32912	1611	46350	138812	0	1647	1647	1647	0	1647	1647	140459	140459	186809	186809
投资性房地产	0	0	0	0	20372	0	132	132	132	840	972	972	21344	21344	21344	21344
公共基础设施	1534	280880	0	282414	0	0	0	0	0	0	0	0	0	0	282414	282414
存货	1696	5674	1147	8517	195937	0	0	0	0	0	0	0	195937	195937	204454	204454
文物文化资产	0	4482	103	4585	0	0	0	0	0	0	0	0	0	0	4585	4585
非生产性资产	112743	2526	23	115292	79623	0	1280	1280	1280	580	1860	1860	81483	81483	196775	196775
其他非金融资产	170	2641	5	2816	84002	0	12792	12792	12792	7239	20031	20031	104033	104033	106849	106849
金融资产	453127	71978	23587	548693	554233	343032	1815177	2158209	1519870	212403	2370612	1580752	2924845	1439061	3473535	1477130
国际储备资产	0	0	0	0	0	214897	0	214897	214897	0	214897	214897	214897	214897	214897	214897
通货和存款	101372	29871	13502	144745	153689	2835	270879	273713	303259	56004	329718	349696	483407	0	628152	0
债务性债券	18867	5089	5530	29486	69133	15279	505475	520755	289359	60337	581092	303259	650225	320813	679711	131244
货款	4675	0	0	4675	0	88564	989658	1078222	959378	63406	1141627	994876	1141627	825119	1146302	813174

续表

政府总体部门

项目	广义政府				国有企业										合计	
	狭义政府	事业单位	政府控制的非营利组织	合计	国有非金融企业	中央银行	其他存款性金融机构	国有存款性金融机构 未经合并	合计	国有非存款性金融机构	国有金融机构合计 未经合并	合并	国有企业合计 未经合并	合并	未经合并	合并
股票和其他权益	307362	0	2362	309724	70097	0	23531	23531	23311	26354	49885	1914	119982	0	429706	236916
保险技术准备金	0	0	0	0	0	0	0	0	0	0	0	0	0	0	0	0
衍生金融资产	0	0	0	0	448	0	5394	5394	5394	79	5473	5473	5921	5921	5921	5921
应收预付款	19230	36128	2037	57395	202451	22984	5082	28067	0	5956	34023	0	236474	0	293868	0
其他金融资产	1621	890	156	2667	58415	-1528	15158	13631	13631	266	13896	13896	72311	72311	74978	74978
二、负债	330014	56386	13091	399491	885513	341786	1715886	2057673	1419334	200791	2258464	1468605	3143977	1658194	3543468	1547064
通货和存款	0	0	0	0	0	340527	1301147	1641674	1367961	50492	1692166	1362449	1692166	1208759	1692166	1064014
债务性证券	219043	0	12	219055	98016	500	216996	217496	0	13901	231396	0	329412	0	548467	0
贷款	0	16367	253	16620	169757	0	118844	118844	0	27908	146751	0	316509	0	333129	0
股票和其他权益	791	0	0	791	144028	220	32226	32446	32226	15526	47971	0	191999	72017	191999	72790
保险技术准备金	82908	0	0	82908	0	0	45565	45565	45565	45565	45565	45565	45565	45565	128473	128473
衍生金融负债	0	0	0	0	378	0	5085	5085	5085	97	5182	5182	5560	5560	5560	5560
应付预收款	26941	38294	12089	77324	342981	358	31285	31643	3576	15125	46768	12745	389749	153275	467073	173206
其他负债	331	1725	737	2793	130354	182	10305	10486	10486	32178	42665	42665	173018	173018	175811	175811
三、净值	366640	640930	15613	1023183	517858	1925	122973	124898	124898	24054	148952	148952	666810	666810	1689987	1689991

第二章　2008—2016年狭义政府资产负债表

第一节　2008—2016年狭义政府资产负债表编制说明

一、本表包括的机构范围为：政府财政总预算、纳入财政预算的行政单位、社会保障保险基金、政府投资基金，未包括不纳入财政预算的行政单位。

二、本表的时间范围：包含2008年至2016年9个年度的数据。

三、本表的数据来源和处理：主要数据来源于《中国财政年鉴》《中国会计年鉴》《中国统计年鉴》《全国社会保障基金理事会社保基金年度报告》等公开信息。其余数据部分根据全球可比其他国家政府资产负债结构情况，参考我国实际，进行合理推测和估算得到。

四、填表说明

（一）资产

1. 金融资产

（1）现金和存款，现金指库存现金，是指行政单位和政府单位社会保障保险基金等持有的法定纸币和硬币。存款是指政府财政、行政单位和社会保障保险基金在银行和其他金融机构的各项存款。

（2）借出款项，是指政府财政借出并将按期收回的款项。

（3）有价证券，是指政府财政持有的证券类金融工具和社会保障保险基金购买的证券类金融工具。

（4）应收转贷款，包括"应收地方政府债券转贷款"和"应收主权外债转贷款"。"应收地方政府债券转贷款"是本级政府（如中央政府和省级政府等）代下级政府发行的地方政府债券（包括地方政府专项债券、地方政府一般债券等），主要包括需要下级政府偿还的本金和利息。"应收主权外债转贷款"是本级政府代下级政府向外国政府和国际金融组织贷款等主权外债，主要包括需要下级政府偿还的本金和利息。

（5）应收预付款，包括政府财政的在途款、预拨经费、应收股利、应收利息、其他应收款等；行政单位的应收账款、预付账款、其他应收款等；社会保障保险基金的暂付款等。

（6）出资额，是政府对企业、事业单位、非营利组织和其他机构投资出资的金额。

（7）其他金融资产，是除上述金融资产以外的金融资产。

2. 非金融资产

（1）固定资产，财政部《固定资产分类与代码》将我国固定资产分为六类：土地、房屋及构建物；通用设备；专用设备；文物和陈列物；图书、档案；家具、用具及动植物。但实际无论从会计制度还是统计制度，均未按此分类标准进行分类。固定资产数据我们按会计制度搜集，并对价格进行了调整。

（2）在建工程，是指狭义政府部门已经发生必要支出，但尚未达到交付使用状态的各种建筑（包括新建、改建、扩建、修缮等）、设备安装工程和信息系统建设工程。

（3）公共基础设施，是指狭义政府占有并直接负责维护管理、供社会公众使用的工程性公共基础设施，包括城市交通设施、公共照明设施、环保设施、防灾设施、健身设施、广场及公共构建物等其他公共设施。

（4）存货，我国政府存货目前划分为战略性储备、应急储备及其他库存。战略性储备包括出于战略性目的而持有的商品、市场监管组织持有的商品以及对本国具有重要意义的初级产品；应急储备指政府储存管理的各项应急或救灾储备的物资；其他库存包括库存的待用品等。

（5）土地，这里主要指政府持有的国有土地储备。

（6）无形资产，是指不具有实物形态而能为狭义政府提供某种权利的非货币性资产，包括著作权、土地使用权、专利权、非专利技术等。

（7）其他非金融资产，是指除上述之外的非金融资产。

（二）负债

1. 应付政府债券，包括政府财政的应付短期政府债券和应付长期政府债券。（1）应付短期政府债券。它是指政府财政部门以政府的名义发行的期限不超过 1 年（含 1 年）的国债、地方政府一般债券和地方政府专项债券。（2）应付长期政府债券。它是指政府财政部门以政府的名义发行的期限超过 1 年（不含 1 年）的国债、地方政府债券。

2. 应付政府转贷款，包括"应付地方政府债券转贷款"和"应付主权外债转贷款"。"应付地方政府债券转贷款"是上级政府（如中央政府和省级政府等）代本级政府发行的地方政府债券（包括地方政府专项债券、地方政府一般债券等），需要本级政府偿还的本金和利息。"应付主权外债转贷款"是上级政府代本级政府向外国政府和国际金融组织贷款等主权外债，需要本级政府偿还的本金和利息。

3. 社会保障保险基金，是指社会保障保险基金全部收入扣除全部支出后的滚动结余。

4. 应缴款，包括"应缴财政款"和"应缴税费"。（1）"应缴财政款"。它是指行政单位按照规定应当上缴的财政款项，包括罚没收入、行政事业性收费、政府性基金、国有资产处置和出租收入等。（2）"应缴税费"。它是指行政单位按照税法等规定应缴纳的各种税费，包括营业税、城市维护建设税、教育费附加、房产税、车船税、城镇土地使用税等。

5. 应付预收款，包括政府财政的应付利息、其他应付款、应付代管资金；行政单位的应付职工薪酬、应付账款、应付政府补贴、其他应付款、长期应付款等；以及社会保障保险基金收支活动中形成的暂收款。

6. 有价证券，指社保基金、投资基金等发售的有价证券（主要是权益性负债）。

7. 其他负债，是指除上述负债以外的所有负债。

（三）净值

净值是总资产减去总负债的净额。

五、编报补充说明

（一）财政总预算机构的填列。按现行财政核算体制，狭义政府应设政府财政总预算核算体系。由于无法获取财政总预算完整的资产负债表，考虑通过相关内外部途径对财政总预算主要项目，包括现金和存款、借出款项、有价证券、应收转贷款、出资额、政府债券、借入款项等项目进行收集填报。

（二）对于"一套人马、多重身份"的核算单位。各级工会组织、宋庆龄基金会等核算单位，具有多重机构属性，跨越行政单位、民间团体等多个部类。对于这类核算单位，考虑按照核算机构所从事工作性质进行区分。以宋庆龄基金会为例，在核算中，我们将基金会行政单位部分的活动经费和资产核算，反映在狭义政府；对基金会管理的宋庆龄基金的经费和核算，统一反映在政府控制的民间非营利组织。

（三）社会保障保险基金的核算情况。包括两个部分：一是全国社保基金。全国社保基金由全国社保基金理事会负责投资、运营和管理，主要目的是平衡未来的社会养老金缺口。全国社保基金理事会归口隶属于财政部门。社保基金理事会自身的行政运作经费及对应形成的资产，体现在相应的行政事业单位部分。理事会管理的基金，纳入社会保障基金部分，其财务报表数据在全国社保基金理事会网站上定期公开。两者在财务核算和资产核算上是相互独立的。

二是地方社保结余。地方社保的数据源自财政部网站定期发布的公开信息。需关注的是，山东、广东等部分省份会把本省的社保结余交由全国社保基金理事会进行统一运作。这部分资产仍属于地方社保，在编制报表时应当予以合理的还原。

（四）存货。我国的战略物资储备有其独特性，政府出资，由事业或企业代管部分由于缺少统计数据应纳入而没有纳入核算范围。

（五）固定资产中房屋的估值。房屋价值，根据房屋的面积、全国当年平均销售价格及折旧等数据进行估算，即估价 = 面积 × 市场销售价格 × 折旧率。

第二节　2008—2016 年狭义政府资产负债表

表 2 - 1　　　　　　　　　2008—2016 年狭义政府资产负债表　　　　　　单位：亿元

项目＼年度	2008	2009	2010	2011	2012	2013	2014	2015	2016
一、资产	254145	313903	380313	427958	445180	554481	578280	627438	696654
（一）金融资产	166281	190625	215988	240732	263792	312435	356162	403546	453127
现金和存款	36645	45336	53300	58664	64634	80744	91623	95348	101372
借出款项	359	530	1105	1616	2354	2884	3538	4142	4675
有价证券	5404	7225	8890	9073	8443	13032	15876	19827	21142
应收转贷款	862	0	0	0	0	0	0	0	0
应收预付款	4653	5720	7051	8621	9641	11172	14319	17781	19230
出资额	118108	131221	145204	162075	177685	203450	229455	265029	305087
其他金融资产	250	593	438	683	1035	1153	1351	1419	1621
（二）非金融资产	87864	123278	164325	187226	181388	242046	222118	223892	243527
固定资产	52661	65468	73992	81863	86586	98634	102647	111177	115557
在建工程	2687	3416	3429	3621	5784	4649	8113	10135	11827
公共基础设施	0	0	0	0	0	0	739	1217	1534
存货	147	194	256	387	547	751	953	1299	1696
土地	32369	54200	86648	101355	88471	138012	108457	98498	112314
无形资产	0	0	0	0	0	0	152	250	429
其他非金融资产	0	0	0	0	0	0	1057	1316	170
二、负债	76903	91552	108050	124499	143496	164055	189850	251542	330014
应付政府债券	48753	57411	66628	73839	82522	91780	103075	149758	219043
应付政府转贷款	862	0	0	0	0	0	0	0	0
社会保障保险基金	20082	25599	31073	38542	47643	56400	65254	75082	82908
应缴款	74	56	68	78	63	60	93	122	140
应付预收款	6640	8087	10090	11737	12961	15327	19534	24042	26801
有价证券	416	315	97	207	203	384	533	1023	791
其他负债	76	84	94	96	104	104	1361	1515	331
三、净值	177242	222351	272263	303459	301684	390426	388430	375896	366640

表 2 – 2 　　　　　　　　　**2008—2016 年政府财政总预算资产负债表**　　　　　单位：亿元

年度 项目	2008	2009	2010	2011	2012	2013	2014	2015	2016
一、资产	168773	207311	257440	288070	289611	373480	373261	395971	448630
（一）金融资产	136304	152971	170593	186439	200753	234925	264042	296404	334816
现金和存款	16975	21220	24284	22748	20714	28591	31049	27233	25054
借出款项	359	530	1105	1616	2354	2884	3538	4142	4675
应收转贷款	862	0	0	0	0	0	0	0	0
出资额	118108	131221	145204	162075	177685	203450	229455	265029	305087
国际金融机构投资	23	25	34	48	64	93	100	208	329
企业投资	73522	81145	89193	99115	109789	120088	132311	151767	172986
国有非金融企业投资	59430	66453	72638	82089	91389	100643	110404	124263	142228
国有存款性金融机构投资	12631	12952	14283	14753	14985	15262	16761	21447	22721
国有非存款性金融机构投资	1461	1740	2272	2273	3415	4183	5146	6057	8037
事业单位出资	41555	46822	52631	59302	63847	79203	91031	102272	116632
政府控制的非营利机构出资	2896	3074	3133	3317	3582	3512	4158	5410	8589
其他机构出资	112	155	213	293	403	554	1855	5372	6551
（二）非金融资产	32469	54340	86847	101631	88858	138555	109219	99567	113814
存货	100	140	199	276	387	543	762	1069	1500
土地	32369	54200	86648	101355	88471	138012	108457	98498	112314
二、负债	49615	57411	66628	73839	82522	91780	103075	149758	219043
应付政府债券	48753	57411	66628	73839	82522	91780	103075	149758	219043
应付政府转贷款	862	0	0	0	0	0	0	0	0
三、净值	119158	149900	190812	214231	207089	281700	270186	246213	229587

表 2 - 3　　　　　　　　　**2008—2016 年行政单位资产负债表**　　　　单位：亿元

项目 ＼ 年度	2008	2009	2010	2011	2012	2013	2014	2015	2016
一、资产	64523	79871	90928	101106	109471	123231	137505	153000	161679
（一）金融资产	9128	10933	13450	15511	16941	19740	24606	28675	31966
现金和存款	4530	5286	6493	7023	7413	8691	10486	11170	13000
有价证券	16	9	9	18	19	18	0	0	0
应收预付款	4582	5638	6948	8470	9509	11031	14120	17505	18966
其他金融资产									
（二）非金融资产	55395	68938	77478	85595	92530	103491	112899	124325	129713
固定资产	52661	65468	73992	81863	86586	98634	102647	111177	115557
在建工程	2687	3416	3429	3621	5784	4649	8113	10135	11827
公共基础设施							739	1217	1534
存货	47	54	57	111	160	208	191	230	196
土地									
无形资产	0	0	0	0	0	0	152	250	429
其他非金融资产	0	0	0	0	0	0	1057	1316	170
二、负债	6714	8143	10158	11815	13024	15387	20738	25531	27128
应缴款	74	56	68	78	63	60	93	122	140
应付预收款	6640	8087	10090	11737	12961	15327	19534	24042	26801
其他负债							1111	1367	187
三、净值	57809	71728	80770	89291	96447	107844	116767	127469	134551

表 2 - 4　　　　　　　**2008—2016 年社会保障保险基金资产负债表**　　　　单位：亿元

项目 ＼ 年度	2008	2009	2010	2011	2012	2013	2014	2015	2016
一、资产	20849	26721	31945	38782	46098	57770	67514	78467	86345
现金和存款	15140	18830	22523	28893	36507	43462	50088	56945	63318
有价证券	5388	7216	8881	9055	8424	13014	15876	19827	21142
国有股票	74	185	264	254	415	564	901	899	849
国有债券	2819	3542	4288	5964	7825	9340	10642	12353	13883
非国有股票	27	133	146	168	136	416	706	1572	1426
非国有债券及其他	2468	3356	4183	2669	48	2694	3627	5003	4984
应收预付款	71	82	103	151	132	141	199	276	264
其他金融资产	250	593	438	683	1035	1153	1351	1419	1621
二、负债	20574	25998	31264	38845	47950	56888	66037	76253	83843
有价证券	416	315	97	207	203	384	533	1023	791
其中：国有股票	416	315	97	207	203	384	533	1023	791
保障保险基金	20082	25599	31073	38542	47643	56400	65254	75082	82908
其他负债	76	84	94	96	104	104	250	148	144
三、净值	275	723	681	-63	-1852	882	1477	2214	2502

表 2 – 5　　　　　　　　　　　2008 年狭义政府资产负债表　　　　　单位：亿元

机构 / 项目	狭义政府合计	政府财政总预算	行政单位	社会保障保险基金
一、资产	254145	168773	64523	20849
（一）金融资产	166281	136304	9128	20849
现金和存款	36645	16975	4530	15140
借出款项	359	359		
有价证券	5404		16	5388
应收转贷款	862	862		
应收预付款	4653		4582	71
出资额	118108	118108		
其他金融资产	250			250
（二）非金融资产	87864	32469	55395	0
固定资产	52661		52661	
在建工程	2687		2687	
公共基础设施	0			
存货	147	100	47	
土地	32369	32369		
无形资产	0		0	
其他非金融资产	0		0	
二、负债	76903	49615	6714	20574
应付政府债券	48753	48753	0	
应付政府转贷款	862	862	0	
社会保障保险基金	20082			20082
应缴款	74		74	
应付预收款	6640		6640	
有价证券	416			416
其他负债	76			76
三、净值	177242	119158	57809	275

表 2 - 6	2009 年狭义政府资产负债表		单位：亿元
机构 项目	狭义政府合计	政府财政总预算	行政单位	社会保障保险基金
一、资产	313903	207311	79871	26721
（一）金融资产	190625	152971	10933	26721
现金和存款	45336	21220	5286	18830
借出款项	530	530		
有价证券	7225		9	7216
应收转贷款	0			
应收预付款	5720		5638	82
出资额	131221	131221		
其他金融资产	593			593
（二）非金融资产	123278	54340	68938	0
固定资产	65468		65468	
在建工程	3416		3416	
公共基础设施	0			
存货	194	140	54	
土地	54200	54200		
无形资产	0		0	
其他非金融资产	0		0	
二、负债	91552	57411	8143	25998
应付政府债券	57411	57411	0	
应付政府转贷款	0		0	
社会保障保险基金	25599			25599
应缴款	56		56	
应付预收款	8087		8087	
有价证券	315			315
其他负债	84			84
三、净值	222351	149900	71728	723

表 2 – 7　　　　　　　　　　**2010 年狭义政府资产负债表**　　　　　　　　单位：亿元

项目 ＼ 机构	狭义政府合计	政府财政总预算	行政单位	社会保障保险基金
一、资产	380313	257440	90928	31945
（一）金融资产	215988	170593	13450	31945
现金和存款	53300	24284	6493	22523
借出款项	1105	1105		
有价证券	8890		9	8881
应收转贷款	0			
应收预付款	7051		6948	103
出资额	145204	145204		
其他金融资产	438			438
（二）非金融资产	164325	86847	77478	0
固定资产	73992		73992	
在建工程	3429		3429	
公共基础设施	0			
存货	256	199	57	
土地	86648	86648		
无形资产	0		0	
其他非金融资产	0		0	
二、负债	108050	66628	10158	31264
应付政府债券	66628	66628	0	
应付政府转贷款	0		0	
社会保障保险基金	31073			31073
应缴款	68		68	
应付预收款	10090		10090	
有价证券	97			97
其他负债	94			94
三、净值	272263	190812	80770	681

表 2 - 8　　　　　　　　　　　　**2011 年狭义政府资产负债表**　　　　　　　单位：亿元

机构 项目	狭义政府合计	政府财政总预算	行政单位	社会保障保险基金
一、资产	427958	288070	101106	38782
（一）金融资产	240732	186439	15511	38782
现金和存款	58664	22748	7023	28893
借出款项	1616	1616		
有价证券	9073		18	9055
应收转贷款	0			
应收预付款	8621		8470	151
出资额	162075	162075		
其他金融资产	683			683
（二）非金融资产	187226	101631	85595	0
固定资产	81863		81863	
在建工程	3621		3621	
公共基础设施	0			
存货	387	276	111	
土地	101355	101355		
无形资产	0		0	
其他非金融资产	0		0	
二、负债	124499	73839	11815	38845
应付政府债券	73839	73839	0	
应付政府转贷款	0		0	
社会保障保险基金	38542			38542
应缴款	78		78	
应付预收款	11737		11737	
有价证券	207			207
其他负债	96			96
三、净值	303459	214231	89291	-63

表 2 - 9 　　　　　　　　　　**2012 年狭义政府资产负债表**　　　　　　　单位：亿元

机构 项目	狭义政府合计	政府财政总预算	行政单位	社会保障保险基金
一、资产	445180	289611	109471	46098
（一）金融资产	263792	200753	16941	46098
现金和存款	64634	20714	7413	36507
借出款项	2354	2354		
有价证券	8443		19	8424
应收转贷款	0			
应收预付款	9641		9509	132
出资额	177685	177685		
其他金融资产	1035			1035
（二）非金融资产	181388	88858	92530	0
固定资产	86586		86586	
在建工程	5784		5784	
公共基础设施	0			
存货	547	387	160	
土地	88471	88471		
无形资产	0		0	
其他非金融资产	0		0	
二、负债	143496	82522	13024	47950
应付政府债券	82522	82522	0	
应付政府转贷款	0		0	
社会保障保险基金	47643			47643
应缴款	63		63	
应付预收款	12961		12961	
有价证券	203			203
其他负债	104			104
三、净值	301684	207089	96447	-1852

表 2－10　　　　　　　　　　　　**2013 年狭义政府资产负债表**　　　　　单位：亿元

机构 项目	狭义政府合计	政府财政总预算	行政单位	社会保障保险基金
一、资产	554481	373480	123231	57770
（一）金融资产	312435	234925	19740	57770
现金和存款	80744	28591	8691	43462
借出款项	2884	2884		
有价证券	13032		18	13014
应收转贷款	0			
应收预付款	11172		11031	141
出资额	203450	203450		
其他金融资产	1153			1153
（二）非金融资产	242046	138555	103491	0
固定资产	98634		98634	
在建工程	4649		4649	
公共基础设施	0			
存货	751	543	208	
土地	138012	138012		
无形资产	0		0	
其他非金融资产	0		0	
二、负债	164055	91780	15387	56888
应付政府债券	91780	91780	0	
应付政府转贷款	0		0	
社会保障保险基金	56400			56400
应缴款	60		60	
应付预收款	15327		15327	
有价证券	384			384
其他负债	104			104
三、净值	390426	281700	107844	882

表 2－11　　　　　　　　　　**2014 年狭义政府资产负债表**　　　　　　　　单位：亿元

机构　　　　项目	狭义政府合计	政府财政总预算	行政单位	社会保障保险基金
一、资产	578280	373261	137505	67514
（一）金融资产	356162	264042	24606	67514
现金和存款	91623	31049	10486	50088
借出款项	3538	3538		
有价证券	15876		0	15876
应收转贷款	0			
应收预付款	14319		14120	199
出资额	229455	229455		
其他金融资产	1351			1351
（二）非金融资产	222118	109219	112899	0
固定资产	102647		102647	
在建工程	8113		8113	
公共基础设施	739		739	
存货	953	762	191	
土地	108457	108457		
无形资产	152		152	
其他非金融资产	1057		1057	
二、负债	189850	103075	20738	66037
应付政府债券	103075	103075		
应付政府转贷款	0			
社会保障保险基金	65254			65254
应缴款	93		93	
应付预收款	19534		19534	
有价证券	533			533
其他负债	1361		1111	250
三、净值	388430	270186	116767	1477

表 2 – 12   **2015 年狭义政府资产负债表**   单位：亿元

机构 项目	狭义政府合计	政府财政总预算	行政单位	社会保障保险基金
一、资产	627438	395971	153000	78467
（一）金融资产	403546	296404	28675	78467
现金和存款	95348	27233	11170	56945
借出款项	4142	4142		
有价证券	19827		0	19827
应收转贷款	0			
应收预付款	17781		17505	276
出资额	265029	265029		
其他金融资产	1419			1419
（二）非金融资产	223892	99567	124325	0
固定资产	111177		111177	
在建工程	10135		10135	
公共基础设施	1217		1217	
存货	1299	1069	230	
土地	98498	98498		
无形资产	250		250	
其他非金融资产	1316		1316	
二、负债	251542	149758	25531	76253
应付政府债券	149758	149758		
应付政府转贷款	0			
社会保障保险基金	75082			75082
应缴款	122		122	
应付预收款	24042		24042	
有价证券	1023			1023
其他负债	1515		1367	148
三、净值	375896	246213	127469	2214

表 2 – 13　　　　　　　　　　　**2016 年狭义政府资产负债表**　　　　　　　单位：亿元

机构　　　　　　项目	狭义政府合计	政府财政总预算	行政单位	社会保障保险基金
一、资产	696654	448630	161679	86345
（一）金融资产	453127	334816	31966	86345
现金和存款	101372	25054	13000	63318
借出款项	4675	4675		
有价证券	21142		0	21142
应收转贷款	0			
应收预付款	19230		18966	264
出资额	305087	305087		
其他金融资产	1621			1621
（二）非金融资产	243527	113814	129713	0
固定资产	115557		115557	
在建工程	11827		11827	
公共基础设施	1534		1534	
存货	1696	1500	196	
土地	112314	112314		
无形资产	429		429	
其他非金融资产	170		170	
二、负债	330014	219043	27128	83843
应付政府债券	219043	219043		
应付政府转贷款	0			
社会保障保险基金	82908			82908
应缴款	140		140	
应付预收款	26801		26801	
有价证券	791			791
其他负债	331		187	144
三、净值	366640	229587	134551	2502

第三节 2008—2016 年狭义政府资产负债表简要分析

朱尔茜 刘智媛

2008—2016 年狭义政府资产负债表显示：资产增长波动较大，负债增长速度更快，净资产数额较大。

一、资产

资产总额从 2008 年的 25.4 万亿元增加到 2016 年的 69.7 万亿元，增加 44.3 万亿元，增长 1.7 倍，年均增加 5.5 万亿元。其中，政府财政总预算增加 28.0 万亿元，年均增加 3.5 万亿元；行政单位增加 9.7 万亿元，年均增加 1.21 万亿元；社会保障保险基金增加 6.5 万亿元，年均增加 0.82 万亿元。

总资产中，各类机构的平均占比分别是：政府财政总预算占比为 65.8%，行政单位占比为 24.1%，社会保障保险基金占比为 10.1%。

资产年均增长 13.7%，其中，政府财政总预算增长 13.47%，行政单位增长 12.27%，社会保障保险基金增长 19.55%。

资产增长波动较大，最高为 2013 年的 24.55%，最低为 2012 年的 4.02%。其中，政府财政总预算资产增长最高为 2013 年的 28.96%，最低为 2014 年的 −0.06%。

从资产构成来看，金融资产平均占比为 60.6%，非金融资产占比为 39.4%。在金融资产中，现金和存款平均占比为 14.6%，出资额占比为 40.9%，有价证券占比为 2.5%。上述三项占金融资产的 95.4%。

二、负债

负债总额从 2008 年的 7.7 万亿元增加到 2016 年的 33.0 万亿元，增加 25.3 万亿元，增长 3.29 倍，年均增加 3.2 万亿元。其中，政府财政总预算增加 16.9 万亿元，年均增加 2.1 万亿元；行政单位增加 2.0 万亿元，年均增加 0.26 万亿元；社会保障保险基金增加 6.3 万亿元，年均增加 0.79 万亿元。

总负债中，各类机构的平均占比分别是：政府财政总预算占比为 60.2%，行政单位占比为 9.4%，社会保障保险基金占比为 30.4%。

负债年均增长 20.16%，其中，政府财政总预算增长 21.18%，行政单位增长 19.36%，社会保障保险基金增长 19.31%。

负债增长波动较大，最高为 2015 年的 32.50%，最低为 2013 年的 14.33%。其中，行政单位波动较大，最高为 2014 年的 34.78%，最低为 2016 年的 6.26%。

从负债结构来看，应付政府债券平均占比为 60.1%，社会保障保险基金平均占比为

30.1%，应付预收款平均占比为 9.2%，上述三项平均占比为 99.4%。

三、资产与负债

2008 年至 2016 年，负债的平均增长速度超过资产的平均增长速度 6.46 个百分点。其中，政府财政总预算负债的平均增长速度超过资产的平均增长速度 7.71 个百分点，行政单位负债的平均增长速度超过资产的平均增长速度 7.09 个百分点，而社会保障保险基金负债的平均增长速度低于资产的平均增长速度 0.24 个百分点。

净值由 2008 年的 17.7 万亿元增加到 2016 年的 36.7 万亿元，增加 18.9 万亿元，增长 1.07 倍。其中，2013 年增长速度最高，为 29.42%；2015 年最低，为 -3.2%。9 年平均净值为 31.09 万亿元，占 GDP 的 59.31%。同期美国政府平均净值为 -3.1 万美元，占 GDP 的 -19.3%；日本政府平均净值为 12.8 万日元，占 GDP 的 2.4%。我国政府净值与世界第一大经济体美国和第三大经济体日本相比，反差较大。

附件 1：2008—2016 年狭义政府资产负债项目结构分析表

附件 2：2008—2016 年狭义政府资产负债分机构结构分析表

附件 3：2008—2016 年狭义政府资产负债项目增长分析表

附件 4：2008—2016 年狭义政府资产负债分机构增长分析表

附件 5：2008—2016 年美国和日本国家财政净值和占 GDP 的百分比

附件 1

2008—2016 年狭义政府资产负债项目结构分析表   单位：%

项目 ＼ 年度	2008	2009	2010	2011	2012	2013	2014	2015	2016	平均占比
一、资产	100.0	100.0	100.0	100.0	100.0	100.0	100.0	100.0	100.0	100.0
（一）金融资产	65.4	60.7	56.8	56.3	59.3	56.3	61.6	64.3	65.0	60.6
现金和存款	14.4	14.4	14.0	13.7	14.5	14.6	15.8	15.2	14.6	14.6
借出款项	0.1	0.2	0.3	0.4	0.5	0.5	0.6	0.7	0.7	0.4
有价证券	2.1	2.3	2.3	2.1	1.9	2.4	2.7	3.2	3.0	2.5
应收转贷款	0.3	0	0	0	0	0	0	0	0	0
应收预付款	1.8	1.8	1.9	2.0	2.2	2.0	2.5	2.8	2.8	2.2
出资额	46.5	41.8	38.2	37.9	39.9	36.7	39.7	42.2	43.8	40.7
其他金融资产	0.1	0.2	0.1	0.2	0.2	0.2	0.2	0.2	0.2	0.2
（二）非金融资产	34.6	39.3	43.2	43.7	40.7	43.7	38.4	35.7	35.0	39.4
固定资产	20.7	20.9	19.5	19.1	19.4	17.8	17.8	17.7	16.6	18.8
在建工程	1.1	1.1	0.9	0.8	1.3	0.8	1.4	1.6	1.7	1.2
公共基础设施	0	0	0	0	0	0	0.1	0.2	0.2	0.1
存货	0.1	0.1	0.1	0.1	0.1	0.1	0.2	0.2	0.2	0.1
土地	12.7	17.3	22.8	23.7	19.9	24.9	18.8	15.7	16.1	19.1
无形资产	0	0	0	0	0	0	0	0	0.1	0
其他非金融资产	0	0	0	0	0	0	0.2	0.2	0	0
二、负债	100.0	100.0	100.0	100.0	100.0	100.0	100.0	100.0	100.0	100.0
应付政府债券	63.4	62.7	61.7	59.3	57.5	55.9	54.3	59.5	66.4	60.1
应付政府转贷款	1.1	0	0	0	0	0	0	0	0	0.1
社会保障保险基金	26.1	28.0	28.8	31.0	33.2	34.4	34.4	29.8	25.1	30.1
应缴款	0.1	0.1	0.1	0.1	0	0	0	0	0	0.1
应付预收款	8.6	8.8	9.3	9.4	9.0	9.3	10.3	9.6	8.1	9.2
有价证券	0.5	0.3	0.1	0.2	0.1	0.2	0.3	0.4	0.2	0.3
其他负债	0.1	0.1	0.1	0.1	0.1	0.1	0.7	0.6	0.1	0.2
三、净值	100.0	100.0	100.0	100.0	100.0	100.0	100.0	100.0	100.0	100.0

附件 2

2008—2016 年狭义政府资产负债分机构结构分析表　　　　　单位：%

年度 项目	2008	2009	2010	2011	2012	2013	2014	2015	2016	平均占比
一、资产	100.0	100.0	100.0	100.0	100.0	100.0	100.0	100.0	100.0	
政府财政总预算	66.4	66.0	67.7	67.4	65.2	67.3	64.5	63.0	64.4	65.8
行政单位	25.4	25.4	23.9	23.5	24.5	22.2	23.8	24.4	23.2	24.1
社会保障保险基金	8.2	8.5	8.4	9.0	10.3	10.4	11.7	12.5	12.4	10.1
二、负债	100.0	100.0	100.0	100.0	100.0	100.0	100.0	100.0	100.0	
政府财政总预算	64.5	62.7	61.7	59.3	57.5	55.9	54.3	59.5	66.4	60.2
行政单位	8.7	8.9	9.4	9.5	9.1	9.4	10.9	10.1	8.2	9.4
社会保障保险基金	26.8	28.4	28.9	31.2	33.4	34.7	34.8	30.3	25.4	30.4
三、资产负债率	30.1	29.1	28.4	29.0	32.2	29.5	32.7	39.9	47.4	33.2
政府财政总预算	29.4	27.7	25.9	25.5	28.4	24.6	27.7	38.0	49.1	30.7
行政单位	10.4	10.2	11.2	11.7	11.9	12.5	15.1	16.7	16.8	12.9
社会保障保险基金	96.7	96.1	97.6	99.6	103.6	97.8	97.0	95.9	96.2	97.8

附件 3

2008—2016 年狭义政府资产负债项目增长分析表　　　单位：%

项目 ＼ 年度	2009	2010	2011	2012	2013	2014	2015	2016	平均增速
一、资产	23.51	21.16	12.53	4.02	24.55	4.29	8.50	11.03	13.7
（一）金融资产	14.64	13.31	11.46	9.58	18.44	14.00	13.30	12.29	13.38
现金和存款	23.72	17.57	10.06	10.18	24.92	13.47	4.07	6.32	13.79
借出款项	47.63	108.49	46.24	45.67	22.51	22.68	17.07	12.87	40.40
有价证券	33.70	23.04	2.06	-6.94	54.35	21.82	24.88	6.64	19.94
应收转贷款	-100								
应收预付款	22.93	23.27	22.27	11.83	15.88	28.17	24.18	8.15	19.58
出资额	11.10	10.66	11.62	9.63	14.50	12.78	15.50	15.11	12.61
其他金融资产	137.20	-26.14	55.94	51.54	11.40	17.17	5.03	14.24	33.30
（二）非金融资产	40.31	33.30	13.94	-3.12	33.44	-8.23	0.80	8.77	14.90
固定资产	24.32	13.02	10.64	5.77	13.91	4.07	8.31	3.94	10.50
在建工程	27.13	0.38	5.60	59.73	-19.62	74.51	24.92	16.69	23.67
公共基础设施							64.68	26.05	45.36
存货	31.97	31.96	51.17	41.34	37.29	26.90	36.31	30.56	35.94
土地	67.44	59.87	16.97	-12.71	56.00	-21.41	-9.18	14.03	21.37
无形资产							64.47	71.60	68.04
其他非金融资产							24.50	-87.08	-31.29
二、负债	19.05	18.02	15.22	15.26	14.33	15.72	32.50	31.20	20.16
应付政府债券	17.76	16.05	10.82	11.76	11.22	12.31	45.29	46.26	21.43
应付政府转贷款	-100								
社会保障保险基金	27.47	21.38	24.04	23.61	18.38	15.70	15.06	10.42	19.51
应缴款	-24.32	21.43	14.71	-19.23	-4.76	55.00	31.18	14.75	11.09
应付预收款	21.79	24.77	16.32	10.43	18.25	27.45	23.08	11.48	19.20
有价证券	-24.28	-69.21	113.40	-1.93	89.16	38.80	91.93	-22.68	26.90
其他负债	10.53	11.90	2.13	8.33	0.00	1208.7	11.32	-78.15	146.84
三、净值	25.45	22.45	11.46	-0.58	29.42	-0.51	-3.23	-2.46	10.25

附件 4

2008—2016 年狭义政府资产负债分机构增长分析表　　　单位：%

项目＼年度	2009	2010	2011	2012	2013	2014	2015	2016	平均增速
一、资产	23.51	21.15	12.96	3.98	24.11	4.21	8.33	11.03	13.7
政府财政总预算	22.83	24.18	12.54	0.48	28.26	−0.18	5.82	13.25	13.40
行政单位	23.79	13.84	11.19	8.27	12.57	11.58	11.27	5.67	12.27
社会保障保险基金	28.16	19.55	21.40	18.86	25.32	16.87	16.22	10.04	19.55
二、负债	19.05	18.02	15.22	15.26	14.33	15.72	32.50	31.20	20.16
政府财政总预算	15.71	16.05	10.82	11.76	11.22	12.31	45.29	46.26	21.18
行政单位	21.28	24.75	16.31	10.23	18.14	34.78	23.11	6.26	19.36
社会保障保险基金	26.36	20.26	24.25	23.44	18.64	16.08	15.47	9.95	19.31

附件 5

2008—2016 年美国国家财政净值和占 GDP 的百分比　单位：10 亿美元，%

年度	非金融资产	金融资产	总资产	负债	净值	国内生产总值	净值占 GDP 的百分比
2008	—	—	19423	23419	−3995	14718.575	−27.14
2009	10195	2384	12579	12459	119	14418.725	0.83
2010	10589	2433	13023	14251	−1229	14964.4	−8.21
2011	11192	1992	13184	15471	−2288	15517.925	−14.74
2012	12522	3770	16292	20155	−3863	16155.25	−23.91
2013	12927	3992	16919	20825	−3905	16691.5	−23.40
2014	13238	4239	17477	21624	−4147	17427.6	−23.80
2015	13404	4546	17950	22715	−4765	18120.7	−26.30
2016	13760	4803	18563	23663	−5101	18624.45	−27.39

2008—2016 年日本国家财政净值和占 GDP 的百分比　单位：10 亿日元，%

年度	非金融资产	金融资产	总资产	负债	净值	国内生产总值	净值占 GDP 的百分比
2008	492848	496783	989631	983801	5830	520715.80	1.12
2009	574750	490239	1064989	992429	72560	489501.10	14.82
2010	577048	496029	1073077	1041719	31358	500354.00	6.27
2011	582153	492571	1074724	1092310	−17591	491408.50	−3.58
2012	572244	515119	1087363	1129286	−41923	494957.20	−8.47
2013	589256	576088	1165344	1171251	−5908	503175.50	−1.17
2014	601171	598191	1199362	1212863	−13502	513698.00	−2.63
2015	—	504367	—	1188665	50981	530156.90	9.62
2016	—	520188	—	1192618	32954	537060.80	6.14

数据来源：国际货币基金组织（IMF）、《日本统计年鉴》、美国经济研究局（BEA）。

第三章　2008—2016 年事业单位资产负债表

第一节　2008—2016 年事业单位资产负债表编制说明

一、本表包括的机构范围为：非企业化管理事业单位和企业化管理事业单位。

二、本表的时间范围：包含 2008 年至 2016 年 9 个年度的数据。

三、本表的数据来源和处理：主要数据来源于《中国财政年鉴》《中国会计年鉴》《中国统计年鉴》等公开信息。其余数据部分参考我国实际情况，进行合理推测和估算得到。

四、填表说明

（一）资产

1. 流动资产

（1）货币资金，包括库存现金、银行存款等。

（2）短期投资，是指事业单位持有时间不超过 1 年（含 1 年）的投资，主要是国债投资。

（3）应收预付款，包括应收票据、应收账款、预付账款和其他应收款等。

（4）存货，是指事业单位在开展业务活动及其他活动中为耗用而储存的各种材料、燃料、包装物、低值易耗品及达不到固定资产标准的用具、装具、动植物等的实际成本。

（5）其他流动资产，是指除上述之外的流动资产。

2. 非流动资产

（1）长期投资，是指事业单位持有时间超过 1 年（不含 1 年）的股权和债权性质的投资。

（2）固定资产，是指事业单位持有的使用期限超过 1 年（不含 1 年）、单位价值在规定标准以上，并在使用过程中基本保持原有物质形态的资产。单位价值虽未达到规定标准，但使用期限超过 1 年（不含 1 年）的大批同类物资，作为固定资产核算和管理。

（3）公共基础设施，是指狭义政府占有并直接负责维护管理、供社会公众使用的工程性公共基础设施，包括城市交通设施、公共照明设施、环保设施、防灾设施、健身设施、广场及公共构建物等其他公共设施。

（4）在建工程，是指事业单位已经发生必要支出，但尚未完工交付使用的各种建筑（包括新建、改建、扩建、修缮等）和设备安装工程。

（5）文物文化资产，是指事业单位持有的用于展览、教育或研究等目的的历史文物、艺术品以及其他具有文化或历史价值并长期或永久保存的典藏等。

（6）无形资产，主要指事业单位拥有或控制的没有实物形态可辨认的非货币性资产。

（7）其他非流动资产，是指除上述之外的非流动资产。

（二）负债

1. 流动负债

（1）短期借款，是指事业单位借入的期限在 1 年内（含 1 年）的各种借款。

（2）应缴款，包括应缴税费、应缴国库款、应缴财政专户款。应缴税费是指事业单位按照税法等规定计算应缴纳的各种税费，包括营业税、增值税、城市维护建设税、教育费附加、车船税、房产税、城镇土地使用税、企业所得税等。还包括事业单位代扣代缴的个人所得税。应缴国库款是指事业单位按规定应缴入国库的款项（应缴税费除外）。应缴财政专户款是指事业单位按规定应缴入财政专户的款项。

（3）应付预收款，包括应付职工薪酬、应付票据、应付账款、预收账款和其他应付款等。应付职工薪酬是指事业单位按有关规定应付给职工及为职工支付的各种薪酬。包括基本工资、绩效工资、国家统一规定的津贴补贴、社会保险费、住房公积金等。应付票据是指事业单位因购买材料、物资等而开出、承兑的商业汇票，包括银行承兑汇票和商业承兑汇票。应付账款是指事业单位因购买材料、物资等而应付的款项。预收账款是指事业单位按合同规定预收的款项。其他应付款是指事业单位除应缴税费、应缴国库款、应缴财政专户款、应付职工薪酬、应付票据、应付账款、预收账款之外的其他各项偿还期限在 1 年内（含 1 年）的应付及暂收款项，如存入保证金等。

（4）其他流动负债，是指除上述之外的其他流动负债。如彩票机构中应付返奖奖金、应付代销费、彩票销售结算款等，中小学校以及高等学校中的代管款项，医院中的预提费用。

2. 非流动负债

（1）长期借款，是指事业单位借入的期限超过 1 年（不含 1 年）的各种借款。

（2）长期应付款，是指事业单位发生的偿还期限超过 1 年（不含 1 年）的应付款项。

（3）其他非流动负债，是指事业单位除上述之外的非流动负债。

（三）净值

净值是总资产减去总负债的净额。

五、需要说明的问题

（一）固定资产中房屋的估值。根据房屋的面积、全国当年平均销售价格及折旧等数据进行估值。即估价＝面积×市场销售价格×折旧率。

　　（二）公共基础设施的估值。交通基础设施的估值根据物量数据、当年投资的平均造价推算而来。市政公共基础设施的估值根据当年的投资完成额、折旧等利用移动汇总的方法推算而来。详见附件。

　　（三）文物文化资产数据的取得。文物文化资产包括文物的可移动资产和不可移动资产。不可移动资产已在固定资产等项目核算。文物文化资产的数据是指可移动文物文化资产的数据。文物文化资产的数据是根据国家文物部门物量信息，采用名义价值法、损偿估值法两种方法来推算。

　　附件：公共基础设施的估值

附件

公共基础设施的估值

一、交通基础设施

（一）数据来源

公路、航道、港口物量数据，当年固定资产支出，当年改造数量等来自"交通运输行业发展统计公报"，航道固定资产支出采用交通部"支出决算表"中"航道维护"和"航道建设和维护"两项当年支出之和。公路新增/改造每单位造价采用 2015 年单价根据交通运输设备制造业 PPI 进行调节后的价格。

（二）编制方法

1. 公路：年末估值 = 当年末存量公路里程数 × 每单位造价。2008 年：每单位造价 = 全年公路建设到位资金/全年新建和改造公路总里程数。2009—2016 年每年根据上一年每单位造价按交通运输设备制造业 PPI 进行调节。

2. 航道：年末估值 = 存量航道里程 × 每单位造价。2013—2016 年每单位造价 = 当年航道固定资产支出/全年新增及改善航道里程，2008—2012 年采用 2013—2016 年平均单位造价。

3. 港口：年末估值 = 内河港口估值 + 沿海港口估值。内河港口估值 = 存量内河港口数量 × 每单位造价，其中，每单位造价 = （当年内河建设完成投资 – 当年内河航道投资）/当年内河港口新增改造数量。沿海港口估值 = 存量沿海港口数量 × 每单位造价，其中，每单位造价 = 当年沿海建设完成投资/沿海港口新建及改（扩）建码头泊位数量。详见下表。

交通基础设施估值（以 2016 年为例）

项目	物量单位	2016 年末物量	当年新增/改造物量	当年固定资产支出（亿元）	每单位造价（亿元）	年末估值（亿元）
交通基础设施						180469.47
公路	万公里	469.63	11.9	15969.71	149.75	70326.02
航道	万公里	12.71	0.08	125.12	1564.00	19878.44
港口	个	30388	344	1292.26	2.97	90265.00
——内河港口	个	24501	173	427.03	2.47	60477.82
——沿海港口	个	5887	171	865.23	5.06	29787.19

二、市政基础设施

1. 数据来源

我国住房和城乡建设部发布的历年《城市建设统计年鉴》及《统计公报》数据。国家统计局发布的历年《统计年鉴》中的投资形成相关数据。

2. 编制方法

采用移动加权的资本形成法来估算公共基础设施的历史累计投入，折现后作为资产的名义价值。同时，按照城市建设类固定资产保养使用年限，采用直线摊销法来集体折旧。资产的名义价值扣除折旧后，形成公共基础设施类固定资产的年末净值。

第二节　2008—2016 年事业单位资产负债表

表 3 – 1　　　　　　　　　　2008—2016 年事业单位资产负债表　　　　　　　单位：亿元

项目＼年度	2008	2009	2010	2011	2012	2013	2014	2015	2016
一、资产	318873	384755	430354	484110	545107	602698	577677	670005	697316
（一）流动资产	23180	28103	32806	36682	41256	50073	54539	60677	72742
货币资金	10030	12335	14899	15721	17623	20159	23393	26600	29871
短期投资	5	9	6	7	8	75	94	93	179
应收预付款	11980	14180	16125	18657	20890	24806	26005	28318	36128
存货	942	1321	1509	2081	2451	3501	3954	4866	5674
其他流动资产	223	258	267	216	284	1532	1093	800	890
（二）非流动资产	295693	356652	397548	447428	503851	552625	523138	609328	624574
长期投资	1839	2189	2523	2413	2816	3307	3714	4574	4910
固定资产	144432	184101	209085	232799	238633	264329	262919	284743	296223
公共基础设施	126285	143190	152512	175504	220555	259866	223903	282535	280880
在建工程	15178	18446	22650	25265	27984	17084	24092	28516	32912
文物文化资产	2589	2726	2881	3036	3525	3863	4088	4163	4482
无形资产	291	371	513	585	798	991	1760	2071	2526
其他非流动资产	5079	5629	7384	7826	9540	3185	2662	2726	2641
二、负债	23831	28183	33473	38104	40706	43525	48043	53781	56386
（一）流动负债	16255	19051	22825	25237	28469	30385	32755	36623	40251
短期借款	2318	2704	3166	3294	3681	3596	3357	2964	2664
应缴款	182	189	237	261	234	252	295	338	438
应付预收款	13600	15937	19169	21387	24306	25848	28191	31905	35663
其他流动负债	155	221	253	295	248	689	912	1416	1486
（二）非流动负债	7576	9132	10648	12867	12237	13140	15288	17158	16135
长期借款	7558	9060	10559	12830	12192	11726	13487	15112	13703
长期应付款	0	0	0	0	0	1343	1735	1974	2193
其他非流动负债	18	72	89	37	45	71	66	72	239
三、净值	295042	356572	396881	446006	504401	559173	529634	616224	640930

表 3－2　　　　　　　**2008—2016 年非企业化管理的事业单位资产负债表**　　　　单位：亿元

年度 项目	2008	2009	2010	2011	2012	2013	2014	2015	2016
一、资产	315580	380730	425922	479279	540641	598720	573347	665463	692312
（一）流动资产	22637	27559	32017	35845	40244	49233	53672	59612	71448
货币资金	9886	12322	14638	15467	17336	19932	23162	26333	29468
短期投资	0	0	0	0	0	68	88	85	173
应收预付款	11878	14041	15960	18481	20678	24598	25783	28057	35808
存货	873	1196	1419	1897	2230	3333	3789	4584	5410
其他流动资产	0	0	0	0	0	1302	850	553	589
（二）非流动资产	292943	353171	393905	443434	500397	549487	519675	605851	620864
长期投资	1410	1674	1973	2203	2574	3094	3487	4385	4683
固定资产	142512	181610	206514	229556	236132	262000	260348	282161	293706
公共基础设施	126285	143190	152512	175504	220555	259866	223903	282535	280880
在建工程	15049	18286	22459	25045	27677	16839	23821	28236	32504
文物文化资产	2589	2726	2881	3036	3525	3863	4088	4163	4482
无形资产	242	314	449	480	678	870	1609	1892	2269
其他非流动资产	4856	5371	7117	7610	9256	2955	2419	2479	2340
二、负债	23132	27201	32363	35132	39615	42757	46971	52595	54859
（一）流动负债	15868	18595	22292	24653	27903	30032	32169	35989	39491
短期借款	2221	2631	3079	3203	3580	3480	3265	2855	2577
应缴款	179	186	232	257	231	249	292	336	430
应付预收款	13468	15778	18981	21193	24092	25830	27994	31703	35390
其他流动负债	0	0	0	0	0	473	618	1095	1094
（二）非流动负债	7264	8606	10071	10479	11712	12725	14802	16606	15368
长期借款	7264	8606	10071	10479	11712	11382	13067	14632	13175
长期应付款	0	0	0	0	0	1343	1735	1974	2193
其他非流动负债	0	0	0	0	0	0	0	0	0
三、净值	292448	353529	393559	444147	501026	555963	526376	612868	637453

表 3 - 3　　　　　　　　**2008—2016 年企业化管理的事业单位资产负债表**　　　　单位：亿元

项目 \ 年度	2008	2009	2010	2011	2012	2013	2014	2015	2016
一、资产	3293	4025	4432	4831	4466	3978	4330	4542	5004
（一）流动资产	543	544	789	837	1012	840	867	1065	1294
货币资金	144	13	261	254	287	227	231	267	403
短期投资	5	9	6	7	8	7	6	8	6
应收预付款	102	139	165	176	212	208	222	261	320
存货	69	125	90	184	221	168	165	282	264
其他流动资产	223	258	267	216	284	230	243	247	301
（二）非流动资产	2750	3481	3643	3994	3454	3138	3463	3477	3710
长期投资	429	515	550	210	242	213	227	189	227
固定资产	1920	2491	2571	3243	2501	2329	2571	2582	2517
公共基础设施	0	0	0	0	0	0	0	0	0
在建工程	129	160	191	220	307	245	271	280	408
文物文化资产	0	0	0	0	0	0	0	0	0
无形资产	49	57	64	105	120	121	151	179	257
其他非流动资产	223	258	267	216	284	230	243	247	301
二、负债	699	982	1110	2972	1091	768	1072	1186	1527
（一）流动负债	387	456	533	584	566	353	586	634	760
短期借款	97	73	87	91	101	116	92	109	87
应缴款	3	3	5	4	3	3	3	2	8
应付预收款	132	159	188	194	214	18	197	202	273
其他流动负债	155	221	253	295	248	216	294	321	392
（二）非流动负债	312	526	577	2388	525	415	486	552	767
长期借款	294	454	488	2351	480	344	420	480	528
长期应付款	0	0	0	0	0	0	0	0	0
其他非流动负债	18	72	89	37	45	71	66	72	239
三、净值	2594	3043	3322	1859	3375	3210	3258	3356	3477

表 3 – 4 　　　　　　　　　　　**2008 年事业单位资产负债表**　　　　　单位：亿元

项目 　　　　　　单位	事业单位合计	非企业化管理的事业单位	企业化管理的事业单位
一、资产	318873	315580	3293
（一）流动资产	23180	22637	543
货币资金	10030	9886	144
短期投资	5	0	5
应收预付款	11980	11878	102
存货	942	873	69
其他流动资产	223	0	223
（二）非流动资产	295693	292943	2750
长期投资	1839	1410	429
固定资产	144432	142512	1920
公共基础设施	126285	126285	0
在建工程	15178	15049	129
文物文化资产	2589	2589	0
无形资产	291	242	49
其他非流动资产	5079	4856	223
二、负债	23831	23132	699
（一）流动负债	16255	15868	387
短期借款	2318	2221	97
应缴款	182	179	3
应付预收款	13600	13468	132
其他流动负债	155	0	155
（二）非流动负债	7576	7264	312
长期借款	7558	7264	294
长期应付款	0	0	0
其他非流动负债	18	0	18
三、净值	295042	292448	2594

表 3 - 5　　　　　　　　　　　　　2009 年事业单位资产负债表　　　　　　　　单位：亿元

项目 ＼ 单位	事业单位合计	非企业化管理的事业单位	企业化管理的事业单位
一、资产	384755	380730	4025
（一）流动资产	28103	27559	544
货币资金	12335	12322	13
短期投资	9	0	9
应收预付款	14180	14041	139
存货	1321	1196	125
其他流动资产	258	0	258
（二）非流动资产	356652	353171	3481
长期投资	2189	1674	515
固定资产	184101	181610	2491
公共基础设施	143190	143190	0
在建工程	18446	18286	160
文物文化资产	2726	2726	0
无形资产	371	314	57
其他非流动资产	5629	5371	258
二、负债	28183	27201	982
（一）流动负债	19051	18595	456
短期借款	2704	2631	73
应缴款	189	186	3
应付预收款	15937	15778	159
其他流动负债	221	0	221
（二）非流动负债	9132	8606	526
长期借款	9060	8606	454
长期应付款	0	0	0
其他非流动负债	72	0	72
三、净值	356572	353529	3043

表 3 - 6　　　　　　　　　　　　**2010 年事业单位资产负债表**　　　　　　单位：亿元

项目 \ 单位	事业单位合计	非企业化管理的事业单位	企业化管理的事业单位
一、资产	430354	425922	4432
（一）流动资产	32806	32017	789
货币资金	14899	14638	261
短期投资	6	0	6
应收预付款	16125	15960	165
存货	1509	1419	90
其他流动资产	267	0	267
（二）非流动资产	397548	393905	3643
长期投资	2523	1973	550
固定资产	209085	206514	2571
公共基础设施	152512	152512	0
在建工程	22650	22459	191
文物文化资产	2881	2881	0
无形资产	513	449	64
其他非流动资产	7384	7117	267
二、负债	33473	32363	1110
（一）流动负债	22825	22292	533
短期借款	3166	3079	87
应缴款	237	232	5
应付预收款	19169	18981	188
其他流动负债	253	0	253
（二）非流动负债	10648	10071	577
长期借款	10559	10071	488
长期应付款	0	0	0
其他非流动负债	89	0	89
三、净值	396881	393559	3322

表 3 – 7　　　　　　　　　　　2011 年事业单位资产负债表　　　　　　　单位：亿元

项目 ＼ 单位	事业单位合计	非企业化管理的事业单位	企业化管理的事业单位
一、资产	484110	479279	4831
（一）流动资产	36682	35845	837
货币资金	15721	15467	254
短期投资	7	0	7
应收预付款	18657	18481	176
存货	2081	1897	184
其他流动资产	216	0	216
（二）非流动资产	447428	443434	3994
长期投资	2413	2203	210
固定资产	232799	229556	3243
公共基础设施	175504	175504	0
在建工程	25265	25045	220
文物文化资产	3036	3036	0
无形资产	585	480	105
其他非流动资产	7826	7610	216
二、负债	38104	35132	2972
（一）流动负债	25237	24653	584
短期借款	3294	3203	91
应缴款	261	257	4
应付预收款	21387	21193	194
其他流动负债	295	0	295
（二）非流动负债	12867	10479	2388
长期借款	12830	10479	2351
长期应付款	0	0	0
其他非流动负债	37	0	37
三、净值	446006	444147	1859

表 3 - 8　　　　　　　　　　**2012 年事业单位资产负债表**　　　　　　单位：亿元

项目	事业单位合计	非企业化管理的事业单位	企业化管理的事业单位
一、资产	545107	540641	4466
（一）流动资产	41256	40244	1012
货币资金	17623	17336	287
短期投资	8	0	8
应收预付款	20890	20678	212
存货	2451	2230	221
其他流动资产	284	0	284
（二）非流动资产	503851	500397	3454
长期投资	2816	2574	242
固定资产	238633	236132	2501
公共基础设施	220555	220555	0
在建工程	27984	27677	307
文物文化资产	3525	3525	0
无形资产	798	678	120
其他非流动资产	9540	9256	284
二、负债	40706	39615	1091
（一）流动负债	28469	27903	566
短期借款	3681	3580	101
应缴款	234	231	3
应付预收款	24306	24092	214
其他流动负债	248	0	248
（二）非流动负债	12237	11712	525
长期借款	12192	11712	480
长期应付款	0	0	0
其他非流动负债	45	0	45
三、净值	504401	501026	3375

表 3 – 9 　　　　　　　　　　　**2013 年事业单位资产负债表**　　　　　　　　　　单位：亿元

单位 项目	事业单位合计	非企业化管理的事业单位	企业化管理的事业单位
一、资产	602698	598720	3978
（一）流动资产	50073	49233	840
货币资金	20159	19932	227
短期投资	75	68	7
应收预付款	24806	24598	208
存货	3501	3333	168
其他流动资产	1532	1302	230
（二）非流动资产	552625	549487	3138
长期投资	3307	3094	213
固定资产	264329	262000	2329
公共基础设施	259866	259866	0
在建工程	17084	16839	245
文物文化资产	3863	3863	0
无形资产	991	870	121
其他非流动资产	3185	2955	230
二、负债	43525	42757	768
（一）流动负债	30385	30032	353
短期借款	3596	3480	116
应缴款	252	249	3
应付预收款	25848	25830	18
其他流动负债	689	473	216
（二）非流动负债	13140	12725	415
长期借款	11726	11382	344
长期应付款	1343	1343	0
其他非流动负债	71	0	71
三、净值	559173	555963	3210

表 3 – 10　　　　　　　　　　　　　　**2014 年事业单位资产负债表**　　　　　　　　单位：亿元

单位 项目	事业单位合计	非企业化管理的事业单位	企业化管理的事业单位
一、资产	577677	573347	4330
（一）流动资产	54539	53672	867
货币资金	23393	23162	231
短期投资	94	88	6
应收预付款	26005	25783	222
存货	3954	3789	165
其他流动资产	1093	850	243
（二）非流动资产	523138	519675	3463
长期投资	3714	3487	227
固定资产	262919	260348	2571
公共基础设施	223903	223903	0
在建工程	24092	23821	271
文物文化资产	4088	4088	0
无形资产	1760	1609	151
其他非流动资产	2662	2419	243
二、负债	48043	46971	1072
（一）流动负债	32755	32169	586
短期借款	3357	3265	92
应缴款	295	292	3
应付预收款	28191	27994	197
其他流动负债	912	618	294
（二）非流动负债	15288	14802	486
长期借款	13487	13067	420
长期应付款	1735	1735	0
其他非流动负债	66	0	66
三、净值	529634	526376	3258

表 3 – 11　　　　　　　　　　　　2015 年事业单位资产负债表　　　　　　　　　　单位：亿元

单位 项目	事业单位合计	非企业化管理的事业单位	企业化管理的事业单位
一、资产	670005	665463	4542
（一）流动资产	60677	59612	1065
货币资金	26600	26333	267
短期投资	93	85	8
应收预付款	28318	28057	261
存货	4866	4584	282
其他流动资产	800	553	247
（二）非流动资产	609328	605851	3477
长期投资	4574	4385	189
固定资产	284743	282161	2582
公共基础设施	282535	282535	0
在建工程	28516	28236	280
文物文化资产	4163	4163	0
无形资产	2071	1892	179
其他非流动资产	2726	2479	247
二、负债	53781	52595	1186
（一）流动负债	36623	35989	634
短期借款	2964	2855	109
应缴款	338	336	2
应付预收款	31905	31703	202
其他流动负债	1416	1095	321
（二）非流动负债	17158	16606	552
长期借款	15112	14632	480
长期应付款	1974	1974	0
其他非流动负债	72	0	72
三、净值	616224	612868	3356

表 3 – 12 　　　　　　　　　　　2016年事业单位资产负债表 　　　　　　　　单位：亿元

单位 项目	事业单位合计	非企业化管理的事业单位	企业化管理的事业单位
一、资产	697316	692312	5004
（一）流动资产	72742	71448	1294
货币资金	29871	29468	403
短期投资	179	173	6
应收预付款	36128	35808	320
存货	5674	5410	264
其他流动资产	890	589	301
（二）非流动资产	624574	620864	3710
长期投资	4910	4683	227
固定资产	296223	293706	2517
公共基础设施	280880	280880	0
在建工程	32912	32504	408
文物文化资产	4482	4482	0
无形资产	2526	2269	257
其他非流动资产	2641	2340	301
二、负债	56386	54859	1527
（一）流动负债	40251	39491	760
短期借款	2664	2577	87
应缴款	438	430	8
应付预收款	35663	35390	273
其他流动负债	1486	1094	392
（二）非流动负债	16135	15368	767
长期借款	13703	13175	528
长期应付款	2193	2193	0
其他非流动负债	239	0	239
三、净值	640930	637453	3477

第三节　2008—2016 年事业单位资产负债表简要分析

朱尔茜　刘智媛　岳　鑫

2008—2016 年事业单位资产负债表显示：资产增长波动较大，负债增长速度放缓，净值增长较为平稳，净值数额较大。

一、资产

资产总额从 2008 年的 31.9 万亿元增加到 2016 年的 69.7 万亿元，增加 37.8 万亿元，增长 1.19 倍，年均增加 4.7 万亿元。

资产增长波动较大，最高为 2009 年的 20.66%，最低为 2014 年，资产总额降低了 4.15%。年均增长率为 10.51%。

从资产构成来看，非流动资产平均占比为 91.7%，流动资产平均占比为 8.3%。在非流动资产中，固定资产平均占比为 45.3%，公共基础设施平均占比为 39.3%，在建工程平均占比为 4.6%。上述三项占非流动资产的 97.2%。在流动资产中，货币资金平均占比为 3.5%，应收预付款平均占比为 4.1%。上述两项占流动资产的 92.5%。

从机构来看，非企业化管理的事业单位资产占事业单位资产的 99.1%，企业化管理的事业单位资产占事业单位资产的 0.86%。

非企业化管理的事业单位资产中非流动资产平均占比为 91.8%，流动资产平均占比为 8.2%。企业化管理的事业单位资产中非流动资产平均占比为 80.2%，流动资产平均占比为 19.8%。

二、负债

负债总额从 2008 年的 2.4 万亿元增加到 2016 年的 5.6 万亿元，增加 3.3 万亿元，增长 1.37 倍，年均增加 0.4 万亿元。

负债增长波动较大，最高为 2010 年的 18.77%，最低为 2016 年的 4.84%。年均增长率为 11.47%。

从负债构成来看，流动负债平均占比为 68.6%，非流动负债平均占比 31.4%。在流动负债中，短期借款平均占比为 8.0%，应付预收款平均占比为 58.6%。上述两项占流动负债的 97.0%。在非流动负债中，主要是长期借款。长期借款占非流动负债的 94.2%。

从机构来看，非企业化管理的事业单位负债占事业单位负债的 96.7%，企业化管理的事业单位负债占事业单位负债的 3.3%。

非企业化管理的事业单位负债中非流动负债平均占比为 30.5%，流动负债平均占比为 69.5%。企业化管理的事业单位资产中非流动负债平均占比为 52.8%，流动负债平均占比为47.2%。

三、资产与负债

2008年至2016年，负债的平均增长速度为11.47%，超过资产平均增长0.96个百分点。平均资产负债率为7.73%。

资产中流动资产的平均余额为4.4万亿元，负债的平均余额为4.1万亿元。企业化管理的事业单位流动资产的平均余额0.09万亿元，大于流动负债的平均余额0.05万亿元，表明事业单位有较强的流动性和支付能力。

净值由2008年的29.5万亿元增加到2016年的64.1万亿元，增加34.6万亿元，增长1.17倍。其中，2009年增长速度最高，为20.85%；2014年最低，为－5.28%。净值增长平均速度为10.45%。

附件1：2008—2016年事业单位资产负债项目结构分析表

附件2：2008—2016年事业单位资产负债分机构结构分析表

附件3：2008—2016年事业单位资产负债项目增长分析表

附件4：2008—2016年事业单位资产负债分机构增长分析表

附件 1

2008—2016 年事业单位资产负债项目结构分析表　　　　单位：%

项目　＼　年度	2008	2009	2010	2011	2012	2013	2014	2015	2016	平均占比
一、资产	100	100	100	100	100	100	100	100	100	
（一）流动资产	7.27	7.30	7.62	7.58	7.57	8.31	9.44	9.06	10.43	8.29
货币资金	3.15	3.21	3.46	3.25	3.23	3.34	4.05	3.97	4.28	3.55
短期投资	0	0	0	0	0	0.01	0.02	0.01	0.03	0.01
应收预付款	3.76	3.69	3.75	3.85	3.83	4.12	4.50	4.23	5.18	4.10
存货	0.30	0.34	0.35	0.43	0.45	0.58	0.68	0.73	0.81	0.52
其他流动资产	0.07	0.07	0.06	0.04	0.05	0.25	0.19	0.12	0.13	0.11
（二）非流动资产	92.73	92.70	92.38	92.42	92.43	91.69	90.56	90.94	89.57	91.71
长期投资	0.58	0.57	0.59	0.50	0.52	0.55	0.64	0.68	0.70	0.59
固定资产	45.29	47.85	48.58	48.09	43.78	43.86	45.51	42.50	42.48	45.33
公共基础设施	39.60	37.22	35.44	36.25	40.46	43.12	38.76	42.17	40.28	39.26
在建工程	4.76	4.79	5.26	5.22	5.13	2.83	4.17	4.26	4.72	4.57
文物文化资产	0.81	0.71	0.67	0.63	0.65	0.64	0.71	0.62	0.64	0.68
无形资产	0.09	0.10	0.12	0.12	0.15	0.16	0.30	0.31	0.36	0.19
其他非流动资产	1.59	1.46	1.72	1.62	1.75	0.53	0.46	0.41	0.38	1.10
二、负债	100	100	100	100	100	100	100	100	100	
（一）流动负债	68.21	67.60	68.19	66.23	69.94	69.81	68.18	68.10	71.38	68.63
短期借款	9.73	9.59	9.46	8.64	9.04	8.26	6.99	5.51	4.72	7.99
应缴款	0.76	0.67	0.71	0.68	0.57	0.58	0.61	0.63	0.78	0.67
应付预收款	57.07	56.55	57.27	56.13	59.71	59.39	58.68	59.32	63.25	58.60
其他流动负债	0.65	0.78	0.76	0.77	0.61	1.58	1.90	2.63	2.64	1.37
（二）非流动负债	31.79	32.40	31.81	33.77	30.06	30.19	31.82	31.90	28.62	31.37
长期借款	31.71	32.15	31.54	33.67	29.95	26.94	28.07	28.10	24.30	29.60
长期应付款	0.00	0.00	0.00	0.00	0.00	3.09	3.61	3.67	3.89	1.58
其他非流动负债	0.08	0.26	0.27	0.10	0.11	0.16	0.14	0.13	0.42	0.18
三、净值	100	100	100	100	100	100	100	100	100	

附件 2

2008—2016 年事业单位资产负债分机构结构分析表 单位：%

年度 项目	2008	2009	2010	2011	2012	2013	2014	2015	2016	平均占比
一、资产	100	100	100	100	100	100	100	100	100	
非企业化管理的事业单位	98.97	98.95	98.97	99.00	99.18	99.34	99.25	99.32	99.28	99.14
企业化管理的事业单位	1.03	1.05	1.03	1.00	0.82	0.66	0.75	0.68	0.72	0.86
二、负债	100	100	100	100	100	100	100	100	100	
非企业化管理的事业单位	97.07	96.52	96.68	92.20	97.32	98.24	97.77	97.79	97.29	96.76
企业化管理的事业单位	2.93	3.48	3.32	7.80	2.68	1.76	2.23	2.21	2.71	3.24
三、资产负债率	7.47	7.32	7.78	7.87	7.47	7.22	8.32	8.03	8.09	7.73
非企业化管理的事业单位	7.33	7.14	7.60	7.33	7.33	7.14	8.19	7.90	7.92	7.54
企业化管理的事业单位	21.23	24.40	25.05	61.52	24.43	19.31	24.76	26.11	30.52	28.59

附件3

2008—2016 年事业单位资产负债项目增长分析表　　　单位：%

年度 项目	2009	2010	2011	2012	2013	2014	2015	2016
一、资产	20.66	11.85	12.49	12.60	10.57	-4.15	15.98	4.08
（一）流动资产	21.24	16.73	11.81	12.47	21.37	8.92	11.25	19.88
货币资金	22.98	20.79	5.52	12.10	14.39	16.04	13.71	12.30
短期投资	80.00	-33.33	16.67	14.29	837.50	25.33	-1.06	92.47
应收预付款	18.36	13.72	15.70	11.97	18.75	4.83	8.89	27.58
存货	40.23	14.23	37.91	17.78	42.84	12.94	23.07	16.61
其他流动资产	15.70	3.49	-19.10	31.48	439.44	-28.66	-26.81	11.25
（二）非流动资产	20.62	11.47	12.55	12.61	9.68	-5.34	16.48	2.50
长期投资	19.03	15.26	-4.36	16.70	17.44	12.31	23.16	7.35
固定资产	27.47	13.57	11.34	2.51	10.77	-0.53	8.30	4.03
公共基础设施	13.39	6.51	15.08	25.67	17.82	-13.84	26.19	-0.59
在建工程	21.53	22.79	11.55	10.76	-38.95	41.02	18.36	15.42
文物文化资产	5.29	5.69	5.38	16.11	9.59	5.82	1.83	7.66
无形资产	27.49	38.27	14.04	36.41	24.19	77.60	17.67	21.97
其他非流动资产	10.83	31.18	5.99	21.90	-66.61	-16.42	2.40	-3.12
二、负债	18.26	18.77	13.84	6.83	6.93	10.38	11.94	4.84
（一）流动负债	17.20	19.81	10.57	12.81	6.73	7.80	11.81	9.91
短期借款	16.65	17.09	4.04	11.75	-2.31	-6.65	-11.71	-10.12
应缴款	3.85	25.40	10.13	-10.34	7.69	17.06	14.58	29.59
应付预收款	17.18	20.28	11.57	13.65	6.34	9.06	13.17	11.78
其他流动负债	42.58	14.48	16.60	-15.93	177.82	32.37	55.26	4.94
（二）非流动负债	20.54	16.60	20.84	-4.90	7.38	16.35	12.23	-5.96
长期借款	19.87	16.55	21.51	-4.97	-3.82	15.02	12.05	-9.32
长期应付款	0	0	0	0	0	29.19	13.78	11.09
其他非流动负债	300.00	23.61	-58.43	21.62	57.78	-7.04	9.09	231.94
三、净值	20.85	11.30	12.38	13.09	10.86	-5.28	16.35	4.01

附件 4

2008—2016 年事业单位资产负债分机构增长分析表 单位：%

年度\项目	2009	2010	2011	2012	2013	2014	2015	2016	平均增长率
一、资产	20.66	11.85	12.49	12.60	10.57	-4.15	15.98	4.08	10.51
非企业化管理的事业单位	20.64	11.87	12.53	12.80	10.74	-4.24	16.07	4.03	10.56
企业化管理的事业单位	22.23	10.11	9.00	-7.56	-10.93	8.85	4.90	10.17	5.85
二、负债	18.26	18.77	13.84	6.83	6.93	10.38	11.94	4.84	11.47
非企业化管理的事业单位	17.59	18.98	8.56	12.76	7.93	9.86	11.97	4.30	11.49
企业化管理的事业单位	40.49	13.03	167.75	-63.29	-29.61	39.58	10.63	28.75	25.92

第四章 2008—2016 年政府控制的非营利组织资产负债表

第一节 2008—2016 年政府控制的非营利组织资产负债表编制说明

一、本表包括的机构范围为：（1）社会团体、基金会、民办非企业单位等社会组织；（2）居委会、村委会等自治组织；（3）宗教机构（包括寺院、宫观、清真寺、教堂等）。未包括：事业单位、在工商部门和机构编制部门登记的社会服务机构、转登记和未登记的非营利组织等。

二、本表的时间范围：包含 2008 年至 2016 年 9 个年度的数据。

三、本表的数据来源和处理：主要来源于民政部《中国民政统计年鉴》、财政部《中国会计年鉴》、国家统计局《中国统计年鉴》和经济普查资料等。由于部分早期数据存在缺失，相关数据按后续年度的变化趋势或比例推算得到；部分机构数据缺失，主要通过调查研究推算而得。

四、填表说明

（一）资产

1. 流动资产

（1）货币资金，包括现金、银行存款和其他货币资金。现金是指非营利组织持有的库存现金。银行存款是指非营利组织存入银行或其他金融机构的存款。其他货币资金包括外埠存款、银行汇票存款、银行本票存款、信用卡存款、信用证保证金存款、存出投资款等各种其他货币资金。

（2）短期投资，是指非营利组织持有的各种能够随时变现（或变现成本较低）并且持有时间不准备超过 1 年（含 1 年）的投资，包括短期股票、债券投资和短期委托贷款、委托投资等。

（3）应收款项，是指非营利组织在日常业务活动过程中发生的各项应收未收债权，包括应收票据、应收账款和其他应收款。

（4）预付账款，是指非营利组织预付给商品供应单位或者服务提供单位的款项。

（5）存货，是指非营利组织在日常业务活动中持有以备出售或捐赠的，或者为了出售或捐赠仍处在生产过程中的，或者将在生产、提供服务或日常管理过程中耗用的材料、物资、商品等。存货包括材料、库存商品、委托加工材料，以及达不到固定资产标准的工具、器具等。

（6）待摊费用，是指非营利组织已经支出，但应当由本期和以后各期分别负担的、分摊期在 1 年以内（含 1 年）的各项费用，如预付保险费、预付租金等。

（7）一年内到期长期债权，是指将在一年内到期的长期债权，如长期债券投资等。

（8）其他流动资产，是指除上述之外的流动资产。

2. 非流动资产

（1）长期投资，是指除短期投资以外，政府控制的非营利组织持有时间超过 1 年的各种投资，包括长期股权投资和长期债权投资等。长期股权投资包括长期股票投资和其他股权投资；长期债权投资包括长期债券投资和其他债权投资。

（2）固定资产，是指同时具有以下特征的有形资产：为行政管理、提供服务、生产商品或者出租目的而持有；预计使用年限超过 1 年；单位价值较高。

（3）在建工程，是指已经发生必要支出，但尚未达到交付使用状态的各种建筑（包括新建、改建、扩建、修缮等）、设备安装工程和信息系统建设工程。

（4）文物文化资产，是指用于展览、教育或研究等目的的历史文物、艺术品，以及其他具有文化或历史价值并作长期或永久保存的典藏等。文物文化资产是一项特殊资产，这类资产一般价值较高、寿命较长，不但不会像普通固定资产那样发生折旧和价值损耗，还可能会随着时间的推移而产生增值。

（5）无形资产，是指非营利组织拥有的为开展业务活动，出租给他人或为管理目的而持有的，没有实物形态的非货币性长期资产，包括著作权、商标权、土地使用权、专利权、非专利技术等。

（6）受托代理资产，是指非营利组织接受委托方委托，从事受托代理业务而收到的资产。

（二）负债

1. 流动负债

（1）短期借款，是指非营利组织向银行或其他金融机构等借入的，尚未偿还的期限在 1 年以下（含 1 年）的各种借款。

（2）应付款项，是指非营利组织在日常业务活动过程中发生的各项应付票据、应付账款和其他应付款等应付未付款项。其中，应付票据是指非营利组织购买材料、商品和接受服务等而开出并承兑的商业汇票。应付票据按照承兑人不同分为银行承兑汇票和商业承兑汇票。应付账款是指非营利组织购买材料、商品和接受服务等而应付给供应单位的款项。

（3）应付工资，是指非营利组织应付未付的员工工资，包括基本工资、奖金、津贴补贴、社会保险费、住房公积金等。

（4）应交税金，是指非营利组织按照税法等规定应交纳的各种税费，包括增值税、所得税、房产税、个人所得税等。

（5）预收账款，是指非营利组织向服务和商品购买单位预收的各种款项。它是买卖双方协议商定，由供货方或提供劳务方预先向购货方或接受劳务方收取一部分货款或订金而形成的负债。

（6）预提费用，是指政府控制的非营利组织预先提取的已经发生但尚未支付的费用，如预提的租金、保险费、借款利息等。

（7）预计负债，是指非营利组织对因或有事项所产生的现时义务而确认的负债。或有事项是指过去的交易或事项形成的一种状况，其结果必须通过未来不确定事项的发生或不发生予以证实，包括对外提供担保、商业承兑票据贴现和未决诉讼等。

（8）一年内到期的长期负债，是指将在一年内到期的长期负债，如将于一年内偿还的借款、兑付的债券等。

（9）其他流动负债，是指除上述之外的流动负债。

2. 非流动负债

（1）长期借款，是指非营利组织向银行或其他金融机构借入的期限在 1 年以上（不含 1 年）的各项借款。

（2）长期应付款，是指非营利组织发生的偿还期限超过 1 年（不含 1 年）的应付款项，如融资租入固定资产的租赁费等。

（3）其他长期负债，是指除上述之外的长期负债。

（4）受托代理负债，是指政府控制的非营利组织因从事受托代理业务，接受受托代理资产而产生的负债。

（三）净资产

净资产是总资产减去总负债的净额。净资产应当按照其是否受到限制，分为限定性净资产和非限定性净资产。

1. 限定性净资产，是指资产或者资产所产生的经济利益（如资产的投资收益和利息等）的使用，受到资产提供者或者国家有关法律、行政法规所设置的时间限制或（和）用途限制。

2. 非限定性净资产，除限定性净资产之外的其他净资产，即为非限定性净资产。

五、需要说明的几个问题

（一）根据数据的主要提供方民政部的观点，社会组织是非营利组织中数据质量相对较高的部分，但也存在数据遗漏、填报不准确、省级及以下数据无法汇总等缺陷，居委会、村委会等自治组织数据质量也难以保证，因此现实状况无法保证提供较高质量的非营利组织数据，但民政部基本认可目前我们测算的社会组织和自治组织资产负债数据，认为与现实情况和国际比较基本接近。

（二）本表中的所有数据均为政府控制的非营利组织数据，其中，对于基金会、社会团体、民办非企业单位等社会组织，我们认为对于中央级组织，政府控制的比例为 95%；对于省级及以下社会组织，政府控制的比例为 70%。对于居委会、村委会等自治组织，我们认为均为政府控制。对于宗教场所，我们也认为基本与政府有关。这一判断的主要依据是：与民政部、国家宗教事务局的会谈结果，以及对部分地区社会组织、自治组织和宗教场所的走访结论。

（三）对于基金会、社会团体、民办非企业单位等社会组织，中央级的数据由民政部提供的单家数据汇总得出，不存在测算问题；对于省级及以下社会组织，只能获取少数主要财务指标数据，因此其他多数财务指标通过民政部提供的数据，及其与中央级社会组织数据的关系测算得出。

（四）对于居委会、村委会等自治组织，主要依据民政部提供的少数主要财务指标数据，及其与社会组织数据的关系测算得出。

（五）对于宗教机构数据，能够获得的依据是国家统计局通过对宗教机构进行的经济普查，获得的特定年份资产总额等少数财务数据。对于宗教机构其他年度的其他财务数据，只能通过设定平均增速，以及与社会组织数据的关系测算得出。

（六）本表的编制范围不包括事业单位等非营利组织。

一般来讲，我国的非营利组织包括：事业单位，社会服务机构，寺院、宫观、清真寺、教堂等宗教机构，以及各种转登记和未进行登记的非营利组织等。

其中，事业单位已经有专门的表格，因此不在本表的编制范围之内。社会服务机构中，有一小部分是在机构编制部门注册登记的，因此可以纳入事业单位统计；另一小部分是在工商部门注册登记的，也可以纳入企业部门统计；在民政部门登记的（主要是社会组织）则属于本表的编制范围。未登记或转登记的非营利组织，由于可以划入企业部门或不规范等原因，不属于本表的编制范围。

（七）对于"文物文化资产"的解释。

财政部《民间非营利组织会计制度》对文物文化资产的会计核算作出了明确要求，兼顾会计核算的准确性和谨慎性原则，即：（1）对于可获得明确价格的文物文化资产（如购买发票载明金额），按照购买时实际支付的价款计值入账；（2）对于没有明确价格，但是具有活跃交易市场或其他类似资产估值的，按照公允价值计值入账；（3）对于确实难以估值的文物文化资产，按照会计谨慎性原则，设置辅助账，单独登记文物文化资产的相关信息，待以后会计期间可以取得准确的价值后再入账计值。从目前非营利组织对文物文化资产的实际核算情况看，部分文物文化资产尚未形成活跃市场、公允价值还不能够获得并可靠计量，因此为提高会计信息准确性和可靠性、避免资产价值高估，仅对可获得明确价格的文物文化资产进行了核算，这是符合会计制度关于公允价值计量的相关要求的。

从现有数据看，2016 年我们测算的政府控制的非营利组织文物文化资产余额为 103 亿元，占同期政府控制的非营利组织资产总额的比重为 0.36%；财政部《中国会计年鉴》中，纳入预算的民间非营利组织文物文化资产余额占同期资产总额的比重为 0.27%。二者测算的文物文化资产占资产总额的比重基本相当。

（八）对于固定资产计值方法（用现值法还是历史成本法）的解释。

财政部《民间非营利组织会计制度》基于会计信息的相关性和谨慎性要求，对固定资产按照购入时的历史成本计价，并通过计提折旧和计提减值准备对账面价值进行调整。因此，本表中的固定资产是按照社会组织资产负债表中的固定资产科目，经过汇总和测算调整后得到的。

在公允价值计量模式下，需要获得非营利组织的房产单价和房产面积数据。其中，房产单价可从房产中介机构获取近似数据，但房产面积数据由于缺乏相应统计，获取难度较大。另一个可行的方法是按照狭义政府房产市价测算方法来对非营利组织房产价值进行估算，但财政部仅统计纳入预算的单位数据，因此可能会导致测算出的非营利组织数据偏小。以 2012 年为例，根据财政部房产面积数据测算并分劈到非营利组织的房产市价约为 48.4 亿元，仅为我们此次测算值的 1/40。因此，可考虑待条件成熟后再按照市价法对非营利组织固定资产进行计值。

第二节　2008—2016 年政府控制的非营利组织资产负债表

表 4 - 1　　　　　　2008—2016 年政府控制的非营利组织资产负债表　　　单位：亿元

项目＼年度	2008	2009	2010	2011	2012	2013	2014	2015	2016
一、资产	11062	11724	11967	12670	13375	14173	15427	23732	28704
（一）流动资产	8408	8912	9096	9630	10166	10583	11873	18838	21997
货币资金	5125	5432	5544	5870	6197	7023	7179	13061	13502
短期投资	1455	1543	1575	1667	1760	692	1522	2914	5108
应收款项	392	415	424	449	474	528	787	1007	1081
预付账款	571	605	617	654	690	826	688	1089	956
存货	176	187	191	202	213	226	511	542	1147
待摊费用	36	38	39	41	43	47	87	116	63
一年内到期长期债权	4	4	4	4	5	2	0	24	47
其他流动资产	649	688	702	743	784	1239	1099	85	93
（二）非流动资产	2654	2812	2871	3040	3209	3590	3554	4894	6707
长期投资	888	941	961	1017	1074	1232	1542	1861	2737
固定资产	1416	1501	1532	1622	1712	1764	1554	2576	2228
在建工程	89	94	96	102	107	98	88	267	1611
文物文化资产	34	36	37	39	41	264	138	158	103
无形资产	223	236	241	255	269	227	228	28	23
受托代理资产	4	4	4	5	6	5	4	4	5
二、负债	5796	6145	6270	6637	7006	7788	7870	13896	13091
（一）流动负债	5714	6059	6181	6544	6907	7693	7741	13629	12710
短期借款	4	4	4	4	4	2	14	71	31
应付款项	661	701	716	758	800	588	909	2603	2822
应付工资	459	486	496	525	555	628	546	1189	635
应付税金	83	88	90	95	100	72	68	26	510
预收账款	3535	3749	3824	4049	4274	5235	5089	9175	8107
预提费用	152	161	165	174	184	98	70	450	379
预计负债	17	18	18	19	20	61	55	58	58
一年内到期长期负债	11	11	11	12	13	5	18	3	12
其他流动负债	792	841	857	908	957	1004	972	54	156
（二）非流动负债	82	86	89	93	99	95	129	267	381
长期借款	22	23	24	25	27	29	64	177	222
长期应付款	25	26	27	28	30	28	26	25	15
其他长期负债	3	3	3	3	3	2	1	1	2
受托代理负债	32	34	35	37	39	36	38	64	142
三、净资产	5266	5579	5697	6033	6369	6385	7557	9836	15613

表 4 - 2 　　　　　　　　　　　　2008—2016 年基金会资产负债表 　　　　　　　单位：亿元

项目＼年度	2008	2009	2010	2011	2012	2013	2014	2015	2016
一、资产	659	696	709	753	795	784	1127	1483	3264
（一）流动资产	519	549	559	594	627	602	855	1157	2546
货币资金	284	301	307	326	344	291	319	458	1040
短期投资	120	127	130	138	145	181	268	393	824
应收款项	33	35	35	37	39	36	40	53	121
预付账款	1	1	1	1	2	2	1	3	8
存货	72	76	77	82	87	91	227	235	518
待摊费用	0	0	0	0	0	1	0	1	1
一年内到期长期债权	2	2	2	2	2	0	0	12	22
其他流动资产	7	7	7	8	8	0	0	2	12
（二）非流动资产	140	147	150	159	168	182	272	326	718
长期投资	125	132	135	143	151	160	249	298	661
固定资产	10	10	10	11	12	14	17	20	40
在建工程	2	2	2	2	2	5	4	5	10
文物文化资产	2	2	2	2	2	2	2	2	5
无形资产	0	0	0	0	0	0	0	1	1
受托代理资产	1	1	1	1	1	1	0	0	1
二、负债	53	54	56	60	64	55	64	80	132
（一）流动负债	32	33	34	37	39	29	46	40	37
短期借款	1	1	1	1	2	1	9	1	2
应付款项	7	7	7	8	8	6	7	10	23
应付工资	0	0	0	0	0	0	0	0	1
应付税金	17	18	18	20	21	18	20	25	1
预收账款	1	1	1	1	1	1	1	3	4
预提费用	0	0	0	0	0	0	0	0	0
预计负债	0	0	0	0	0	0	0	0	0
一年内到期长期负债	5	5	6	6	6	3	9	1	6
其他流动负债	1	1	1	1	1	0	0	0	0
（二）非流动负债	21	21	22	23	25	26	18	40	95
长期借款	10	10	10	11	12	13	0	12	30
长期应付款	1	1	1	1	1	1	1	1	2
其他长期负债	0	0	0	0	0	0	0	0	0
受托代理负债	10	10	11	11	12	12	17	27	63
三、净资产	606	642	653	693	731	729	1063	1403	3132

表 4 - 3　　　　　　　　　　　2008—2016 年社会团体资产负债表　　　　　　　单位：亿元

项目＼年度	2008	2009	2010	2011	2012	2013	2014	2015	2016
一、资产	1268	1344	1373	1452	1533	1781	1859	1910	2203
（一）流动资产	822	871	890	941	993	1154	1175	1166	1327
货币资金	647	686	700	741	782	871	870	885	1004
短期投资	70	74	76	80	85	152	177	166	183
应收款项	65	68	70	74	78	91	91	80	102
预付账款	8	8	8	9	9	11	13	15	17
存货	1	2	2	2	2	3	3	4	5
待摊费用	2	2	2	2	2	3	3	2	3
一年内到期长期债权	0	0	0	0	0	1	0	0	0
其他流动资产	29	31	32	33	35	22	18	14	13
（二）非流动资产	446	473	483	511	540	627	684	744	876
长期投资	284	301	308	326	344	413	430	476	567
固定资产	148	157	160	169	179	185	223	233	239
在建工程	11	12	12	13	13	20	22	25	58
文物文化资产	0	0	0	0	0	0	0	3	4
无形资产	2	2	2	2	3	7	7	6	6
受托代理资产	1	1	1	1	1	2	2	1	2
二、负债	179	191	196	206	217	251	286	329	434
（一）流动负债	160	171	176	185	195	231	240	244	351
短期借款	0	0	0	0	0	0	2	9	12
应付款项	90	96	98	104	109	121	135	128	167
应付工资	1	1	2	2	2	4	4	7	10
应付税金	8	9	9	9	10	10	11	8	12
预收账款	32	34	35	37	39	46	46	51	59
预提费用	3	3	3	3	3	3	5	4	6
预计负债	8	8	9	9	10	29	26	28	27
一年内到期长期负债	0	0	0	0	0	0	0	0	0
其他流动负债	18	20	20	21	22	18	11	9	58
（二）非流动负债	19	20	20	21	22	20	46	85	83
长期借款	1	1	1	1	1	1	29	71	74
长期应付款	11	12	12	13	13	12	12	11	5
其他长期负债	1	1	1	1	1	1	1	0	1
受托代理负债	6	6	6	6	7	6	4	3	3
三、净资产	1089	1153	1177	1246	1316	1530	1573	1581	1769

表 4 – 4　　　　　　　　**2008—2016 年民办非企业单位资产负债表**　　　　单位：亿元

年度 项目	2008	2009	2010	2011	2012	2013	2014	2015	2016
一、资产	3196	3387	3459	3663	3865	4016	4180	7580	7800
（一）流动资产	2550	2702	2759	2922	3083	3154	3475	6374	6280
货币资金	1444	1530	1562	1654	1746	2092	2136	4675	4183
短期投资	482	511	522	553	583	0	270	794	1351
应收款项	85	90	92	98	103	120	234	332	278
预付账款	252	267	272	288	305	364	300	480	412
存货	11	12	12	13	13	15	15	19	12
待摊费用	14	15	16	16	17	18	36	50	25
一年内到期长期债权	0	0	0	0	0	0	0	0	0
其他流动资产	262	277	283	300	316	545	484	24	19
（二）非流动资产	646	685	700	741	782	862	705	1206	1520
长期投资	11	12	12	13	14	13	53	107	58
固定资产	494	524	535	566	598	614	479	934	749
在建工程	28	30	30	32	34	20	15	93	670
文物文化资产	14	14	15	16	16	119	61	66	39
无形资产	99	105	108	114	120	96	97	6	4
受托代理资产	0	0	0	0	0	0	0	0	0
二、负债	2424	2569	2621	2775	2931	3263	3258	5953	5431
（一）流动负债	2423	2568	2620	2774	2930	3263	3259	5952	5430
短期借款	0	0	0	0	0	0	−4	23	0
应付款项	208	220	225	238	252	146	278	1055	1105
应付工资	208	221	225	238	252	283	245	537	280
应付税金	14	14	15	16	16	6	2	−20	221
预收账款	1582	1677	1711	1812	1913	2345	2278	4138	3641
预提费用	67	71	72	76	81	41	27	202	167
预计负债	0	0	0	0	0	0	0	0	0
一年内到期长期负债	0	0	0	0	0	0	0	0	0
其他流动负债	344	365	372	394	416	442	433	17	16
（二）非流动负债	1	1	1	1	1	0	−1	1	1
长期借款	1	1	1	1	1	0	1	1	1
长期应付款	0	0	0	0	0	0	0	0	0
其他长期负债	0	0	0	0	0	0	0	0	0
受托代理负债	0	0	0	0	0	0	−2	0	0
三、净资产	772	818	838	888	934	753	922	1627	2369

表 4 – 5　　　　　　　　　　　　　2008—2016 年村委会资产负债表　　　　　　　单位：亿元

项目＼年度	2008	2009	2010	2011	2012	2013	2014	2015	2016
一、资产	3749	3973	4056	4294	4535	4796	5216	8057	9751
（一）流动资产	2852	3023	3086	3266	3449	3584	4021	6405	7481
货币资金	1737	1841	1879	1989	2100	2380	2433	4448	4594
短期投资	494	524	535	566	598	227	510	985	1737
应收款项	132	140	143	151	160	178	267	342	367
预付账款	196	207	212	224	236	283	236	373	327
存货	58	62	63	67	70	74	168	180	386
待摊费用	12	13	13	14	15	16	30	40	22
一年内到期长期债权	1	1	1	1	2	1	0	8	16
其他流动资产	222	235	240	254	268	425	377	29	32
（二）非流动资产	897	950	970	1028	1086	1212	1195	1652	2270
长期投资	295	313	319	338	357	408	511	619	916
固定资产	483	511	522	553	584	601	528	878	758
在建工程	30	32	33	35	37	33	30	91	551
文物文化资产	12	12	12	13	14	90	47	54	35
无形资产	76	81	83	87	92	78	78	9	8
受托代理资产	1	1	1	2	2	2	1	1	2
二、负债	1983	2102	2144	2271	2399	2665	2690	4758	4479
（一）流动负债	1956	2073	2115	2241	2366	2634	2648	4670	4351
短期借款	1	1	1	1	1	1	4	24	10
应付款项	225	238	243	258	272	199	309	890	964
应付工资	157	167	170	180	190	215	187	408	217
应付税金	28	29	30	32	34	24	22	8	175
预收账款	1212	1285	1311	1388	1466	1795	1745	3147	2780
预提费用	52	55	56	60	63	34	24	154	130
预计负债	6	6	6	6	7	20	18	19	19
一年内到期长期负债	3	4	4	4	4	2	6	1	4
其他流动负债	272	288	294	312	329	344	333	19	52
（二）非流动负债	27	29	29	30	33	31	42	88	128
长期借款	7	8	8	8	9	9	21	59	74
长期应付款	8	9	9	9	10	9	9	8	5
其他长期负债	1	1	1	1	1	1	0	0	1
受托代理负债	11	11	11	12	13	12	12	21	48
三、净资产	1766	1871	1912	2023	2136	2131	2526	3299	5272

表 4-6　　　　　　　　　　　2008—2016 年居委会资产负债表　　　　　　　　单位：亿元

项目＼年度	2008	2009	2010	2011	2012	2013	2014	2015	2016
一、资产	789	839	855	904	956	1012	1097	1698	2054
（一）流动资产	601	638	651	688	728	757	846	1351	1576
货币资金	366	388	396	419	443	502	513	938	968
短期投资	104	110	113	119	126	48	107	208	366
应收款项	28	30	30	32	34	38	56	72	77
预付账款	41	44	45	47	50	60	50	79	69
存货	12	13	13	14	15	16	35	38	81
待摊费用	3	3	3	3	3	3	6	8	5
一年内到期长期债权	0	0	0	0	0	0	0	2	3
其他流动资产	47	50	51	54	57	90	79	6	7
（二）非流动资产	188	201	204	216	228	255	251	347	478
长期投资	62	66	67	71	75	86	108	130	193
固定资产	102	108	110	117	123	127	111	185	160
在建工程	6	7	7	7	8	7	6	19	116
文物文化资产	2	3	3	3	3	19	10	11	7
无形资产	16	17	17	18	19	16	16	2	2
受托代理资产	0	0	0	0	0	0	0	0	0
二、负债	418	443	451	480	504	560	567	1003	944
（一）流动负债	412	437	445	473	497	554	558	985	917
短期借款	0	0	0	0	0	0	1	5	2
应付款项	47	50	51	54	57	42	65	188	203
应付工资	33	35	36	38	40	45	39	86	46
应付税金	6	6	6	7	7	5	5	2	37
预收账款	256	271	276	293	309	378	368	663	586
预提费用	11	12	12	13	13	7	5	33	27
预计负债	1	1	1	1	1	4	4	4	4
一年内到期长期负债	1	1	1	1	1	0	1	0	1
其他流动负债	57	61	62	66	69	73	70	4	11
（二）非流动负债	6	6	6	7	7	6	9	18	27
长期借款	2	2	2	2	2	2	4	12	16
长期应付款	2	2	2	2	2	2	2	2	1
其他长期负债	0	0	0	0	0	0	0	0	0
受托代理负债	2	2	2	3	3	2	3	4	10
三、净资产	371	396	404	424	452	452	530	695	1110

表4－7　　　　　　　　　　　**2008—2016年宗教机构资产负债表**　　　　　单位：亿元

项目 \ 年度	2008	2009	2010	2011	2012	2013	2014	2015	2016
一、资产	1396	1482	1512	1602	1691	1787	1945	3004	3635
（一）流动资产	1063	1126	1149	1218	1287	1335	1498	2388	2788
货币资金	647	686	700	741	783	887	907	1658	1712
短期投资	184	195	199	211	223	85	190	367	647
应收款项	49	52	53	56	60	66	99	128	137
预付账款	73	77	79	84	88	106	88	139	122
存货	22	23	23	25	26	27	63	67	144
待摊费用	5	5	5	5	6	6	11	15	8
一年内到期长期债权	0	0	1	1	1	0	0	3	6
其他流动资产	83	88	89	95	100	158	140	11	12
（二）非流动资产	333	356	363	384	404	452	447	616	847
长期投资	110	117	119	126	133	152	191	231	342
固定资产	180	191	195	206	217	224	197	327	283
在建工程	11	12	12	13	14	12	11	34	205
文物文化资产	4	5	5	5	5	34	18	20	13
无形资产	28	30	31	33	34	29	29	4	3
受托代理资产	0	1	1	1	1	1	1	0	1
二、负债	738	783	798	847	895	991	1003	1774	1669
（一）流动负债	728	773	788	835	883	981	987	1741	1621
短期借款	0	0	0	1	1	0	2	9	4
应付款项	84	89	91	96	101	74	115	332	359
应付工资	59	62	63	67	71	80	70	152	81
应付税金	10	11	11	12	12	9	8	3	65
预收账款	452	479	489	518	546	669	650	1173	1036
预提费用	19	21	21	22	24	12	9	58	48
预计负债	2	2	2	2	3	8	7	7	7
一年内到期长期负债	1	1	1	1	2	1	2	0	2
其他流动负债	101	108	110	116	123	128	124	7	19
（二）非流动负债	10	10	10	12	12	10	16	33	48
长期借款	3	3	3	3	3	3	8	22	28
长期应付款	3	3	3	4	4	3	3	3	2
其他长期负债	0	0	0	0	0	0	0	0	0
受托代理负债	4	4	4	5	5	4	5	8	18
三、净资产	658	699	714	755	796	796	942	1230	1966

表 4 - 8　　　　　　　　2008 年政府控制的非营利组织资产负债表　　　　　单位：亿元

部门 项目	政府控制的非营利组织合计	基金会	社会团体	民办非企业单位	村委会	居委会	宗教机构
一、资产	11057	659	1268	3196	3749	789	1396
（一）流动资产	8407	519	822	2550	2852	601	1063
货币资金	5125	284	647	1444	1737	366	647
短期投资	1454	120	70	482	494	104	184
应收款项	392	33	65	85	132	28	49
预付账款	571	1	8	252	196	41	73
存货	176	72	1	11	58	12	22
待摊费用	36	0	2	14	12	3	5
一年内到期长期债权	3	2	0	0	1	0	0
其他流动资产	650	7	29	262	222	47	83
（二）非流动资产	2650	140	446	646	897	188	333
长期投资	887	125	284	11	295	62	110
固定资产	1417	10	148	494	483	102	180
在建工程	88	2	11	28	30	6	11
文物文化资产	34	2	0	14	12	2	4
无形资产	221	0	2	99	76	16	28
受托代理资产	3	1	1	0	1	0	0
二、负债	5795	53	179	2424	1983	418	738
（一）流动负债	5711	32	160	2423	1956	412	728
短期借款	2	1	0	0	1	0	0
应付款项	661	7	90	208	225	47	84
应付工资	458	0	1	208	157	33	59
应付税金	83	17	8	14	28	6	10
预收账款	3535	1	32	1582	1212	256	452
预提费用	152	0	3	67	52	11	19
预计负债	17	0	8	0	6	1	2
一年内到期长期负债	10	5	0	0	3	1	1
其他流动负债	793	1	18	344	272	57	101
（二）非流动负债	84	21	19	1	27	6	10
长期借款	24	10	1	1	7	2	3
长期应付款	25	1	11	0	8	2	3
其他长期负债	2	0	1	0	1	0	0
受托代理负债	33	10	6	0	11	2	4
三、净资产	5262	606	1089	772	1766	371	658

表 4 – 9　　　　　　　　　2009 年政府控制的非营利组织资产负债表　　　　　　单位：亿元

部门 项目	政府控制的非营利组织合计	基金会	社会团体	民办非企业单位	村委会	居委会	宗教机构
一、资产	11721	696	1344	3387	3973	839	1482
（一）流动资产	8909	549	871	2702	3023	638	1126
货币资金	5432	301	686	1530	1841	388	686
短期投资	1541	127	74	511	524	110	195
应收款项	415	35	68	90	140	30	52
预付账款	604	1	8	267	207	44	77
存货	188	76	2	12	62	13	23
待摊费用	38	0	2	15	13	3	5
一年内到期长期债权	3	2	0	0	1	0	0
其他流动资产	688	7	31	277	235	50	88
（二）非流动资产	2812	147	473	685	950	201	356
长期投资	941	132	301	12	313	66	117
固定资产	1501	10	157	524	511	108	191
在建工程	95	2	12	30	32	7	12
文物文化资产	36	2	0	14	12	3	5
无形资产	235	0	2	105	81	17	30
受托代理资产	4	1	1	0	1	0	1
二、负债	6142	54	191	2569	2102	443	783
（一）流动负债	6055	33	171	2568	2073	437	773
短期借款	2	1	0	0	1	0	0
应付款项	700	7	96	220	238	50	89
应付工资	486	0	1	221	167	35	62
应付税金	87	18	9	14	29	6	11
预收账款	3747	1	34	1677	1285	271	479
预提费用	162	0	3	71	55	12	21
预计负债	17	0	8	0	6	1	2
一年内到期长期负债	11	5	0	0	4	1	1
其他流动负债	843	1	20	365	288	61	108
（二）非流动负债	87	21	20	1	29	6	10
长期借款	25	10	1	1	8	2	3
长期应付款	27	1	12	0	9	2	3
其他长期负债	2	0	1	0	1	0	0
受托代理负债	33	10	6	0	11	2	4
三、净资产	5579	642	1153	818	1871	396	699

表 4 – 10　　　　　　　　　**2010 年政府控制的非营利组织资产负债表**　　　　　　单位：亿元

项目＼部门	政府控制的非营利组织合计	基金会	社会团体	民办非企业单位	村委会	居委会	宗教机构
一、资产	11964	709	1373	3459	4056	855	1512
（一）流动资产	9094	559	890	2759	3086	651	1149
货币资金	5544	307	700	1562	1879	396	700
短期投资	1575	130	76	522	535	113	199
应收款项	423	35	70	92	143	30	53
预付账款	617	1	8	272	212	45	79
存货	190	77	2	12	63	13	23
待摊费用	39	0	2	16	13	3	5
一年内到期长期债权	4	2	0	0	1	0	1
其他流动资产	702	7	32	283	240	51	89
（二）非流动资产	2870	150	483	700	970	204	363
长期投资	960	135	308	12	319	67	119
固定资产	1532	10	160	535	522	110	195
在建工程	96	2	12	30	33	7	12
文物文化资产	37	2	0	15	12	3	5
无形资产	241	0	2	108	83	17	31
受托代理资产	4	1	1	0	1	0	1
二、负债	6266	56	196	2621	2144	451	798
（一）流动负债	6178	34	176	2620	2115	445	788
短期借款	2	1	0	0	1	0	0
应付款项	715	7	98	225	243	51	91
应付工资	496	0	2	225	170	36	63
应付税金	89	18	9	15	30	6	11
预收账款	3823	1	35	1711	1311	276	489
预提费用	164	0	3	72	56	12	21
预计负债	18	0	9	0	6	1	2
一年内到期长期负债	12	6	0	0	4	1	1
其他流动负债	859	1	20	372	294	62	110
（二）非流动负债	88	22	20	1	29	6	10
长期借款	25	10	1	1	8	2	3
长期应付款	27	1	12	0	9	2	3
其他长期负债	2	0	1	0	1	0	0
受托代理负债	34	11	6	0	11	2	4
三、净资产	5698	653	1177	838	1912	404	714

表 4 - 11　　　　　　　　　　**2011 年政府控制的非营利组织资产负债表**　　　　　　单位：亿元

项目 \ 部门	政府控制的非营利组织合计	基金会	社会团体	民办非企业单位	村委会	居委会	宗教机构
一、资产	12668	753	1452	3663	4294	904	1602
（一）流动资产	9629	594	941	2922	3266	688	1218
货币资金	5870	326	741	1654	1989	419	741
短期投资	1667	138	80	553	566	119	211
应收款项	448	37	74	98	151	32	56
预付账款	653	1	9	288	224	47	84
存货	203	82	2	13	67	14	25
待摊费用	40	0	2	16	14	3	5
一年内到期长期债权	4	2	0	0	1	0	1
其他流动资产	744	8	33	300	254	54	95
（二）非流动资产	3039	159	511	741	1028	216	384
长期投资	1017	143	326	13	338	71	126
固定资产	1622	11	169	566	553	117	206
在建工程	102	2	13	32	35	7	13
文物文化资产	39	2	0	16	13	3	5
无形资产	254	0	2	114	87	18	33
受托代理资产	5	1	1	0	2	0	1
二、负债	6639	60	206	2775	2271	480	847
（一）流动负债	6545	37	185	2774	2241	473	835
短期借款	3	1	0	0	1	0	1
应付款项	758	8	104	238	258	54	96
应付工资	525	0	2	238	180	38	67
应付税金	96	20	9	16	32	7	12
预收账款	4049	1	37	1812	1388	293	518
预提费用	174	0	3	76	60	13	22
预计负债	18	0	9	0	6	1	2
一年内到期长期负债	12	6	0	0	4	1	1
其他流动负债	910	1	21	394	312	66	116
（二）非流动负债	94	23	21	1	30	7	12
长期借款	26	11	1	1	8	2	3
长期应付款	29	1	13	0	9	2	4
其他长期负债	2	0	1	0	1	0	0
受托代理负债	37	11	6	0	12	3	5
三、净资产	6029	693	1246	888	2023	424	755

表 4 – 12　　　　　**2012 年政府控制的非营利组织资产负债表**　　　　单位：亿元

项目 ＼ 部门	政府控制的非营利组织合计	基金会	社会团体	民办非企业单位	村委会	居委会	宗教机构
一、资产	13375	795	1533	3865	4535	956	1691
（一）流动资产	10167	627	993	3083	3449	728	1287
货币资金	6198	344	782	1746	2100	443	783
短期投资	1760	145	85	583	598	126	223
应收款项	474	39	78	103	160	34	60
预付账款	690	2	9	305	236	50	88
存货	213	87	2	13	70	15	26
待摊费用	43	0	2	17	15	3	6
一年内到期长期债权	5	2	0	0	2	0	1
其他流动资产	784	8	35	316	268	57	100
（二）非流动资产	3208	168	540	782	1086	228	404
长期投资	1074	151	344	14	357	75	133
固定资产	1713	12	179	598	584	123	217
在建工程	108	2	13	34	37	8	14
文物文化资产	40	2	0	16	14	3	5
无形资产	268	0	3	120	92	19	34
受托代理资产	5	1	1	0	2	0	1
二、负债	7010	64	217	2931	2399	504	895
（一）流动负债	6910	39	195	2930	2366	497	883
短期借款	4	2	0	1	0	0	1
应付款项	799	8	109	252	272	57	101
应付工资	555	0	2	252	190	40	71
应付税金	100	21	10	16	34	7	12
预收账款	4274	1	39	1913	1466	309	546
预提费用	184	0	3	81	63	13	24
预计负债	21	0	10	0	7	1	3
一年内到期长期负债	13	6	0	0	4	1	2
其他流动负债	960	1	22	416	329	69	123
（二）非流动负债	100	25	22	1	33	7	12
长期借款	28	12	1	1	9	2	3
长期应付款	30	1	13	0	10	2	4
其他长期负债	2	0	1	0	1	0	0
受托代理负债	40	12	7	0	13	3	5
三、净资产	6365	731	1316	934	2136	452	796

表 4 - 13　　　　　　　　　2013 年政府控制的非营利组织资产负债表　　　　　　　　单位：亿元

项目＼部门	政府控制的非营利组织合计	基金会	社会团体	民办非企业单位	村委会	居委会	宗教机构
一、资产	14176	784	1781	4016	4796	1012	1787
（一）流动资产	10586	602	1154	3154	3584	757	1335
货币资金	7023	291	871	2092	2380	502	887
短期投资	693	181	152	0	227	48	85
应收款项	529	36	91	120	178	38	66
预付账款	826	2	11	364	283	60	106
存货	226	91	3	15	74	16	27
待摊费用	47	1	3	18	16	3	6
一年内到期长期债权	2	0	1	0	1	0	0
其他流动资产	1240	0	22	545	425	90	158
（二）非流动资产	3590	182	627	862	1212	255	452
长期投资	1232	160	413	13	408	86	152
固定资产	1765	14	185	614	601	127	224
在建工程	97	5	20	20	33	7	12
文物文化资产	264	2	0	119	90	19	34
无形资产	226	0	7	96	78	16	29
受托代理资产	6	1	2	0	2	0	1
二、负债	7785	55	251	3263	2665	560	991
（一）流动负债	7692	29	231	3263	2634	554	981
短期借款	2	1	0	0	1	0	0
应付款项	588	6	121	146	199	42	74
应付工资	627	0	4	283	215	45	80
应付税金	72	18	10	6	24	5	9
预收账款	5234	1	46	2345	1795	378	669
预提费用	97	0	3	41	34	7	12
预计负债	61	0	29	0	20	4	8
一年内到期长期负债	6	3	0	0	2	0	1
其他流动负债	1005	0	18	442	344	73	128
（二）非流动负债	93	26	20	0	31	6	10
长期借款	28	13	1	0	9	2	3
长期应付款	27	1	12	0	9	2	3
其他长期负债	2	0	1	0	1	0	0
受托代理负债	36	12	6	0	12	2	4
三、净资产	6391	729	1530	753	2131	452	796

表 4-14　　　　　　　　2014 年政府控制的非营利组织资产负债表　　　　　　单位：亿元

部门 项目	政府控制的非 营利组织合计	基金会	社会团体	民办非 企业单位	村委会	居委会	宗教机构
一、资产	15424	1127	1859	4180	5216	1097	1945
（一）流动资产	11870	855	1175	3475	4021	846	1498
货币资金	7178	319	870	2136	2433	513	907
短期投资	1522	268	177	270	510	107	190
应收款项	787	40	91	234	267	56	99
预付账款	688	1	13	300	236	50	88
存货	511	227	3	15	168	35	63
待摊费用	86	0	3	36	30	6	11
一年内到期长期债权	0	0	0	0	0	0	0
其他流动资产	1098	0	18	484	377	79	140
（二）非流动资产	3554	272	684	705	1195	251	447
长期投资	1542	249	430	53	511	108	191
固定资产	1555	17	223	479	528	111	197
在建工程	88	4	22	15	30	6	11
文物文化资产	138	2	0	61	47	10	18
无形资产	227	0	7	97	78	16	29
受托代理资产	4	0	2	0	1	0	1
二、负债	7868	64	286	3258	2690	567	1003
（一）流动负债	7738	46	240	3259	2648	558	987
短期借款	14	9	2	-4	4	1	2
应付款项	909	7	135	278	309	65	115
应付工资	545	0	4	245	187	39	70
应付税金	68	20	11	2	22	5	8
预收账款	5088	1	46	2278	1745	368	650
预提费用	70	0	5	27	24	5	9
预计负债	55	0	26	0	18	4	7
一年内到期长期负债	18	9	0	0	6	1	2
其他流动负债	971	0	11	433	333	70	124
（二）非流动负债	130	18	46	-1	42	9	16
长期借款	63	0	29	1	21	4	8
长期应付款	27	1	12	0	9	2	3
其他长期负债	1	0	1	0	0	0	0
受托代理负债	39	17	4	-2	12	3	5
三、净资产	7556	1063	1573	922	2526	530	942

表 4 – 15　　　　　　　　2015 年政府控制的非营利组织资产负债表　　　　单位：亿元

项目 \ 部门	政府控制的非营利组织合计	基金会	社会团体	民办非企业单位	村委会	居委会	宗教机构
一、资产	23732	1483	1910	7580	8057	1698	3004
（一）流动资产	18841	1157	1166	6374	6405	1351	2388
货币资金	13062	458	885	4675	4448	938	1658
短期投资	2913	393	166	794	985	208	367
应收款项	1007	53	80	332	342	72	128
预付账款	1089	3	15	480	373	79	139
存货	543	235	4	19	180	38	67
待摊费用	116	1	2	50	40	8	15
一年内到期长期债权	25	12	0	0	8	2	3
其他流动资产	86	2	14	24	29	6	11
（二）非流动资产	4891	326	744	1206	1652	347	616
长期投资	1861	298	476	107	619	130	231
固定资产	2577	20	233	934	878	185	327
在建工程	267	5	25	93	91	19	34
文物文化资产	156	2	3	66	54	11	20
无形资产	28	1	6	6	9	2	4
受托代理资产	2	0	1	0	1	0	0
二、负债	13897	80	329	5953	4758	1003	1774
（一）流动负债	13632	40	244	5952	4670	985	1741
短期借款	71	1	9	23	24	5	9
应付款项	2603	10	128	1055	890	188	332
应付工资	1190	0	7	537	408	86	152
应付税金	26	25	8	−20	8	2	3
预收账款	9175	3	51	4138	3147	663	1173
预提费用	451	0	4	202	154	33	58
预计负债	58	0	28	0	19	4	7
一年内到期长期负债	2	1	0	0	1	0	0
其他流动负债	56	0	9	17	19	4	7
（二）非流动负债	265	40	85	1	88	18	33
长期借款	177	12	71	1	59	12	22
长期应付款	25	1	11	0	8	2	3
其他长期负债	0	0	0	0	0	0	0
受托代理负债	63	27	3	0	21	4	8
三、净资产	9835	1403	1581	1627	3299	695	1230

表 4 – 16　　　　　　　　　2016 年政府控制的非营利组织资产负债表　　　　　单位：亿元

项目 ＼ 部门	政府控制的非营利组织合计	基金会	社会团体	民办非企业单位	村委会	居委会	宗教机构
一、资产	28707	3264	2203	7800	9751	2054	3635
（一）流动资产	21998	2546	1327	6280	7481	1576	2788
货币资金	13501	1040	1004	4183	4594	968	1712
短期投资	5108	824	183	1351	1737	366	647
应收款项	1082	121	102	278	367	77	137
预付账款	955	8	17	412	327	69	122
存货	1146	518	5	12	386	81	144
待摊费用	64	1	3	25	22	5	8
一年内到期长期债权	47	22	0	0	16	3	6
其他流动资产	95	12	13	19	32	7	12
（二）非流动资产	6709	718	876	1520	2270	478	847
长期投资	2737	661	567	58	916	193	342
固定资产	2229	40	239	749	758	160	283
在建工程	1610	10	58	670	551	116	205
文物文化资产	103	5	4	39	35	7	13
无形资产	24	1	6	4	8	2	3
受托代理资产	6	1	2	0	2	0	1
二、负债	13089	132	434	5431	4479	944	1669
（一）流动负债	12707	37	351	5430	4351	917	1621
短期借款	30	2	12	0	10	2	4
应付款项	2821	23	167	1105	964	203	359
应付工资	635	1	10	280	217	46	81
应付税金	511	1	12	221	175	37	65
预收账款	8106	4	59	3641	2780	586	1036
预提费用	378	0	6	167	130	27	48
预计负债	57	0	27	0	19	4	7
一年内到期长期负债	13	6	0	0	4	1	2
其他流动负债	156	0	58	16	52	11	19
（二）非流动负债	382	95	83	1	128	27	48
长期借款	223	30	74	1	74	16	28
长期应付款	15	2	5	0	5	1	2
其他长期负债	2	0	1	0	1	0	0
受托代理负债	142	63	3	0	48	10	18
三、净资产	15618	3132	1769	2369	5272	1110	1966

第三节　2008—2016 年政府控制的
非营利组织资产负债表简要分析

朱尔茜　刘智媛　岳　鑫

2008—2016 年政府控制的非营利组织资产负债表显示：资产增长速度稍高于负债增长速度，资产负债率较为稳定，净值增长较快。

一、资产

资产总额从 2008 年的 1.1 万亿元增加到 2016 年的 2.9 万亿元，增加 1.8 万亿元，增长 1.59 倍，年均增加 0.2 万亿元。其中，基金会增加 2605 亿元，年均增加 325.6 亿元；社会团体增加 935 亿元，年均增加 116.9 亿元；民办非企业单位增加 4604 亿元，年均增加 575.5 亿元；村委会增加 6002 亿元，年均增加 750.3 亿元；居委会增加 1265 亿元，年均增加 158.1 亿元；宗教机构增加 2239 亿元，年均增加 279.9 亿元。

总资产中各类机构的平均占比是：基金会占比为 6.7%，社会团体占比为 10.9%，民办非企业单位占比为 28.8%，村委会占比为 33.9%，居委会占比为 7.1%，宗教机构占比为 12.6%。

资产年均增长率为 13.64%，其中，基金会增长 26.66%，社会团体增长 7.27%，民办非企业单位增长 13.97%，村委会增长 13.69%，居委会增长 13.72%，宗教机构增长 13.71%。

资产增长波动较大。最高为 2015 年的 53.83%，最低为 2010 年的 2.07%。其中，基金会最高为 2016 年的 120.09%，最低为 2013 年的 −1.38%；社会团体最高为 2013 年的 16.18%，最低为 2010 年的 2.16%；民办非企业单位最高为 2015 年的 81.34%，最低为 2010 年的 2.13%；村委会最高为 2015 年的 54.47%，最低为 2010 年的 2.09%；居委会最高为 2015 年的 54.79%，最低为 2010 年的 1.91%；宗教机构最高为 2015 年的 54.45%，最低为 2010 年的 2.02%。

从资产构成来看，流动资产平均占比为 76.4%，非流动资产平均占比为 23.6%。在流动资产中，货币资金平均占比为 47.8%，短期投资平均占比为 12.3%，预付账款平均占比为 4.9%。上述三项占流动资产的 85.0%。在非流动资产中，固定资产平均占比为 11.7%，长期投资平均占比为 8.5%。上述两项占非流动资产的 85.4%。

各机构中，流动资产平均占比都较高。分别为：基金会占比为 78.1%，社会团体占比为 63.7%，民办非企业单位占比为 80.6%，村委会占比为 76.5%，居委会占比为 76.5%，宗教机构占比为 76.5%。

二、负债

负债总额从 2008 年的 0.58 万亿元增加到 2016 年的 1.31 万亿元，增加 0.73 万亿元，增长 1.26 倍，年均增加 0.09 万亿元。其中，基金会增加 79 亿元，年均增加 9.9 亿元；社会团体增加 255 亿元，年均增加 31.9 亿元；民办非企业单位增加 3007 亿元，年均增加 375.9 亿元；村委会增加 2496 亿元，年均增加 312 亿元；居委会增加 526 亿元，年均增加 65.8 亿元；宗教机构增加 931 亿元，年均增加 116.4 亿元。

总负债中，各类机构的平均占比是：基金会占比为 0.9%，社会团体占比为 3.1%，民办非企业单位占比为 41.9%，村委会占比为 34.2%，居委会占比为 7.2%，宗教机构占比为 12.7%。

负债年均增长 12.81%。其中，基金会增长 13.96%，社会团体增长 12.04%，民办非企业单位增长 13.08%，村委会增长 12.82%，居委会增长 12.82%，宗教机构增长 12.84%。

负债增长波动较大，2015 年突增到 76.57%，最低为 2016 年的 -5.79%。其中，基金会最高为 2016 年的 65.00%，最低为 2013 年的 -14.06%；社会团体最高为 2016 年的 31.91%，最低为 2010 年的 2.62%；民办非企业单位最高为 2015 年的 82.72%，最低为 2016 年的 -8.77%；村委会最高为 2015 年的 76.88%，最低为 2016 年的 -5.86%；居委会最高为 2015 年的 76.90%，最低为 2016 年的 -5.88%；宗教机构最高为 2015 年的 76.87%，最低为 2016 年的 -5.92%。

从负债结构来看，流动负债平均占比为 98.4%，非流动负债平均占比为 1.6%。在流动负债中，预收账款平均占比为 62.8%，应付款项平均占比为 12.9%，应付工资平均占比为 7.6%，三项占流动负债的 84.6%；在非流动负债中，长期借款与受托代理负债平均占比较高，两项占非流动负债的 76.8%。

各机构中，除基金会和社会团体外，负债中流动负债平均占比均接近于 1。分别为：基金会 52.9%，社会团体 85.3%，民办非企业单位、村委会、居委会、宗教机构均超过 98%。

三、资产与负债

2008 年至 2016 年，资产的平均增长速度为 13.64%，高于负债平均增速 0.83 个百分点。资产的增长速度略高于负债的增长速度。资产中流动资产的平均余额为 1.2 万亿元，流动负债的平均余额为 0.8 万亿元。平均资产负债率为 52.5%。

净值由 2008 年的 0.53 万亿元增加到 2016 年的 1.56 万亿元，增加 1.03 万亿元，增长 1.96 倍，年平均增长速度为 15.88%。

附件 1：2008—2016 年政府控制的非营利组织资产负债项目结构分析表

附件 2：2008—2016 年政府控制的非营利组织资产负债分机构结构分析表

附件 3：2008—2016 年政府控制的非营利组织资产负债项目增长分析表

附件 4：2008—2016 年政府控制的非营利组织资产负债分机构增长分析表

附件 1

2008—2016 年政府控制的非营利组织资产负债项目结构分析表 单位：%

项目＼年度	2008	2009	2010	2011	2012	2013	2014	2015	2016	平均占比
一、资产	100	100	100	100	100	100	100	100	100	100
（一）流动资产	76.01	76.02	76.01	76.01	76.01	74.67	76.96	79.38	76.63	76.41
货币资金	46.33	46.33	46.33	46.33	46.33	49.55	46.54	55.04	47.04	47.76
短期投资	13.15	13.16	13.16	13.16	13.16	4.88	9.87	12.28	17.80	12.29
应收款项	3.54	3.54	3.54	3.54	3.54	3.73	5.10	4.24	3.77	3.84
预付账款	5.16	5.16	5.16	5.16	5.16	5.83	4.46	4.59	3.33	4.89
存货	1.59	1.60	1.60	1.59	1.59	1.59	3.31	2.28	4.00	2.13
待摊费用	0.33	0.32	0.33	0.32	0.32	0.33	0.56	0.49	0.22	0.36
一年内到期长期债权	0.04	0.03	0.03	0.03	0.04	0.01	0.00	0.10	0.16	0.05
其他流动资产	5.87	5.87	5.87	5.86	5.86	8.74	7.12	0.36	0.32	5.10
（二）非流动资产	23.99	23.98	23.99	23.99	23.99	25.33	23.04	20.62	23.37	23.59
长期投资	8.03	8.03	8.03	8.03	8.03	8.69	10.00	7.84	9.54	8.47
固定资产	12.80	12.80	12.80	12.80	12.80	12.45	10.07	10.85	7.76	11.68
在建工程	0.80	0.80	0.80	0.81	0.80	0.69	0.57	1.13	5.61	1.33
文物文化资产	0.31	0.31	0.31	0.31	0.31	1.86	0.89	0.67	0.36	0.59
无形资产	2.02	2.01	2.01	2.01	2.01	1.60	1.48	0.12	0.08	1.48
受托代理资产	0.04	0.03	0.03	0.04	0.04	0.04	0.03	0.02	0.02	0.03
二、负债	100	100	100	100	100	100	100	100	100	100
（一）流动负债	98.59	98.60	98.58	98.60	98.59	98.78	98.36	98.08	97.09	98.36
短期借款	0.07	0.07	0.06	0.06	0.06	0.03	0.18	0.51	0.24	0.14
应付款项	11.40	11.41	11.42	11.42	11.42	7.55	11.55	18.73	21.56	12.94
应付工资	7.92	7.91	7.91	7.91	7.92	8.06	6.94	8.56	4.85	7.55
应付税金	1.43	1.43	1.44	1.43	1.43	0.92	0.86	0.19	3.90	1.45
预收账款	60.99	61.01	60.99	61.01	61.00	67.22	64.66	66.03	61.93	62.76
预提费用	2.62	2.62	2.63	2.62	2.63	1.26	0.89	3.24	2.90	2.38
预计负债	0.29	0.29	0.29	0.29	0.29	0.78	0.70	0.42	0.44	0.42
一年内到期长期负债	0.19	0.18	0.18	0.18	0.19	0.06	0.23	0.02	0.09	0.15
其他流动负债	13.66	13.69	13.67	13.68	13.66	12.89	12.35	0.39	1.19	10.58
（二）非流动负债	1.41	1.40	1.42	1.40	1.41	1.22	1.64	1.92	2.91	1.64
长期借款	0.38	0.37	0.38	0.38	0.39	0.37	0.81	1.27	1.70	0.67
长期应付款	0.43	0.42	0.43	0.42	0.43	0.36	0.33	0.18	0.11	0.35
其他长期负债	0.05	0.05	0.05	0.05	0.04	0.03	0.01	0.01	0.02	0.03
受托代理负债	0.55	0.55	0.56	0.56	0.56	0.46	0.48	0.46	1.08	0.59
三、净值	100	100	100	100	100	100	100	100	100	100

附件 2

2008—2016 年政府控制的非营利组织资产负债分机构结构分析表　　　　单位：%

项目＼年度	2008	2009	2010	2011	2012	2013	2014	2015	2016	平均占比
一、资产	100	100	100	100	100	100	100	100	100	
基金会	5.96	5.94	5.92	5.94	5.94	5.53	7.31	6.25	11.37	6.68
社会团体	11.46	11.46	11.47	11.46	11.46	12.57	12.05	8.05	7.67	10.85
民办非企业单位	28.89	28.89	28.90	28.91	28.90	28.34	27.10	31.94	27.17	28.78
村委会	33.89	33.89	33.89	33.89	33.91	33.84	33.81	33.95	33.97	33.89
居委会	7.13	7.16	7.14	7.13	7.15	7.14	7.11	7.15	7.16	7.14
宗教机构	12.62	12.64	12.63	12.64	12.64	12.61	12.61	12.66	12.66	12.64
二、负债	100	100	100	100	100	100	100	100	100	
基金会	0.91	0.88	0.89	0.90	0.91	0.71	0.81	0.58	1.01	0.85
社会团体	3.09	3.11	3.13	3.10	3.10	3.22	3.63	2.37	3.32	3.12
民办非企业单位	41.82	41.81	41.80	41.81	41.84	41.90	41.40	42.84	41.49	41.86
村委会	34.21	34.21	34.19	34.22	34.24	34.22	34.18	34.24	34.21	34.21
居委会	7.21	7.21	7.19	7.23	7.19	7.19	7.20	7.22	7.21	7.21
宗教机构	12.73	12.74	12.73	12.76	12.77	12.72	12.74	12.77	12.75	12.75
三、资产负债率	52.40	52.41	52.39	52.38	52.38	54.95	51.01	58.55	45.61	52.45
基金会	8.04	7.76	7.90	7.97	8.05	7.02	5.68	5.39	4.04	6.87
社会团体	14.12	14.21	14.28	14.19	14.16	14.09	15.38	17.23	19.70	15.26
民办非企业单位	75.84	75.85	75.77	75.76	75.83	81.25	77.94	78.54	69.63	76.27
村委会	52.89	52.91	52.86	52.89	52.90	55.57	51.57	59.05	45.93	52.95
居委会	52.98	52.80	52.75	53.10	52.72	55.34	51.69	59.07	45.96	52.93
宗教机构	52.87	52.83	52.78	52.87	52.93	55.46	51.57	59.05	45.91	52.92

附件 3

2008—2016 年政府控制的非营利组织资产负债项目增长分析表　　单位：%

项目 ＼ 年度	2009	2010	2011	2012	2013	2014	2015	2016
一、资产	5.98	2.07	5.87	5.56	5.97	8.85	53.83	20.95
（一）流动资产	5.99	2.06	5.87	5.57	4.10	12.19	58.66	16.77
货币资金	5.99	2.06	5.88	5.57	13.33	2.22	81.93	3.38
短期投资	6.05	2.07	5.84	5.58	−60.68	119.94	91.46	75.29
应收款项	5.87	2.17	5.90	5.57	11.39	49.05	27.95	7.35
预付账款	5.95	1.98	6.00	5.50	19.71	−16.71	58.28	−12.21
存货	6.25	2.14	5.76	5.45	6.10	126.11	6.07	111.62
待摊费用	5.56	2.63	5.13	4.88	9.30	85.11	33.33	−45.69
一年内到期长期债权	0	0	0	25.00	−60.00	−100.00	—	95.83
其他流动资产	6.01	2.03	5.84	5.52	58.04	−11.30	−92.27	9.41
（二）非流动资产	5.95	2.10	5.89	5.56	11.87	−1.00	37.70	37.05
长期投资	5.97	2.13	5.83	5.60	14.71	25.16	20.69	47.07
固定资产	6.00	2.07	5.87	5.55	3.04	−11.90	65.77	−13.51
在建工程	5.62	2.13	6.25	4.90	−8.41	−10.20	203.41	503.37
文物文化资产	5.88	2.78	5.41	5.13	543.90	−47.73	14.49	−34.81
无形资产	5.83	2.12	5.81	5.49	−15.61	0.44	−87.72	−17.86
受托代理资产	0	0	25.00	20.00	−16.67	−20.00	0	25.00
二、负债	6.02	2.03	5.85	5.56	11.16	1.05	76.57	−5.79
（一）流动负债	6.04	2.01	5.87	5.55	11.38	0.62	76.06	−6.74
短期借款	0	0	0	0	−50.00	600.00	407.14	−56.34
应付款项	6.05	2.14	5.87	5.54	−26.50	54.59	186.36	8.41
应付工资	5.88	2.06	5.85	5.71	13.15	−13.06	117.77	−46.59
应付税金	6.02	2.27	5.56	5.26	−28.00	−5.56	−61.76	1861.54
预收账款	6.05	2.00	5.88	5.56	22.48	−2.79	80.29	−11.64
预提费用	5.92	2.48	5.45	5.75	−46.74	−28.57	542.86	−15.78
预计负债	5.88	0	5.56	5.26	205.00	−9.84	5.45	0
一年内到期长期负债	0	0	9.09	8.33	−61.54	260.00	−83.33	300.00
其他流动负债	6.19	1.90	5.95	5.40	4.91	−3.19	−94.44	188.89
（二）非流动负债	4.88	3.49	4.49	6.45	−4.04	35.79	106.98	42.70
长期借款	4.55	4.35	4.17	8.00	7.41	120.69	176.56	25.42
长期应付款	4.00	3.85	3.70	7.14	−6.67	−7.14	−3.85	−40.00
其他长期负债	0	0	0	0	−33.33	−50.00	0	100.00
受托代理负债	6.25	2.94	5.71	5.41	−7.69	5.56	68.42	121.88
三、净资产	5.94	2.12	5.90	5.57	0.25	18.36	30.16	58.73

附件4

2008—2016 年政府控制的非营利组织资产负债分机构增长分析表　　　　单位：%

项目 ＼ 年度	2009	2010	2011	2012	2013	2014	2015	2016	平均增长率
一、资产	5.98	2.07	5.87	5.56	5.97	8.85	53.83	20.95	13.64
基金会	5.61	1.87	6.21	5.58	-1.38	43.75	31.59	120.09	26.66
社会团体	5.99	2.16	5.75	5.58	16.18	4.38	2.74	15.34	7.27
民办非企业单位	5.98	2.13	5.90	5.51	3.91	4.08	81.34	2.90	13.97
村委会	5.97	2.09	5.87	5.61	5.76	8.76	54.47	21.03	13.69
居委会	6.34	1.91	5.73	5.75	5.86	8.40	54.79	20.97	13.72
宗教机构	6.16	2.02	5.95	5.56	5.68	8.84	54.45	21.01	13.71
二、负债	6.02	2.03	5.85	5.56	11.16	1.05	76.57	-5.79	12.81
基金会	1.89	3.70	7.14	6.67	-14.06	16.36	25.00	65.00	13.96
社会团体	6.70	2.62	5.10	5.34	15.67	13.94	15.03	31.91	12.04
民办非企业单位	5.98	2.02	5.88	5.62	11.33	-0.15	82.72	-8.77	13.08
村委会	6.00	2.00	5.92	5.64	11.09	0.94	76.88	-5.86	12.82
居委会	5.98	1.81	6.43	5.00	11.11	1.25	76.90	-5.88	12.82
宗教机构	6.10	1.92	6.14	5.67	10.73	1.21	76.87	-5.92	12.84

第五章 2008—2016 年广义政府资产负债表

第一节 2008—2016 年广义政府资产负债表编制说明

本表根据 2008—2016 年狭义政府资产负债表、2008—2016 年事业单位资产负债表和 2008—2016 年政府控制的非营利组织资产负债表编制而成。

一、资产

（一）金融资产

1. 通货和存款，其数据为狭义政府资产负债表中的"现金和存款"、事业单位资产负债表中的"货币资金"和政府控制的非营利组织资产负债表中的"货币资金"项目数据的汇总。

2. 借出款项，其数据为狭义政府资产负债表中的"借出款项"。

3. 有价证券，其数据为狭义政府资产负债表中的"有价证券"和"出资额"，事业单位资产负债表中的"短期投资"和"长期投资"，政府控制的非营利组织资产负债表中的"短期投资"、"长期投资"和"一年内到期长期债权"数据的汇总。

4. 应收预付款，其数据为狭义政府资产负债表中的"应收预付款"和"应收转贷款"，事业单位资产负债表中的"应收预付款"，政府控制的非营利组织资产负债表中的"应收款项"、"预付账款"项目数据汇总。

5. 其他金融资产，其数据为狭义政府资产负债表中的"其他金融资产"，事业单位资产负债表中的"其他流动资产"，政府控制的非营利组织资产负债表中的"其他流动资产"和"待摊费用"项目数据的汇总。

（二）非金融资产

1. 固定资产，其数据为三张报表相同项目的汇总。

2. 在建工程，其数据为三张报表相同项目的汇总。

3. 公共基础设施，其数据为狭义政府资产负债表和事业单位资产负债表中相同项目的汇总。

4. 存货，其数据为三张报表相同项目的汇总。

5. 文物文化资产，其数据为事业单位资产负债表和政府控制的非营利组织资产负债表中的相同项目的汇总。

6. 非生产资产，其数据为狭义政府资产负债表中的"土地"和"无形资产"，事业单位资产负债表中的"无形资产"，政府控制的非营利组织资产负债表中的"无形资产"项目数据的汇总。

7. 其他非金融资产，其数据为狭义政府资产负债表中的"其他非金融资产"，事业单位资产负债表中的"其他非流动资产"，政府控制的非营利组织资产负债表中的"受托代理资产"项目数据的汇总。

二、负债

1. 权益性负债，其数据为狭义政府资产负债表中的"有价证券"。

2. 借款，其数据为事业单位资产负债表中的"短期借款"和"长期借款"，政府控制的非营利组织资产负债表中"短期借款"和"长期借款"项目数据的汇总。

3. 有价证券，其数据为狭义政府资产负债表中的"应付政府债券"和政府控制的非营利组织资产负债表中的"一年内到期长期负债"项目数据的汇总。

4. 社会保障保险基金，其数据为狭义政府资产负债表中的"社会保障保险基金"。

5. 应付预收款，其数据为狭义政府资产负债表中的"应付预收款"、"应付政府转贷款"、"应缴款"等，事业单位资产负债表中的"应付预收款"、"长期应付款"和"应缴款"等，政府控制的非营利组织资产负债表中的"应付款项"、"应付工资"、"应付税金"、"预收账款"和"长期应付款"等的汇总。

6. 其他负债，其数据为狭义政府资产负债表中的"其他负债"，事业单位资产负债表中的"其他流动负债"、"其他非流动负债"，政府控制的非营利组织资产负债表中的"其他流动负债"、"其他长期负债"、"预提费用"、"预计负债"和"受托代理负债"项目数据的汇总。

三、净值

其数据为狭义政府资产负债表中的"净值"，事业单位资产负债表中的"净值"，政府控制的非营利组织资产负债表中的"净资产"项目数据的汇总。

第二节　2008—2016 年广义政府资产负债表

表 5-1　　　　　　　　　2008—2016 年广义政府资产负债表　　　　　单位：亿元

项目 ＼ 年度	2008	2009	2010	2011	2012	2013	2014	2015	2016
一、资产	584080	710382	822634	924738	1003662	1171352	1171384	1321175	1422674
（一）金融资产	199478	229262	259674	288191	316440	373903	423365	484088	548692
通货和存款	51800	63103	73743	80255	88454	107926	122195	135009	144745
借出款项	359	530	1105	1616	2354	2884	3538	4142	4675
有价证券	127703	143132	159163	176256	191791	221790	252203	294322	339210
应收预付款	18458	20920	24217	28381	31695	37332	41799	48195	57395
其他金融资产	1158	1577	1446	1683	2146	3971	3630	2420	2667
（二）非金融资产	384602	481120	562960	636547	687222	797449	748019	837087	873982
固定资产	198509	251070	284609	316284	326931	364727	367120	398496	414008
在建工程	17954	21956	26175	28988	33875	21831	32293	38918	46350
公共基础设施	126285	143190	152512	175504	220555	259866	224642	283752	282414
存货	1265	1702	1956	2670	3211	4478	5418	6707	8517
文物文化资产	2623	2762	2918	3075	3566	4127	4226	4321	4585
非生产资产	32883	54807	87402	102195	89538	139230	110597	100847	115292
其他非金融资产	5083	5633	7388	7831	9546	3190	3723	4046	2816
二、负债	106530	125880	147793	169240	191208	215368	245763	319219	399491
借款	9902	11791	13753	16153	15904	15353	16922	18324	16620
有价证券	48764	57422	66639	73851	82535	91785	103093	149761	219055
社会保障保险基金	20082	25599	31073	38542	47643	56400	65254	75082	82908
权益性负债	416	315	97	207	203	384	533	1023	791
应付预收款	26121	29319	34717	38918	43323	49381	56486	71399	77324
其他负债	1245	1434	1514	1569	1600	2065	3475	3630	2793
三、净值	477550	584502	674841	755498	812454	955984	925621	1001956	1023183

表 5 - 2　　　　　　　　　　**2008 年广义政府资产负债表**　　　　　　　单位：亿元

部门 项目	广义政府合计	狭义政府	事业单位	政府控制的 非营利性组织
一、资产	584080	254145	318873	11062
（一）金融资产	199478	166281	24077	9120
通货和存款	51800	36645	10030	5125
借出款项	359	359		
有价证券	127703	123512	1844	2347
应收预付款	18458	5515	11980	963
其他金融资产	1158	250	223	685
（二）非金融资产	384602	87864	294796	1942
固定资产	198509	52661	144432	1416
在建工程	17954	2687	15178	89
公共基础设施	126285	0	126285	
存货	1265	147	942	176
文物文化资产	2623		2589	34
非生产资产	32883	32369	291	223
其他非金融资产	5083	0	5079	4
二、负债	106530	76903	23831	5796
借款	9902		9876	26
有价证券	48764	48753		11
社会保障保险基金	20082	20082		
权益性负债	416	416		
应付预收款	26121	7576	13782	4763
其他负债	1245	76	173	996
三、净值	477550	177242	295042	5266

表 5 - 3   **2009 年广义政府资产负债表**   单位：亿元

部门 / 项目	广义政府合计	狭义政府	事业单位	政府控制的非营利性组织
一、资产	710382	313903	384755	11724
（一）金融资产	229262	190625	28971	9666
通货和存款	63103	45336	12335	5432
借出款项	530	530		
有价证券	143132	138446	2198	2488
应收预付款	20920	5720	14180	1020
其他金融资产	1577	593	258	726
（二）非金融资产	481120	123278	355784	2058
固定资产	251070	65468	184101	1501
在建工程	21956	3416	18446	94
公共基础设施	143190	0	143190	
存货	1702	194	1321	187
文物文化资产	2762		2726	36
非生产资产	54807	54200	371	236
其他非金融资产	5633	0	5629	4
二、负债	125880	91552	28183	6145
借款	11791		11764	27
有价证券	57422	57411		11
社会保障保险基金	25599	25599		
权益性负债	315	315		
应付预收款	29319	8143	16126	5050
其他负债	1434	84	293	1057
三、净值	584502	222351	356572	5579

表 5 - 4　　　　　　　　　　　　　　2010 年广义政府资产负债表　　　　　　　　　单位：亿元

部门 项目	广义政府合计	狭义政府	事业单位	政府控制的 非营利性组织
一、资产	822634	380313	430354	11967
（一）金融资产	259674	215988	33820	9866
通货和存款	73743	53300	14899	5544
借出款项	1105	1105		
有价证券	159163	154094	2529	2540
应收预付款	24217	7051	16125	1041
其他金融资产	1446	438	267	741
（二）非金融资产	562960	164325	396534	2101
固定资产	284609	73992	209085	1532
在建工程	26175	3429	22650	96
公共基础设施	152512	0	152512	
存货	1956	256	1509	191
文物文化资产	2918		2881	37
非生产资产	87402	86648	513	241
其他非金融资产	7388	0	7384	4
二、负债	147793	108050	33473	6270
借款	13753		13725	28
有价证券	66639	66628		11
社会保障保险基金	31073	31073		
权益性负债	97	97		
应付预收款	34717	10158	19406	5153
其他负债	1514	94	342	1078
三、净值	674841	272263	396881	5697

表 5 – 5　　　　　　　　　　　　**2011 年广义政府资产负债表**　　　　　单位：亿元

部门 项目	广义政府合计	狭义政府	事业单位	政府控制的 非营利性组织
一、资产	924738	427958	484110	12670
（一）金融资产	288191	240732	37014	10445
通货和存款	80255	58664	15721	5870
借出款项	1616	1616		
有价证券	176256	171148	2420	2688
应收预付款	28381	8621	18657	1103
其他金融资产	1683	683	216	784
（二）非金融资产	636547	187226	447096	2225
固定资产	316284	81863	232799	1622
在建工程	28988	3621	25265	102
公共基础设施	175504	0	175504	
存货	2670	387	2081	202
文物文化资产	3075		3036	39
非生产资产	102195	101355	585	255
其他非金融资产	7831	0	7826	5
二、负债	169240	124499	38104	6637
借款	16153		16124	29
有价证券	73851	73839		12
社会保障保险基金	38542	38542		
权益性负债	207	207		
应付预收款	38918	11815	21648	5455
其他负债	1569	96	332	1141
三、净值	755498	303459	446006	6033

表 5 – 6　　　　　　　　　　　　　**2012 年广义政府资产负债表**　　　　　　　　　　　　单位：亿元

部门 项目	广义政府合计	狭义政府	事业单位	政府控制的 非营利性组织
一、资产	1003662	445180	545107	13375
（一）金融资产	316440	263792	41621	11027
通货和存款	88454	64634	17623	6197
借出款项	2354	2354		
有价证券	191791	186128	2824	2839
应收预付款	31695	9641	20890	1164
其他金融资产	2146	1035	284	827
（二）非金融资产	687222	181388	503486	2348
固定资产	326931	86586	238633	1712
在建工程	33875	5784	27984	107
公共基础设施	220555	0	220555	
存货	3211	547	2451	213
文物文化资产	3566		3525	41
非生产资产	89538	88471	798	269
其他非金融资产	9546	0	9540	6
二、负债	191208	143496	40706	7006
借款	15904		15873	31
有价证券	82535	82522		13
社会保障保险基金	47643	47643		
权益性负债	203	203		
应付预收款	43323	13024	24540	5759
其他负债	1600	104	293	1203
三、净值	812454	301684	504401	6369

表 5 - 7　　　　　　　　　　　　　**2013 年广义政府资产负债表**　　　　　　单位：亿元

部门 项目	广义政府合计	狭义政府	事业单位	政府控制的 非营利性组织
一、资产	1171352	554481	602698	14173
（一）金融资产	373903	312435	49879	11589
通货和存款	107926	80744	20159	7023
借出款项	2884	2884		
有价证券	221790	216482	3382	1926
应收预付款	37332	11172	24806	1354
其他金融资产	3971	1153	1532	1286
（二）非金融资产	797449	242046	552819	2584
固定资产	364727	98634	264329	1764
在建工程	21831	4649	17084	98
公共基础设施	259866	0	259866	
存货	4478	751	3501	226
文物文化资产	4127		3863	264
非生产资产	139230	138012	991	227
其他非金融资产	3190	0	3185	5
二、负债	215368	164055	43525	7788
借款	15353		15322	31
有价证券	91785	91780		5
社会保障保险基金	56400	56400		
权益性负债	384	384		
应付预收款	49381	15387	27443	6551
其他负债	2065	104	760	1201
三、净值	955984	390426	559173	6385

表 5 - 8　　　　　　　　　　　　**2014 年广义政府资产负债表**　　　　　　　　单位：亿元

项目 ＼ 部门	广义政府合计	狭义政府	事业单位	政府控制的非营利性组织
一、资产	1171384	578280	577677	15427
（一）金融资产	423365	356162	54299	12904
通货和存款	122195	91623	23393	7179
借出款项	3538	3538		
有价证券	252203	245331	3808	3064
应收预付款	41799	14319	26005	1475
其他金融资产	3630	1351	1093	1186
（二）非金融资产	748019	222118	523378	2523
固定资产	367120	102647	262919	1554
在建工程	32293	8113	24092	88
公共基础设施	224642	739	223903	
存货	5418	953	3954	511
文物文化资产	4226		4088	138
非生产资产	110597	108609	1760	228
其他非金融资产	3723	1057	2662	4
二、负债	245763	189850	48043	7870
借款	16922		16844	78
有价证券	103093	103075		18
社会保障保险基金	65254	65254		
权益性负债	533	533		
应付预收款	56486	19627	30221	6638
其他负债	3475	1361	978	1136
三、净值	925621	388430	529634	7557

表 5 – 9　　　　　　　　　　　**2015 年广义政府资产负债表**　　　　　　　　　　单位：亿元

部门 项目	广义政府合计	狭义政府	事业单位	政府控制的 非营利性组织
一、资产	1321174	627437	670005	23732
（一）金融资产	484087	403545	60385	20157
通货和存款	135009	95348	26600	13061
借出款项	4142	4142		
有价证券	294321	284855	4667	4799
应收预付款	48195	17781	28318	2096
其他金融资产	2420	1419	800	201
（二）非金融资产	837087	223892	609620	3575
固定资产	398496	111177	284743	2576
在建工程	38918	10135	28516	267
公共基础设施	283752	1217	282535	
存货	6707	1299	4866	542
文物文化资产	4321		4163	158
非生产资产	100847	98748	2071	28
其他非金融资产	4046	1316	2726	4
二、负债	319219	251542	53781	13896
借款	18324		18076	248
有价证券	149761	149758		3
社会保障保险基金	75082	75082		
权益性负债	1023	1023		
应付预收款	71399	24164	34217	13018
其他负债	3630	1515	1488	627
三、净值	1001955	375895	616224	9836

表 5 – 10　　　　　　　　　　2016 年广义政府资产负债表　　　　　　　单位：亿元

部门 项目	广义政府合计	狭义政府	事业单位	政府控制的 非营利性组织
一、资产	1422674	696654	697316	28704
（一）金融资产	548692	453127	71978	23587
通货和存款	144745	101372	29871	13502
借出款项	4675	4675		
有价证券	339210	326229	5089	7892
应收预付款	57395	19230	36128	2037
其他金融资产	2667	1621	890	156
（二）非金融资产	873982	243527	625338	5117
固定资产	414008	115557	296223	2228
在建工程	46350	11827	32912	1611
公共基础设施	282414	1534	280880	
存货	8517	1696	5674	1147
文物文化资产	4585		4482	103
非生产资产	115292	112743	2526	23
其他非金融资产	2816	170	2641	5
二、负债	399491	330014	56386	13091
借款	16620		16367	253
有价证券	219055	219043		12
社会保障保险基金	82908	82908		
权益性负债	791	791		
应付预收款	77324	26941	38294	12089
其他负债	2793	331	1725	737
三、净值	1023183	366640	640930	15613

第三节　2008—2016 年广义政府资产负债表简要分析

朱尔茜　刘智媛　白　玮

2008—2016 年广义政府资产负债表显示：资产和负债均有增长，负债增长速度较快，资产负债率呈稳定上升趋势。

一、资产

资产总额从 2008 年的 58.4 万亿元增加到 2016 年的 142.3 万亿元，增加 83.9 万亿元，增长 1.44 倍，年均增加 10.5 万亿元。其中，狭义政府增加 44.3 万亿元，年均增加 5.5 万亿元；事业单位增加 37.8 万亿元，年均增加 4.7 万亿元；政府控制的非营利性组织增加 1.8 万亿元，年均增加 0.2 万亿元。

总资产中，各类机构的平均占比分别是：狭义政府占 46.4%，事业单位占 52%，政府控制的非营利性组织占 1.6%。

资产年均增长 11.94%，其中，狭义政府增长 13.70%，事业单位增长 10.51%，政府控制的非营利性组织增长 13.64%。

资产增长波动较大，最高为 2009 年的 21.62%，最低为 2014 年的 0。其中，狭义政府最高为 2013 年的 24.55%，最低为 2012 年的 4.02%；事业单位最高为 2009 年的 20.66%，最低为 2014 年的 -4.15%；政府控制的非营利性组织最高为 2015 年的 53.83%，最低为 2010 年的 2.07%。

从资产构成来看，金融资产平均占比为 33.8%，非金融资产平均占比为 66.2%。在金融资产中，通货和存款平均占比为 9.4%，有价证券平均占比为 20.7%，应收预付款平均占比为 3.3%。上述三项占金融资产的 98.8%。在非金融资产中，固定资产平均占比为 32.5%，公共基础设施平均占比为 20.4%，非生产资产平均占比为 9.0%。上述三项占非金融资产的 93.5%。

二、负债

负债总额从 2008 年的 10.7 万亿元增加到 2016 年的 39.9 万亿元，增加 29.3 万亿元，增长 2.75 倍，年均增加 3.7 万亿元。其中，狭义政府增加 25.3 万亿元，年均增加 3.2 万亿元；事业单位增加 3.3 万亿元，年均增加 0.4 万亿元；政府控制的非营利性组织增加 0.7 万亿元。

总负债中，各类机构的平均占比分别是：狭义政府占 75.7%，事业单位占 20.2%，政府控制的非营利性组织占 4.1%。

负债年均增长 18.11%，其中，狭义政府增长 20.16%，事业单位增长 11.47%，政府控制的非营利性组织增长 12.81%。

　　负债增长波动较大，最高为 2015 年的 29.89%，最低为 2013 年的 12.63%，其中，政府控制的非营利性组织波动最大，最高为 2015 年的 76.56%，最低为 2016 年的 -5.79%。

　　从负债结构来看，有价证券平均占比为 45.5%，社会保障保险基金平均占比为 22.8%，应付预收款平均占比为 22.7%，借款平均占比为 7.7%，上述项目占负债的 98.8%。

三、资产与负债

　　2008 年至 2016 年，广义政府平均资产负债率为 20.28%，其中，狭义政府为 33.2%，事业单位为 7.7%，政府控制的非营利性组织为 52.5%。政府控制的非营利性组织最高，事业单位最低。

　　净值由 2008 年的 47.8 万亿元增加到 2016 年的 102.3 万亿元，增加 54.6 万亿元，年均增加 6.8 万亿元，增长 1.14 倍，年均增长 10.27%。

　　附件 1：2008—2016 年广义政府资产负债项目结构分析表

　　附件 2：2008—2016 年广义政府资产负债分机构结构分析表

　　附件 3：2008—2016 年广义政府资产负债项目增长分析表

　　附件 4：2008—2016 年广义政府资产负债分机构增长分析表

附件 1

2008—2016 年广义政府资产负债项目结构分析表　　　　单位：%

项目＼年度	2008	2009	2010	2011	2012	2013	2014	2015	2016	平均占比
一、资产	100	100	100	100	100	100	100	100	100	100
（一）金融资产	34.2	32.3	31.6	31.2	31.5	31.9	36.1	36.6	38.6	33.8
通货和存款	8.9	8.9	9.0	8.7	8.8	9.2	10.4	10.2	10.2	9.4
借出款项	0.1	0.1	0.1	0.2	0.2	0.2	0.3	0.3	0.3	0.2
有价证券	21.9	20.2	19.4	19.1	19.1	18.9	21.5	22.3	23.8	20.7
应收预付款	3.2	2.9	2.9	3.1	3.2	3.2	3.6	3.7	4.0	3.3
其他金融资产	0.2	0.2	0.2	0.2	0.2	0.3	0.3	0.2	0.2	0.2
（二）非金融资产	65.8	67.7	68.4	68.8	68.5	68.1	63.9	61.4	62.3	66.3
固定资产	34.0	35.3	34.6	34.2	32.6	31.1	31.3	30.2	29.1	32.5
在建工程	3.1	3.1	3.2	3.1	3.4	1.9	2.8	2.9	3.3	3.0
公共基础设施	21.6	20.2	18.5	19.0	22.0	22.2	19.2	21.5	19.9	20.4
存货	0.2	0.2	0.2	0.3	0.3	0.4	0.5	0.5	0.6	0.4
文物文化资产	0.4	0.4	0.4	0.3	0.4	0.4	0.4	0.3	0.3	0.4
非生产资产	5.6	7.7	10.6	11.1	8.9	11.9	9.4	7.6	8.1	9.0
其他非金融资产	0.9	0.8	0.9	0.8	1.0	0.3	0.3	0.3	0.2	0.6
二、负债	100	100	100	100	100	100	100	100	100	100
借款	9.3	9.4	9.3	9.5	8.3	7.1	6.9	5.7	4.2	7.7
有价证券	45.8	45.6	45.1	43.6	43.2	42.6	41.9	46.9	54.8	45.5
社会保障保险基金	18.9	20.3	21.0	22.8	24.9	26.2	26.6	23.5	20.8	22.8
权益性负债	0.4	0.3	0.1	0.1	0.1	0.2	0.2	0.3	0.2	0.2
应付预收款	24.5	23.3	23.5	23.0	22.7	22.9	23.0	22.4	19.4	22.7
其他负债	1.2	1.1	1.0	0.9	0.8	1.0	1.4	1.1	0.7	1.0

附件 2

2008—2016 年广义政府资产负债分机构结构分析表　　　　单位：%

年度 项目	2008	2009	2010	2011	2012	2013	2014	2015	2016	平均值
一、资产	100	100	100	100	100	100	100	100	100	100
狭义政府	43.5	44.2	46.2	46.3	44.4	47.3	49.4	47.5	49.0	46.4
事业单位	54.6	54.2	52.3	52.4	54.3	51.5	49.3	50.7	49.0	52.0
政府控制的非营利组织	1.9	1.7	1.5	1.4	1.3	1.2	1.3	1.8	2.0	1.6
二、负债	100	100	100	100	100	100	100	100	100	100
狭义政府	72.2	72.7	73.1	73.6	75.0	76.2	77.2	78.8	82.6	75.7
事业单位	22.4	22.4	22.6	22.5	21.3	20.2	19.5	16.8	14.1	20.2
政府控制的非营利组织	5.4	4.9	4.2	3.9	3.7	3.6	3.2	4.4	3.3	4.1
三、资产负债率	18.2	17.7	18.0	18.3	19.0	18.4	20.9	24.1	28.1	20.3
狭义政府	30.1	29.1	28.4	29.0	32.2	29.5	32.7	39.9	47.4	33.2
事业单位	7.5	7.3	7.8	7.9	7.5	7.2	8.3	8.0	8.1	7.7
政府控制的非营利组织	52.4	52.4	52.4	52.4	52.4	54.9	51.0	58.6	45.6	52.5

附件 3

2008—2016 年广义政府资产负债项目增长分析表   单位：%

项目＼年度	2009	2010	2011	2012	2013	2014	2015	2016	平均增速
一、资产	21.62	15.80	12.41	8.53	16.71	0	12.79	7.68	11.94
（一）金融资产	14.93	13.27	10.98	9.80	18.16	13.23	14.34	13.35	13.51
通货和存款	21.82	16.86	8.83	10.22	22.01	13.22	10.49	7.21	13.83
借出款项	47.63	108.49	46.24	45.67	22.51	22.68	17.07	12.87	40.40
有价证券	12.08	11.20	10.74	8.81	15.64	13.71	16.70	15.25	13.02
应收预付款	13.34	15.76	17.19	11.68	17.79	11.97	15.30	19.09	15.26
其他金融资产	36.18	-8.31	16.39	27.51	85.04	-8.59	-33.33	10.21	15.64
（二）非金融资产	25.10	17.01	13.07	7.96	16.04	-6.20	11.91	4.41	11.16
固定资产	26.48	13.36	11.13	3.37	11.56	0.66	8.55	3.89	9.87
在建工程	22.29	19.22	10.75	16.86	-35.55	47.92	20.52	19.10	15.14
公共基础设施	13.39	6.51	15.08	25.67	17.82	-13.55	26.31	-0.47	11.34
存货	34.55	14.92	36.50	20.26	39.46	20.99	23.79	26.99	27.18
文物文化资产	5.30	5.65	5.38	15.97	15.73	2.40	2.25	6.11	7.35
非生产资产	66.67	59.47	16.93	-12.39	55.50	—20.57	-8.82	14.32	21.39
其他非金融资产	10.82	31.16	6.00	21.90	-66.58	16.71	8.68	-30.40	-0.22
二、负债	18.16	17.41	14.51	12.98	12.64	14.11	29.89	25.15	18.11
借款	19.08	16.64	17.45	-1.54	-3.46	10.22	8.29	-9.30	7.17
有价证券	17.75	16.05	10.82	11.76	11.21	12.32	45.27	46.27	21.43
社会保障保险基金	27.47	21.38	24.04	23.61	18.38	15.70	15.06	10.42	19.51
权益性负债	-24.28	18.41	12.10	11.32	13.98	14.39	26.40	8.30	10.08
应付预收款	12.24	5.58	3.63	1.98	29.06	68.28	4.46	-23.06	12.77
其他负债	15.18	5.58	3.63	1.98	29.06	68.28	4.46	-23.06	13.14
三、净值	22.40	15.46	11.95	7.54	17.67	-3.18	8.25	2.12	10.27

附件 4

2008—2016 年广义政府资产负债分机构增长分析表　　　　　单位：%

年度 项目	2009	2010	2011	2012	2013	2014	2015	2016	平均增速
一、资产	21.62	15.80	12.41	8.53	16.71	0	12.79	7.68	11.94
狭义政府	23.51	21.16	12.53	4.02	24.55	4.29	8.50	11.03	13.70
事业单位	20.66	11.85	12.49	12.60	10.57	-4.15	15.98	4.08	10.51
政府控制的非营利 组织	5.98	2.07	5.87	5.56	5.97	8.85	53.83	20.95	13.64
二、负债	18.16	17.41	14.51	12.98	12.64	14.11	29.89	25.15	18.11
狭义政府	19.05	18.02	15.22	15.26	14.33	15.72	32.50	31.20	20.16
事业单位	18.26	18.77	13.84	6.83	6.93	10.38	11.94	4.84	11.47
政府控制的非营利 组织	6.02	2.03	5.85	5.56	11.16	1.05	76.57	-5.79	12.81

第六章　2008—2016年国有非金融企业资产负债表

第一节　2008—2016年国有非金融企业资产负债表编制说明

一、本表包括的机构范围：全国国有控股和参股企业，不包含企业化管理的事业单位。

二、本表的时间范围：包含2008年至2016年9个年度的数据。

三、本表的数据来源和处理：主要数据来源于《中国国有资产监督管理年鉴》《中国财政年鉴》《中国会计年鉴》《中国统计年鉴》等公开信息。其余数据部分参考我国实际情况，进行合理推测和估算得到。

四、填表说明

（一）资产

1. 流动资产

（1）货币资金，包括库存现金、银行存款。

库存现金是指存放在国有企业财会部门的现金，主要用于国有企业的日常零星开支。银行存款是指国有企业存入银行或其他金融机构的各种存款，包括人民币存款和外币存款。

（2）短期投资，也即2006年会计准则所称的交易性投资，是指能够随时变现并且持有时间不准备超过1年（含1年）的投资，包括股票、债券、基金等。

（3）拆出资金，是指企业在银行间市场拆出资金。

（4）应收预付款，是指企业在日常生产经营过程中发生的各项债权，包括应收款项（包括应收票据、应收账款、其他应收款）和预付账款等。

（5）买入返售金融资产，是指国有非金融企业按照返售协议约定先买入再按固定价格返售的票据、证券、贷款等。

（6）存货，是指国有企业在日常生产经营过程中持有以备出售，或者仍然处在生产过程，或者在生产或提供劳务过程中将消耗的材料或物料等，包括各类材料、商品、在产品、半成品、产成品等。

（7）衍生金融资产，是指国有非金融企业持有的衍生工具、套期工具、被套期项目中属于衍生金融资产的项目。

（8）其他流动资产，是指除上述之外的流动资产。

2. 非流动资产

（1）长期投资，是指除短期投资以外的投资，包括持有时间准备超过 1 年（不含 1 年）的各种股权性质的投资、不能变现或不准备随时变现的债券、长期债权投资和其他长期投资。长期投资可以划分为两大类：持有至到期投资和长期股权投资。其中，持有至到期投资是指到期日固定、回收金额固定或可确定，且企业有明确意图和能力持有至到期的非衍生金融资产。通常情况下，包括企业持有的、在活跃市场上有公开报价的国债、企业债券、金融债券等。长期股权投资是指通过投资取得被投资单位的股份，从而达到控制或影响该企业或者是索取该企业的剩余超额回报。

（2）投资性房地产，是指国有企业为赚取租金或资本增值，或两者兼有而持有的房地产。

（3）固定资产，是指企业使用期限超过 1 年的房屋、建筑物、机器、机械、运输工具以及其他与生产、经营有关的设备、器具、工具等。不属于生产经营主要设备的物品，单位价值在 2000 元以上，并且使用年限超过 2 年的，也应当作为固定资产。

（4）在建工程，是指国有企业已经发生必要支出，但尚未完工交付使用的各种建筑（包括新建、改建、扩建、修缮等）和设备安装工程，包括施工前期准备、正在施工中的建筑工程、安装工程、技术改造工程、大修理工程等。

（5）长期应收款，是指超过一年期限的应收款项。

（6）无形资产，是指企业为生产商品或者提供劳务、出租给他人，或为管理目的而持有的、没有实物形态的非货币性长期资产。

（7）其他非流动资产，是指除上述资产之外的非流动资产。

（二）负债

1. 流动负债

（1）短期借款，是指企业为维持正常的生产经营所需的资金或为抵偿某项债务而向银行或其他金融机构等外单位借入的、还款期限在一年以下（含一年）的各种借款。

（2）短期证券，是指企业发行的期限在一年以下（含一年）的证券。

（3）拆入资金，是指企业在银行间市场拆入资金以及向人民银行借款等。

（4）应付票据，是指企业在商品购销活动和对工程价款进行结算因采用商业汇票结算方式而发生的，由出票人出票，委托付款人在指定日期无条件支付确定的金额给收款人或者票据的持票人，包括商业承兑汇票和银行承兑汇票。

（5）应付账款，是指国有企业应支付但尚未支付的手续费和佣金，用以核算企业因购买材料、商品和接受劳务供应等经营活动应支付的款项。

（6）预收账款，是指国有企业按照合同规定或交易双方之约定，向购买单位或接受劳务的单位在未发出商品或提供劳务时预收的款项，包括预收货款、预收购货定金等。

（7）卖出回购金融资产，是指企业卖出的需要回购的金融资产。

（8）衍生金融负债，是指国有非金融企业列入负债业务的衍生工具、套期项目、被套期项目中属于衍生金融负债的项目。

（9）应付工资福利，应付工资是指国有企业应付但尚未支付给企业员工的工资报酬。应付福利费，是指国有企业应付但尚未支付给企业员工的福利费，包括职工的医疗卫生费用、职工困难补助费，以及应付的医务、福利人员工资等。

（10）应付股利，是指国有企业按协议规定应该支付但尚未支付给投资者的利润，包括上市公司股利和非上市公司股利。

（11）应缴税费，是指国有企业应交未交的各项税金，如增值税、消费税、营业税、所得税、资源税、土地增值税、城市维护建设税、个人所得税及其他应缴费款等。

（12）其他暂收应付款，是指国有企业除上述以外的暂收和应付款项，包括应付租入固定资产和包装物的租金，存入保证金，应付、暂收所属单位和个人的款项、管辖区内业主和物业管户装修存入保证金，应付职工统筹退休金，以及暂收应付上级单位、所属单位的款项。

（13）其他流动负债，是指除上述之外的流动负债。

2. 非流动负债

（1）权益性负债，是指实收资本等。

（2）长期借款，是指企业向银行或其他金融机构借入的期限在一年以上（不含一年）或超过一年的一个营业周期以上的各项借款。

（3）应付证券，是指发行证券的国有企业在到期时应付给证券持有人的本息。

（4）长期应付款，是指国有企业除了长期借款和应付债券以外的其他多种长期应付款，包括应付补偿贸易引进设备款、采用分期付款方式购入固定资产和无形资产发生的应付账款、应付融资租入固定资产租赁费等。

（5）其他非流动负债，指除上述之外的非流动负债。

（三）净值

净值是总资产减去总负债的净额。

五、需要说明的几个问题

（一）应包含未包含。不包含企业化管理的事业单位。这些单位应用《企业会计准则》，可考虑纳入企业部门来反映。

（二）不应包含已包含。包含纳入国有非金融企业并表范围内的金融企业、非金融企业等。此外，还有非金融企业开设的事业单位。例如，"企业办社会"形成的医院和学校等。目前政策上的要求是脱钩后移交地方政府，但仍有部分存量。

第二节　2008—2016 年国有非金融企业资产负债表

表 6 - 1　　　　　　　　　2008—2016 年国有非金融企业资产负债表　　　　　单位：亿元

年度 项目	2008	2009	2010	2011	2012	2013	2014	2015	2016
一、资产	325162	420847	524374	640781	766342	913955	1057470	1258465	1403371
（一）流动资产	99781	134324	185241	235412	285095	350436	412023	498434	549732
货币资金	41683	58766	76166	88601	99331	111854	124528	141527	153689
短期投资	69	617	920	1112	1662	1904	3230	6107	7411
国有债务工具	43	388	565	647	960	1071	1742	3308	3970
国有权益工具	0	0	0	0	0	0	0	0	0
非国有债务工具	26	229	355	465	702	833	1488	2800	3442
非国有权益工具	0	0	0	0	0	0	0	0	0
拆出资金	0	0	0	0	0	0	0	0	0
应收预付款	6275	14298	29515	45128	61700	84230	102490	119358	133831
买入返售金融资产	0	0	0	0	0	0	0	0	0
存货	46894	55852	72264	92651	112662	138839	160934	181617	195937
衍生金融资产	0	0	0	0	0	0	232	355	448
其他流动资产	4860	4791	6376	7920	9740	13609	20609	49469	58415
（二）非流动资产	225381	286523	339133	405369	481247	563519	645447	760031	853639
长期投资	17238	29253	35981	42804	54241	62832	81975	106242	131818
国有债务工具	613	1318	101	378	2098	1920	13765	21642	33059
国有权益工具	10222	17071	21988	24525	29222	33430	30436	35898	37545
非国有债务工具	362	779	64	272	1536	1493	11763	18318	28662
非国有权益工具	6041	10085	13828	17629	21385	25989	26011	30384	32552
投资性房地产	2000	3049	4806	6302	8462	11424	13858	17542	20372
固定资产	130219	151826	172555	198162	225395	251614	277760	301510	330392
在建工程	42574	55388	68867	84331	99191	113865	121749	131482	138812

续表

项目＼年度	2008	2009	2010	2011	2012	2013	2014	2015	2016
长期应收款	1701	4558	5064	9567	15302	22061	31551	52236	68620
无形资产	17054	22449	28353	35622	43807	54992	59901	69264	79623
其他非流动资产	14595	20000	23507	28581	34849	46731	58653	81755	84002
二、负债	198015	237595	298213	330613	460963	556095	650290	796343	885514
（一）流动负债	135862	136391	159986	155612	240857	287691	326309	404427	437394
短期借款	3239	5156	8468	16774	25348	34487	39702	45917	44373
短期证券	532	548	259	344	479	651	789	1247	1336
拆入资金	0	0	0	0	0	0	0	0	0
应付票据	7237	9364	10089	11608	14565	16438	19934	21307	21054
应付账款	30792	38179	41371	5665	64555	74329	80699	85967	96184
预收账款	20860	26088	31783	34791	37679	42013	43327	47778	55029
卖出回购金融资产	0	0	0	0	0	0	0	0	0
衍生金融负债	0	0	0	0	0	0	196	281	378
应付工资福利	4996	5246	5592	5778	5826	6036	6141	6479	7043
应付股利	657	0	0	925	737	827	915	1001	1159
应缴税费	2984	2977	4352	5655	4786	4972	5347	6603	8939
其他暂收应付款	31937	35299	41281	48858	57659	69391	78107	89164	99843
其他流动负债	32628	13534	16791	25214	29223	38547	51152	98683	102056
（二）非流动负债	62153	101204	138227	175001	220106	268404	323981	391916	448120
权益性负债	47056	67974	74169	83765	92960	102257	111959	125872	144028
长期借款	968	6866	26583	39165	52877	75274	97522	113625	125384
应付证券	1024	9042	15832	24211	39569	49724	63309	82037	96680
长期应付款	9778	11348	13813	18198	22566	26137	30105	43530	53730
其他非流动负债	3327	5974	7830	9662	12134	15012	21086	26852	28298
三、净值	127147	183252	226161	310168	305379	357860	407180	462122	517857

第三节 2008—2016年国有非金融企业资产负债表简要分析

杜美杰 金莲花 岳 鑫

2008—2016年我国国有非金融企业资产负债表显示：资产负债增长稳定，但增速均有所放缓；资产负债率呈上升趋势；净值规模较大，增长幅度较大。

一、资产

资产从2008年的32.5万亿元增加到2016年的140.3万亿元，增加107.8万亿元，年均增加13.5万亿元。

资产增长较为平稳，但增速有所下降，最高为2009年的29.43%，最低为2016年的11.51%，年平均增长20.16%。

资产结构中，流动资产平均占比为36.4%，非流动资产平均占比为63.6%。在流动资产中，货币资金平均占比为12.7%，2010年最高占比达14.5%；存货平均占比为14.4%，2014年最高占比达15.2%；应收预付款平均占比为7.1%，2014年最高占比达9.7%。上述三项在流动资产中的平均占比达94.0%。在非流动资产中，固定资产占比最高，平均占比为30.1%，2008年最高占比达40.0%；在建工程平均占比为12.2%，2011年和2012年高峰时期平均占比为13.1%；长期投资平均占比为7.3%，2016年最高占比达9.4%。上述三项在非流动资产中的平均占比达77.7%。

二、负债

负债余额从2008年的19.8万亿元增加到2016年的88.6万亿元，增加68.7万亿元，年均增加8.6万亿元。

负债增长波动相较资产较大，最高为2010年的25.51%，最低为2011年的10.86%，年平均增长20.88%。

负债结构中，流动负债平均占比为53.5%，非流动负债平均占比为46.5%。在流动负债中，其他暂收应付款平均占比为13.2%，2008年最高占比达16.1%，后逐步下降至2016年的11.3%；应付账款平均占比为12.1%，从2008年到2016年平均占比从15.6%逐步下降到10.9%；预收款项平均占比为8.6%，2008年到2016年平均占比从10.5%逐步下降到6.2%。上述三项在流动负债中的平均占比达63.2%。在非流动负债中，权益性负债占比最高，平均占比为21.2%，2009年最高占比达28.6%；长期借款平均占比为10.3%，2008年占比仅为0.5%，2014年最高占比达15.0%；应付证券平均占比为7.3%，从2008年的0.5%逐步增长至2016年的10.9%。上述三项在非流动负债中的平均占比达83.0%。

三、资产与负债

2008 年至 2016 年，国有非金融企业平均资产负债率为 47.0%，其中，2009 年资产负债率最低为 40.3%，2015 年资产负债率最高达 53.3%。总体看，资产负债率呈现上升趋势。

净值由 2008 年的 12.7 万亿元增加到 2016 年的 51.8 万亿元，增加 39.1 万亿元，年均增加 4.9 万亿元，增长 3.07 倍，年均增长 19.12%。

附件 1：2008—2016 年国有非金融企业资产负债结构分析表

附件 2：2008—2016 年国有非金融企业资产负债增长分析表

附件1

2008—2016 年国有非金融企业资产负债结构分析表　　　单位：%

年度 项目	2009	2010	2011	2012	2013	2014	2015	2016	2016	平均占比
一、资产	100	100	100	100	100	100	100	100	100	100
（一）流动资产	30.7	31.9	35.3	36.7	37.2	38.3	39.0	39.6	39.2	36.4
货币资金	12.8	14.0	14.5	13.8	13.0	12.2	11.8	11.2	11.0	12.7
短期投资	0	0.1	0.2	0.2	0.2	0.2	0.3	0.5	0.5	0.3
国有债务工具	0	0.1	0.1	0.1	0.1	0.1	0.2	0.3	0.3	0.1
国有权益工具	0	0	0	0	0	0	0	0	0	0
非国有债务工具	0	0.1	0.1	0.1	0.1	0.1	0.1	0.2	0.2	0.1
非国有权益工具	0	0	0	0	0	0	0	0	0	0
拆出资金	0	0	0	0	0	0	0	0	0	0
应收预付款	1.9	3.4	5.6	7.0	8.1	9.2	9.7	9.5	9.5	7.1
买入返售金融资产	0	0	0	0	0	0	0	0	0	0
存货	14.4	13.3	13.8	14.5	14.7	15.2	15.2	14.4	14.0	14.4
衍生金融资产	0	0	0	0	0	0	0	0	0	0
其他流动资产	1.5	1.1	1.2	1.2	1.3	1.5	1.9	3.9	4.2	2.0
（二）非流动资产	69.3	68.1	64.7	63.3	62.8	61.7	61.0	60.4	60.8	63.6
长期投资	5.3	7.0	6.9	6.7	7.1	6.9	7.8	8.4	9.4	7.3
国有债务工具	0.2	0.3	0	0.1	0.3	0.2	1.3	1.7	2.4	0.7
国有权益工具	3.1	4.1	4.2	3.8	3.8	3.7	2.9	2.9	2.7	3.5
非国有债务工具	0.1	0.2	0	0	0.2	0.2	1.1	1.5	2.0	0.6
非国有权益工具	1.9	2.4	2.6	2.8	2.8	2.8	2.5	2.4	2.3	2.5
投资性房地产	0.6	0.7	0.9	1.0	1.1	1.2	1.3	1.4	1.5	1.1
固定资产	40.0	36.1	32.9	30.9	29.4	27.5	26.3	24.0	23.5	30.1
在建工程	13.1	13.2	13.1	13.2	12.9	12.5	11.5	10.4	9.9	12.2
长期应收款	0.5	1.1	1.0	1.5	2.0	2.4	3.0	4.2	4.9	2.3
无形资产	5.2	5.3	5.4	5.6	5.7	6.0	5.7	5.5	5.7	5.6
其他非流动资产	4.5	4.8	4.5	4.5	4.5	5.1	5.5	6.5	6.0	5.1

续表

项目＼年度	2009	2010	2011	2012	2013	2014	2015	2016	2016	平均占比
二、负债	100	100	100	100	100	100	100	100	100	100
（一）流动负债	68.6	57.4	53.6	47.1	52.3	51.7	50.2	50.8	49.4	53.5
短期借款	1.6	2.2	2.8	5.1	5.5	6.2	6.1	5.8	5.0	4.5
短期证券	0.3	0.2	0.1	0.1	0.1	0.1	0.1	0.2	0.2	0.1
拆入资金	0	0	0	0	0	0	0	0	0	0
应付票据	3.7	3.9	3.4	3.5	3.2	3.0	3.1	2.7	2.4	3.2
应付账款	15.6	16.1	13.9	1.7	14.0	13.4	12.4	10.8	10.9	12.1
预收账款	10.5	11.0	10.7	10.5	8.2	7.6	6.7	6.0	6.2	8.6
卖出回购金融资产	0	0	0	0	0	0	0	0	0	0
衍生金融负债	0	0	0	0	0	0	0	0	0	0
应付工资福利	2.5	2.2	1.9	1.7	1.3	1.1	0.9	0.8	0.8	1.5
应付股利	0.3	0	0	0.3	0.2	0.1	0.1	0.1	0.1	0.1
应缴税费	1.5	1.3	1.5	1.7	1.0	0.9	0.8	0.8	1.0	1.2
其他暂收应付款	16.1	14.9	13.8	14.8	12.5	12.5	12.0	11.2	11.3	13.2
其他流动负债	16.5	5.7	5.6	7.6	6.3	6.9	7.9	12.4	11.5	8.9
（二）非流动负债	31.4	42.6	46.4	52.9	47.7	48.3	49.8	49.2	50.6	46.5
权益性负债	23.8	28.6	24.9	25.3	20.2	18.4	17.2	15.8	16.3	21.2
长期借款	0.5	2.9	8.9	11.8	11.5	13.5	15.0	14.3	14.2	10.3
应付证券	0.5	3.8	5.3	7.3	8.6	8.9	9.7	10.3	10.9	7.3
长期应付款	4.9	4.8	4.6	5.5	4.9	4.7	4.6	5.5	6.1	5.1
其他非流动负债	1.7	2.5	2.6	2.9	2.6	2.7	3.2	3.4	3.2	2.8
三、资产负债率	46.4	40.3	42.7	38.5	48.0	49.7	50.9	53.3	52.8	47.0

附件2

2008—2016 年国有非金融企业资产负债增长分析表　　　单位：%

年度 项目	2009	2010	2011	2012	2013	2014	2015	2016	平均增长
一、资产	29.43	24.60	22.20	19.59	19.26	15.70	19.01	11.51	20.16
（一）流动资产	34.62	37.91	27.08	21.10	22.92	17.57	20.97	10.29	24.06
货币资金	40.98	29.61	16.33	12.11	12.61	11.33	13.65	8.59	18.15
短期投资	794.20	49.11	20.87	49.46	14.56	69.64	89.10	21.35	138.54
国有债务工具	802.33	45.62	14.51	48.38	11.56	62.65	89.90	20.01	136.87
国有权益工具									
非国有债务工具	780.77	55.02	30.99	50.97	18.66	78.63	88.17	22.93	140.77
非国有权益工具									
拆出资金									
应收预付款	127.86	106.43	52.90	36.72	36.52	21.68	16.46	12.13	51.34
买入返售金融资产									
存货	19.10	29.38	28.21	21.60	23.23	15.91	12.85	7.88	19.77
衍生金融资产							53.02	26.20	39.61
其他流动资产	-1.42	33.08	24.22	22.98	39.72	51.44	140.04	18.08	41.02
（二）非流动资产	27.13	18.36	19.53	18.72	17.10	14.54	17.75	12.32	18.18
长期投资	69.70	23.00	18.96	26.72	15.84	30.47	29.60	24.07	29.80
国有债务工具	115.01	-92.34	274.26	455.03	-8.48	616.93	57.22	52.75	183.80
国有权益工具	67.00	28.80	11.54	19.15	14.40	-8.96	17.95	4.59	19.31
非国有债务工具	115.19	-91.78	325.00	464.71	-2.80	687.88	55.73	56.47	201.30
非国有权益工具	66.94	37.11	27.49	21.31	21.53	0.08	16.81	7.14	24.80
投资性房地产	52.45	57.63	31.13	34.27	35.00	21.31	26.58	16.13	34.31
固定资产	16.59	13.65	14.84	13.74	11.63	10.39	8.55	9.58	12.37
在建工程	30.10	24.34	22.45	17.62	14.79	6.92	7.99	5.57	16.22
长期应收款	167.96	11.10	88.92	59.95	44.17	43.02	65.56	31.37	64.01
无形资产	31.63	26.30	25.64	22.98	25.53	8.93	15.63	14.96	21.45
其他非流动资产	37.03	17.54	21.59	21.93	34.10	25.51	39.39	2.75	24.98

续表

年度 项目	2009	2010	2011	2012	2013	2014	2015	2016	平均增长
二、负债	19.99	25.51	10.86	39.43	20.64	16.94	22.46	11.20	20.88
（一）流动负债	0.39	17.30	−2.73	54.78	19.44	13.42	23.94	8.15	16.84
短期借款	59.18	64.24	98.09	51.11	36.05	15.12	15.65	−3.36	42.01
短期证券	3.01	−52.74	32.82	39.24	35.91	21.20	58.05	7.14	18.08
拆入资金									
应付票据	29.39	7.74	15.06	25.47	12.86	21.27	6.89	−1.19	14.69
应付账款	23.99	8.36	−86.31	1039.54	15.14	8.57	6.53	11.88	128.46
预收账款	25.06	21.83	9.46	8.30	11.50	3.13	10.27	15.18	13.09
卖出回购金融资产									
衍生金融负债							43.37	34.52	38.94
应付工资福利	5.00	6.60	3.33	0.83	3.60	1.74	5.50	8.71	4.41
应付股利	−100.0			—20.32	12.21	10.64	9.40	15.78	−12.05
应缴税费	−0.23	46.19	29.94	−15.37	3.89	7.54	23.49	35.38	16.35
其他暂收应付款	10.53	16.95	18.35	18.01	20.35	12.56	14.16	11.98	15.36
其他流动负债	−58.52	24.07	50.16	15.90	31.91	32.70	92.92	3.42	24.07
（二）非流动负债	62.83	36.58	26.60	25.77	21.94	20.71	20.97	14.34	28.72
权益性负债	44.45	9.11	12.94	10.98	10.00	9.49	12.43	14.42	15.48
长期借款	609.30	287.17	47.33	35.01	42.36	29.56	16.51	10.35	134.70
应付证券	783.01	75.09	52.92	63.43	25.66	27.32	29.58	17.85	134.36
长期应付款	16.06	21.72	31.75	24.00	15.82	15.18	44.59	23.43	24.07
其他非流动负债	79.56	31.07	23.40	25.58	23.72	40.46	27.35	5.39	32.07
三、净值	44.13	23.42	37.14	−1.54	17.19	13.78	13.49	12.06	19.96

第七章 2008—2016 年政府非金融部门
资产负债表

第一节 2008—2016 年政府非金融部门
资产负债表编制说明

本表根据 2008—2016 年广义政府资产负债表和 2008—2016 年国有非金融企业资产负债表编制而成。

一、资产

（一）金融资产

1. 通货和存款，其数据为广义政府资产负债表的"通货和存款"和国有非金融企业资产负债表的"货币资金"项目数据的汇总。

2. 借出款项，其数据为广义政府资产负债表的"借出款项"和国有非金融企业资产负债表的"拆出资金"、"买入返售金融资产"项目数据的汇总。

3. 有价证券，其数据为广义政府资产负债表的"有价证券"以及国有非金融企业资产负债表的"短期投资"、"长期投资"项目数据的汇总。

4. 衍生金融资产，其数据为国有非金融企业资产负债表的"衍生金融资产"。

5. 应收预付款，其数据为广义政府资产负债表的"应收预付款"以及国有非金融企业资产负债表的"应收预付款"、"长期应收款"项目数据的汇总。

6. 其他金融资产，其数据为广义政府资产负债表的"其他金融资产"和国有非金融企业资产负债表的"其他流动资产"项目数据的汇总。

（二）非金融资产

1. 固定资产，其数据为两张报表相同项目数据的汇总。

2. 在建工程，其数据为两张报表相同项目数据的汇总。

3. 投资性房地产，其数据为国有非金融企业资产负债表的"投资性房地产"。

4. 公共基础设施，其数据为广义政府资产负债表的"公共基础设施"。

5. 存货，其数据为两张报表相同项目数据的汇总。

6. 文物文化资产，其数据为广义政府资产负债表的"文物文化资产"。

7. 非生产资产，其数据为广义政府资产负债表的"非生产资产"以及国有非金融企业资产负债表的"无形资产"项目数据的汇总。

8. 其他非金融资产，其数据为广义政府资产负债表的"其他非金融资产"和国有非金融企业资产负债表的"其他非流动资产"项目数据的汇总。

二、负债

1. 借款，其数据为广义政府资产负债表的"借款"以及国有非金融企业资产负债表的"短期借款"、"拆入资金"、"长期借款"、"卖出回购金融资产"项目数据的汇总。

2. 有价证券，其数据为广义政府资产负债表的"有价证券"以及国有非金融企业资产负债表的"短期证券"、"应付证券"项目数据的汇总。

3. 应付预收款，其数据为广义政府资产负债表的"应付预收款"以及国有非金融企业资产负债表的"应付票据"、"应付账款"、"预收账款"、"长期应付款"、"应付工资福利"、"应付股利"、"应缴税费"、"其他暂收应付款"等项目数据的汇总。

4. 权益性负债，其数据为广义政府资产负债表中的"权益性负债"和国有非金融企业资产负债表的"权益性负债"项目数据的汇总。

5. 社会保障保险基金，其数据为广义政府资产负债表的"社会保障保险基金"。

6. 衍生金融负债，其数据为国有非金融企业资产负债表的"衍生金融负债"。

7. 其他负债，其数据为广义政府资产负债表的"其他负债"以及国有非金融企业资产负债表的"其他流动负债"、"其他非流动负债"项目数据的汇总。

三、净值

其数据为两张报表相同项目数据的汇总。

第二节　2008—2016 年政府非金融部门资产负债表

表 7 - 1 　　　　　　　2008—2016 年政府非金融部门资产负债表 　　　　单位：亿元

项目 ＼ 年度	2008	2009	2010	2011	2012	2013	2014	2015	2016
一、资产	909242	1131229	1347008	1565519	1770004	2085307	2228854	2579640	2826045
（一）金融资产	271304	341545	413696	483323	558416	670393	787980	959383	1102926
通货和存款	93483	121869	149909	168856	187785	219780	246723	276536	298434
借出款项	359	530	1105	1616	2354	2884	3538	4142	4675
有价证券	145010	173002	196064	220172	247694	286526	337408	406672	478440
衍生金融资产	0	0	0	0	0	232	355	448	
应收预付款	26434	39776	58796	83076	108697	143623	175840	219789	259846
其他金融资产	6018	6368	7822	9603	11886	17580	24239	51889	61082
（二）非金融资产	637938	789684	933312	1082196	1211588	1414914	1440874	1620257	1723120
固定资产	328728	402896	457164	514446	552326	616341	644880	700006	744400
在建工程	60528	77344	95042	113319	133066	135696	154042	170400	185162
投资性房地产	2000	3049	4806	6302	8462	11424	13858	17542	20372
公共基础设施	126285	143190	152512	175504	220555	259866	224642	283752	282414
存货	48159	57554	74220	95321	115873	143317	166352	188324	204454
文物文化资产	2623	2762	2918	3075	3566	4127	4226	4321	4585
非生产资产	49937	77256	115755	137817	133345	194222	170498	170111	194915
其他非金融资产	19678	25633	30895	36412	44395	49921	62376	85801	86818
二、负债	304545	363475	446006	499853	652171	771463	896053	1115562	1285005
借款	14109	23813	48804	72092	94129	125114	154146	177866	186377
有价证券	50320	67012	82730	98406	122583	142160	167191	233045	317071
应付预收款	135362	157820	182998	170396	251696	289524	321061	373228	420305
权益性负债	47472	68289	74266	83972	93163	102641	112492	126895	144819
社会保障保险基金	20082	25599	31073	38542	47643	56400	65254	75082	82908
衍生金融负债	0	0	0	0	0	0	196	281	378
其他负债	37200	20942	26135	36445	42957	55624	75713	129165	133147
三、净值	604697	767754	901002	1065666	1117833	1313844	1332801	1464078	1541040

表 7 - 2　　　　　　　　　　　2008 年政府非金融部门资产负债表　　　　　　　单位：亿元

项目 \ 部门	政府非金融部门合计	广义政府	国有非金融企业
一、资产	909242	584080	325162
（一）金融资产	271304	199478	71826
通货和存款	93483	51800	41683
借出款项	359	359	0
有价证券	145010	127703	17307
衍生金融资产	0		0
应收预付款	26434	18458	7976
其他金融资产	6018	1158	4860
（二）非金融资产	637938	384602	253336
固定资产	328728	198509	130219
在建工程	60528	17954	42574
投资性房地产	2000		2000
公共基础设施	126285	126285	
存货	48159	1265	46894
文物文化资产	2623	2623	
非生产资产	49937	32883	17054
其他非金融资产	19678	5083	14595
二、负债	304545	106530	198015
借款	14109	9902	4207
有价证券	50320	48764	1556
应付预收款	135362	26121	109241
权益性负债	47472	416	47056
社会保障保险基金	20082	20082	
衍生金融负债	0		0
其他负债	37200	1245	35955
三、净值	604697	477550	127147

表 7 – 3   **2009 年政府非金融部门资产负债表**   单位：亿元

部门 项目	政府非金融部门合计	广义政府	国有非金融企业
一、资产	1131229	710382	420847
（一）金融资产	341545	229262	112283
通货和存款	121869	63103	58766
借出款项	530	530	0
有价证券	173002	143132	29870
衍生金融资产	0		0
应收预付款	39776	20920	18856
其他金融资产	6368	1577	4791
（二）非金融资产	789684	481120	308564
固定资产	402896	251070	151826
在建工程	77344	21956	55388
投资性房地产	3049		3049
公共基础设施	143190	143190	
存货	57554	1702	55852
文物文化资产	2762	2762	
非生产资产	77256	54807	22449
其他非金融资产	25633	5633	20000
二、负债	363475	125880	237595
借款	23813	11791	12022
有价证券	67012	57422	9590
应付预收款	157820	29319	128501
权益性负债	68289	315	67974
社会保障保险基金	25599	25599	
衍生金融负债	0		0
其他负债	20942	1434	19508
三、净值	767754	584502	183252

表 7 - 4　　　　　　　　　　　**2010 年政府非金融部门资产负债表**　　　　　　单位：亿元

项目 / 部门	政府非金融部门合计	广义政府	国有非金融企业
一、资产	1347008	822634	524374
（一）金融资产	413696	259674	154022
通货和存款	149909	73743	76166
借出款项	1105	1105	0
有价证券	196064	159163	36901
衍生金融资产	0		0
应收预付款	58796	24217	34579
其他金融资产	7822	1446	6376
（二）非金融资产	933312	562960	370352
固定资产	457164	284609	172555
在建工程	95042	26175	68867
投资性房地产	4806		4806
公共基础设施	152512	152512	
存货	74220	1956	72264
文物文化资产	2918	2918	
非生产资产	115755	87402	28353
其他非金融资产	30895	7388	23507
二、负债	446006	147793	298213
借款	48804	13753	35051
有价证券	82730	66639	16091
应付预收款	182998	34717	148281
权益性负债	74266	97	74169
社会保障保险基金	31073	31073	
衍生金融负债	0		0
其他负债	26135	1514	24621
三、净值	901002	674841	226161

表 7 – 5　　　　　　　　　　**2011 年政府非金融部门资产负债表**　　　　　　　　单位：亿元

项目＼部门	政府非金融部门合计	广义政府	国有非金融企业
一、资产	1565519	924738	640781
（一）金融资产	483323	288191	195132
通货和存款	168856	80255	88601
借出款项	1616	1616	0
有价证券	220172	176256	43916
衍生金融资产	0		0
应收预付款	83076	28381	54695
其他金融资产	9603	1683	7920
（二）非金融资产	1082196	636547	445649
固定资产	514446	316284	198162
在建工程	113319	28988	84331
投资性房地产	6302		6302
公共基础设施	175504	175504	
存货	95321	2670	92651
文物文化资产	3075	3075	
非生产资产	137817	102195	35622
其他非金融资产	36412	7831	28581
二、负债	499853	169240	330613
借款	72092	16153	55939
有价证券	98406	73851	24555
应付预收款	170396	38918	131478
权益性负债	83972	207	83765
社会保障保险基金	38542	38542	
衍生金融负债	0		0
其他负债	36445	1569	34876
三、净值	1065666	755498	310168

表 7 - 6　　　　　　　　　　**2012 年政府非金融部门资产负债表**　　　　　单位：亿元

部门 项目	政府非金融部门合计	广义政府	国有非金融企业
一、资产	1770004	1003662	766342
（一）金融资产	558416	316440	241976
通货和存款	187785	88454	99331
借出款项	2354	2354	0
有价证券	247694	191791	55903
衍生金融资产	0		0
应收预付款	108697	31695	77002
其他金融资产	11886	2146	9740
（二）非金融资产	1211588	687222	524366
固定资产	552326	326931	225395
在建工程	133066	33875	99191
投资性房地产	8462		8462
公共基础设施	220555	220555	
存货	115873	3211	112662
文物文化资产	3566	3566	
非生产资产	133345	89538	43807
其他非金融资产	44395	9546	34849
二、负债	652171	191208	460963
借款	94129	15904	78225
有价证券	122583	82535	40048
应付预收款	251696	43323	208373
权益性负债	93163	203	92960
社会保障保险基金	47643	47643	
衍生金融负债	0		0
其他负债	42957	1600	41357
三、净值	1117833	812454	305379

表 7 − 7　　　　　　　　　　**2013 年政府非金融部门资产负债表**　　　　　　　　单位：亿元

部门 项目	政府非金融部门合计	广义政府	国有非金融企业
一、资产	2085307	1171352	913955
（一）金融资产	670393	373903	296490
通货和存款	219780	107926	111854
借出款项	2884	2884	0
有价证券	286526	221790	64736
衍生金融资产	0		0
应收预付款	143623	37332	106291
其他金融资产	17580	3971	13609
（二）非金融资产	1414914	797449	617465
固定资产	616341	364727	251614
在建工程	135696	21831	113865
投资性房地产	11424		11424
公共基础设施	259866	259866	
存货	143317	4478	138839
文物文化资产	4127	4127	
非生产资产	194222	139230	54992
其他非金融资产	49921	3190	46731
二、负债	771463	215368	556095
借款	125114	15353	109761
有价证券	142160	91785	50375
应付预收款	289524	49381	240143
权益性负债	102641	384	102257
社会保障保险基金	56400	56400	
衍生金融负债	0		0
其他负债	55624	2065	53559
三、净值	1313844	955984	357860

表 7 - 8 　　　　　　　　　　**2014 年政府非金融部门资产负债表** 　　　　　　单位：亿元

部门 项目	政府非金融部门合计	广义政府	国有非金融企业
一、资产	2228854	1171384	1057470
（一）金融资产	787980	423365	364615
通货和存款	246723	122195	124528
借出款项	3538	3538	0
有价证券	337408	252203	85205
衍生金融资产	232		232
应收预付款	175840	41799	134041
其他金融资产	24239	3630	20609
（二）非金融资产	1440874	748019	692855
固定资产	644880	367120	277760
在建工程	154042	32293	121749
投资性房地产	13858		13858
公共基础设施	224642	224642	
存货	166352	5418	160934
文物文化资产	4226	4226	
非生产资产	170498	110597	59901
其他非金融资产	62376	3723	58653
二、负债	896053	245763	650290
借款	154146	16922	137224
有价证券	167191	103093	64098
应付预收款	321061	56486	264575
权益性负债	112492	533	111959
社会保障保险基金	65254	65254	
衍生金融负债	196		196
其他负债	75713	3475	72238
三、净值	1332801	925621	407180

表 7－9   **2015 年政府非金融部门资产负债表**   单位：亿元

部门 项目	政府非金融部门合计	广义政府	国有非金融企业
一、资产	2579639	1321174	1258465
（一）金融资产	959382	484087	475295
通货和存款	276536	135009	141527
借出款项	4142	4142	0
有价证券	406671	294321	112350
衍生金融资产	355		355
应收预付款	219789	48195	171594
其他金融资产	51889	2420	49469
（二）非金融资产	1620257	837087	783170
固定资产	700006	398496	301510
在建工程	170400	38918	131482
投资性房地产	17542		17542
公共基础设施	283752	283752	
存货	188324	6707	181617
文物文化资产	4321	4321	
非生产资产	170111	100847	69264
其他非金融资产	85801	4046	81755
二、负债	1115562	319219	796343
借款	177866	18324	159542
有价证券	233045	149761	83284
应付预收款	373228	71399	301829
权益性负债	126895	1023	125872
社会保障保险基金	75082	75082	
衍生金融负债	281		281
其他负债	129165	3630	125535
三、净值	1464077	1001955	462122

表 7 – 10   **2016 年政府非金融部门资产负债表**   单位：亿元

部门 项目	政府非金融部门合计	广义政府	国有非金融企业
一、资产	2826045	1422674	1403371
（一）金融资产	1102926	548693	554233
通货和存款	298434	144745	153689
借出款项	4675	4675	0
有价证券	478440	339210	139230
衍生金融资产	448		448
应收预付款	259846	57395	202451
其他金融资产	61082	2667	58415
（二）非金融资产	1723120	873982	849138
固定资产	744400	414008	330392
在建工程	185162	46350	138812
投资性房地产	20372		20372
公共基础设施	282414	282414	
存货	204454	8517	195937
文物文化资产	4585	4585	
非生产资产	194915	115292	79623
其他非金融资产	86818	2816	84002
二、负债	1285005	399491	885514
借款	186377	16620	169757
有价证券	317071	219055	98016
应付预收款	420305	77324	342981
权益性负债	144819	791	144028
社会保障保险基金	82908	82908	
衍生金融负债	378		378
其他负债	133147	2793	130354
三、净值	1541040	1023183	517857

第三节　2008—2016 年政府非金融部门资产负债表简要分析

朱尔茜　　白　玮

2008—2016 年政府非金融部门资产负债表显示：资产和负债增长较平稳，波动幅度不大，资产负债率呈现增长趋势。

一、资产

资产总额从 2008 年的 90.9 万亿元增加到 2016 年的 282.6 万亿元，增加 191.7 万亿元，增长 2.11 倍，年均增加 24.0 万亿元。其中，广义政府增加 83.9 万亿元，年均增加 10.5 万亿元；国有非金融企业增加 107.8 万亿元，年均增加 13.5 万亿元。

总资产中，各类机构的平均占比分别是：广义政府占比为 57.1%，国有非金融企业占比为 42.9%。

资产年均增长 15.35%，其中，广义政府增长 11.94%，国有非金融企业增长 20.16%。

资产增长波动较大，最高为 2009 年的 24.41%，最低为 2014 年的 6.88%。其中，广义政府最高为 2009 年的 21.62%，最低为 2014 年的 0。国有非金融企业最高为 2009 年的 29.43%，最低为 2016 年的 11.51%。

从资产构成来看，金融资产平均占比为 33.0%，非金融资产平均占比为 67.0%。在金融资产中，通货和存款平均占比为 10.7%，有价证券平均占比为 15.0%，应收预付款平均占比为 6.1%。上述三项占金融资产的 96.7%。在非金融资产中，固定资产平均占比为 31.3%，公共基础设施平均占比为 11.7%，非生产资产平均占比为 7.5%。上述三项占非金融资产的 75.2%。

二、负债

负债总额从 2008 年的 30.5 万亿元增加到 2016 年的 128.5 万亿元，增加 98.0 万亿元，增加 3.21 倍，年均增加 12.3 万亿元。其中，广义政府增加 29.3 万亿元，年均增加 3.7 万亿元；国有非金融企业增加 68.7 万亿元，年均增加 8.6 万亿元。

总负债中，各类机构的平均占比分别是：广义政府占比为 31.2%，国有非金融企业占比为 68.8%。

负债年均增长 19.84%，其中，广义政府增长 18.11%，国有非金融企业增长 20.88%。

负债增长波动较大，最高为 2012 年的 30.47%，最低为 2011 年的 12.07%，其中，国有非金融企业波动最大，最高为 2012 年的 39.43%，最低为 2011 年的 10.86%。

从负债结构来看，借款平均占比为 12.8%，有价证券平均占比为 19.4%，应付预收款平均占比为 37.9%，权益性负债平均占比为 14.5%，上述项目占负债的 84.6%。

三、资产与负债

2008 年至 2016 年，政府非金融部门平均资产负债率为 37.1%，其中，广义政府为 20.3%，国有非金融企业为 47.0%。

附件 1：2008—2016 年政府非金融部门资产负债项目结构分析表

附件 2：2008—2016 年政府非金融部门资产负债分机构结构分析表

附件 3：2008—2016 年政府非金融部门资产负债项目增长分析表

附件 4：2008—2016 年政府非金融部门资产负债分机构增长分析表

附件 1

2008—2016 年政府非金融部门资产负债项目结构分析表　　　单位：%

年度 项目	2008	2009	2010	2011	2012	2013	2014	2015	2016	平均占比
一、资产	100	100	100	100	100	100	100	100	100	100.0
（一）金融资产	29.8	30.2	30.7	30.9	31.5	32.1	35.4	37.2	39.0	33.0
通货和存款	10.3	10.8	11.1	10.8	10.6	10.5	11.1	10.7	10.6	10.7
借出款项	0	0	0.1	0.1	0.1	0.1	0.2	0.2	0.2	0.1
有价证券	15.9	15.3	14.6	14.1	14.0	13.7	15.1	15.8	16.9	15.0
衍生金融资产	0	0	0	0	0	0	0	0	0	0
应收预付款	2.9	3.5	4.4	5.3	6.1	6.9	7.9	8.5	9.2	6.1
其他金融资产	0.7	0.6	0.6	0.6	0.7	0.8	1.1	2.0	2.2	1.0
（二）非金融资产	70.2	69.8	69.3	69.1	68.5	67.9	64.6	62.8	61.0	67.0
固定资产	36.2	35.6	33.9	32.9	31.2	29.6	28.9	27.1	26.4	31.3
在建工程	6.7	6.8	7.1	7.2	7.5	6.5	6.9	6.6	6.6	6.9
投资性房地产	0.2	0.3	0.4	0.4	0.5	0.5	0.6	0.7	0.7	0.5
公共基础设施	13.9	12.7	11.3	11.2	12.5	12.5	10.1	11.0	9.99	11.7
存货	5.3	5.1	5.5	6.1	6.5	6.9	7.5	7.3	7.2	6.4
文物文化资产	0.3	0.2	0.2	0.2	0.2	0.2	0.2	0.2	0.2	0.2
非生产资产	5.5	6.8	8.6	8.8	7.5	9.3	7.6	6.6	6.9	7.5
其他非金融资产	2.2	2.3	2.3	2.3	2.5	2.4	2.8	3.3	3.1	2.6
二、负债	100	100	100	100	100	100	100	100	100	100.0
借款	4.6	6.6	10.9	14.4	14.4	16.2	17.2	15.9	14.5	12.8
有价证券	16.5	18.4	18.5	19.7	18.8	18.4	18.7	20.9	24.7	19.4
应付预收款	44.4	43.4	41.0	34.1	38.6	37.5	35.8	33.5	32.7	37.9
权益性负债	15.6	18.8	16.7	16.8	14.3	13.3	12.6	11.4	11.3	14.5
社会保障保险基金	6.6	7.0	7.0	7.7	7.3	7.3	7.3	6.7	6.5	7.0
衍生金融负债	0	0	0	0	0	0	0	0	0	0
其他负债	12.2	5.8	5.9	7.3	6.6	7.2	8.4	11.6	10.4	8.4

附件 2

2008—2016 年政府非金融部门资产负债分机构结构分析表　　　　单位：%

年度 项目	2008	2009	2010	2011	2012	2013	2014	2015	2016	平均占比
一、资产	100	100	100	100	100	100	100	100	100	100
广义政府	64.2	62.8	61.1	59.1	56.7	56.2	52.6	51.2	50.3	57.1
国有非金融企业	35.8	37.2	38.9	40.9	43.3	43.8	47.4	48.8	49.7	42.9
二、负债	100	100	100	100	100	100	100	100	100	100
广义政府	35.0	34.6	33.1	33.9	29.3	27.9	27.4	28.6	31.1	31.2
国有非金融企业	65.0	65.4	66.9	66.1	70.7	72.1	72.6	71.4	68.9	68.8
三、资产负债率	33.5	32.1	33.1	31.9	36.8	37.0	40.2	43.2	45.8	37.1
广义政府	18.2	17.7	18.0	18.3	19.1	18.4	21.0	24.2	28.1	20.3
国有非金融企业	46.4	40.3	42.7	38.5	48.0	49.7	50.9	53.2	52.8	47.0

附件 3

2008—2016 年政府非金融部门资产负债项目增长分析表　　　单位：%

项目 \ 年度	2009	2010	2011	2012	2013	2014	2015	2016	平均增长率
一、资产	24.41	19.07	16.22	13.06	17.81	6.88	15.74	9.55	15.35
（一）金融资产	25.89	21.12	16.83	15.54	20.05	17.54	21.75	14.96	19.21
通货和存款	30.36	23.01	12.64	11.21	17.04	12.26	12.08	7.92	15.82
借出款项	47.63	108.49	46.24	45.67	22.51	22.68	17.07	12.87	40.40
有价证券	19.30	13.33	12.30	12.50	15.68	17.76	20.53	17.65	16.13
衍生金融资产							53.02	26.20	39.61
应收预付款	50.47	47.82	41.30	30.84	32.13	22.43	24.99	18.23	33.53
其他金融资产	5.82	22.83	22.77	23.77	47.91	37.88	114.1	17.72	36.60
（二）非金融资产	23.79	18.19	15.95	11.96	16.78	1.83	12.45	6.35	13.41
固定资产	22.56	13.47	12.53	7.36	11.59	4.63	8.55	6.34	10.88
在建工程	27.78	22.88	19.23	17.43	1.98	13.52	10.62	8.66	15.26
投资性房地产	52.45	57.63	31.13	34.27	35.00	21.31	26.58	16.13	34.31
公共基础设施	13.39	6.51	15.08	25.67	17.82	-13.6	26.31	-0.47	11.34
存货	19.51	28.96	28.43	21.56	23.68	16.07	13.21	8.57	20.00
文物文化资产	5.30	5.65	5.38	15.97	15.73	2.40	2.25	6.11	7.35
非生产资产	54.71	49.83	19.06	-3.24	45.65	-12.2	-0.23	14.58	21.02
其他非金融资产	30.26	20.53	17.86	21.92	12.45	24.95	37.55	1.19	20.84
二、负债	19.35	22.71	12.07	30.47	18.29	16.15	24.50	15.19	19.84
借款	68.78	104.95	47.72	30.57	32.92	23.20	15.39	4.79	41.04
有价证券	33.17	23.46	18.95	24.57	15.97	17.61	39.39	36.06	26.15
应付预收款	16.59	15.95	-6.89	47.71	15.03	10.89	16.25	12.61	16.02
权益性负债	43.85	8.75	13.07	10.95	10.17	9.60	12.80	14.13	15.41
社会保障保险基金	27.47	21.38	24.04	23.61	18.38	15.70	15.06	10.42	19.51
衍生金融负债							43.37	34.52	38.94
其他负债	-43.70	24.80	39.45	17.87	29.49	36.12	70.60	3.08	22.21

附件 4

2008—2016 年政府非金融部门资产负债分机构增长分析表　　　单位：%

项目 年度	2009	2010	2011	2012	2013	2014	2015	2016	平均增速
一、资产	24.41	19.07	16.22	13.06	17.81	6.88	15.74	8.82	15.25
广义政府	21.62	15.8	12.41	8.53	16.71	0	12.79	7.68	11.94
国有非金融企业	29.43	24.6	22.2	19.59	19.26	15.7	19.01	11.51	20.16
二、负债	19.35	22.71	12.07	30.47	18.29	16.15	24.5	15.19	19.84
广义政府	18.16	17.41	14.51	12.98	12.64	14.11	29.89	25.15	18.11
国有非金融企业	19.99	25.51	10.86	39.43	20.64	16.94	22.46	11.2	20.88

第八章　2008—2016 年中央银行资产负债表

第一节　2008—2016 年中央银行资产负债表编制说明

一、机构范围：人民银行总行和各级分支行，国家外汇管理局，但不包括下属的企事业单位。

二、时间范围：包括 2008 年至 2016 年 9 个年度的数据。

三、数据来源：主要来源于人民银行货币当局资产负债表和国家外汇管理局国际投资头寸（IIP）统计表等。

四、填表说明

（一）金融资产

1. 国际储备资产，是指中央银行随时利用并直接控制的对外资产，包括外汇储备、货币黄金、特别提款权、国际货币基金组织的储备头寸以及其他储备资产等。

2. 在金融机构存款，是指中央银行存放境内外金融机构的资产款项。

3. 贷款，是指中央银行对境内外金融机构提供的贷款性质的资金，主要包括金融机构贷款、常备借贷便利、中期借贷便利、再贴现和专项贷款等。

4. 有价证券，是指中央银行持有的国债、政策性金融债券等有价证券。

5. 买入返售证券，是指中央银行在公开市场上根据逆回购协议买入的证券。

6. 暂付及应收款，是指中央银行在办理业务过程中发生的暂付及应收的临时性、过渡性款项。

7. 其他金融资产，是指除上述资产之外的金融资产。

（二）非金融资产

1. 固定资产，是指中央银行固定资产的原值。

2. 在建工程，是指正在建设尚未竣工投入使用的建设项目。

3. 抵债资产，是指金融机构依法行使债权或担保物权而受偿于债务人、担保人或第三人的实物资产或财产权利。

4. 无形资产，是指中央银行拥有或控制的没有实物形态可辨认的非货币性资产。

5. 其他非金融资产，是指除上述资产之外的非金融资产。

（三）负债

1. 权益性负债，是指中央银行实收资本等。

2. 流通中货币，是指中央银行向社会流通领域投放的现金量。

3. 金融机构存款，是指金融机构在中央银行的准备金存款等存款性质的资金。

4. 发行票据，是指中央银行通过公开市场向金融机构发行的中央银行票据。

5. 金融机构缴财政存款，是指金融机构向中央银行划来的财政存款。

6. 财政存款，是指中央银行经理国库收纳的国库款项。

7. 应付及暂收款，是指中央银行在办理业务过程中发生的暂收及应付的临时性、过渡性款项。

8. 其他负债，是指除上述负债之外的负债。

（四）净值

净值是指金融资产和非金融资产扣减负债后的净余额。

五、需要说明的几个问题

（一）关于国际储备资产

按照国际投资头寸统计定义，国际储备资产主要包括外汇储备、黄金、特别提款权、国际货币基金组织的储备头寸等项目。国际储备资产的美元价值取自国家外汇管理局官网公布的国际投资头寸报表（IIP），然后按照中国外汇交易中心公布的年末美元兑人民币汇率中间价折算成人民币价值。

（二）关于流通中货币和金融机构存款

中央银行资产负债表负债方的"流通中货币"是货币当局资产负债表中的"货币发行"，"金融机构存款"是货币当局资产负债表中的"计入储备货币的其他存款性公司存款"和"不计入储备货币的金融性公司存款"。

（三）关于政府存款

中央银行资产负债表将政府存款划分为"财政存款"和"金融机构缴财政存款"，其中"财政存款"是货币当局资产负债表中的"政府存款"扣减"金融机构缴财政存款"后的余额。

（四）关于固定资产计值方法

人民银行会计制度规定，对固定资产按照历史成本计值，"固定资产"科目核算固定资产原值，不计提折旧和进行价值调整。本表编制过程中，未按市价对固定资产进行调整。主要原因，一是遵从人民银行会计处理规定和核算原则；二是保证数据准确性，避免因市价调整可能造成的固定资产价值大幅上升，影响数据使用者对中央银行资产总额和资产结构的判断。

第二节　2008—2016 年中央银行资产负债表

表 8 – 1　　　　　　　　　2008—2016 年中央银行资产负债表　　　　　　单位：亿元

年度 项目	2008	2009	2010	2011	2012	2013	2014	2015	2016
一、资产	207096	227530	259275	280978	294537	317279	338249	317837	343712
（一）金融资产	206552	226973	258705	280391	293938	316665	337627	317185	343032
国际储备资产	134382	167508	192998	205144	212944	236583	238597	221179	214897
在金融机构存款	1166	3288	4085	1316	1708	1597	2262	2139	2835
贷款	20407	19959	20678	19699	20136	20442	36132	35254	74014
有价证券	34651	30292	31416	37100	28558	37469	15318	15318	15279
买入返售证券	0	0	0	0	4980	0	1000	100	14550
暂付及应收款	3246	5493	8562	14278	22938	13467	12307	18739	22984
其他金融资产	12700	432	966	2855	2674	7107	32011	24455	– 1528
（二）非金融资产	544	558	570	587	599	613	622	652	680
固定资产	544	558	570	587	599	613	622	652	680
在建工程									
抵债资产									
无形资产									
其他非金融资产									
二、负债	205876	225124	256464	278516	291006	313832	334487	315242	341786
权益性负债	220	220	220	220	220	220	220	220	220
流通中货币	37116	41556	48646	55850	60646	64981	67151	69886	74884
金融机构存款	92698	103054	137322	169700	193048	207372	228500	209318	240580
发行票据	45780	42064	40497	23337	13880	7762	6522	6572	500
金融机构缴财政存款	1671	2351	3552	3825	4029	5114	6052	5880	4949
财政存款	15293	18876	20725	18908	16724	23496	25223	21299	20114
应付及暂收款	555	319	1422	3425	1125	664	249	1107	358
其他负债	12544	16684	4080	3251	1334	4223	570	959	182
三、净值	1220	2407	2810	2462	3531	3446	3762	2595	1925

第三节　2008—2016 年中央银行资产负债表简要分析

宋晓玲　刘智媛

2008—2016 年我国中央银行资产负债表显示：资产负债增长波动较大，国际储备和贷款是基础货币投放的主要渠道，金融机构存款和流通中货币是基础货币形成的主要形态。

一、资产

资产从 2008 年的 20.7 万亿元增加到 2016 年的 34.4 万亿元，增加 13.7 万亿元，年均增加 1.7 万亿元。

资产增长波动较大，最高为 2010 年的 13.95%，最低为 2015 年的 -6.04%，年平均增长 6.68%。

资产结构中，金融资产占比为 99% 以上，非金融资产占比不足 0.3%。在金融资产中，国际储备资产平均占比为 70.6%，2013 年最高占比达 74.6%；贷款平均占比为 10.0%，2016 年最高占比达 21.5%；有价证券平均占比为 10.1%，由 2008 年的 16.7% 下降到 2016 年的 4.4%。上述三项在金融资产中平均占比达 90.9%。

二、负债

负债余额从 2008 年的 20.6 万亿元增加到 2016 年的 34.2 万亿元，增加 13.6 万亿元，年均增加 1.7 万亿元。

负债增长波动较大，最高为 2010 年的 13.92%，最低为 2015 年的 -5.75%，年平均增长 6.68%。

负债结构中，流通中货币平均占比为 20.0%，由 2008 年的 18.0% 上升到 2016 年的 21.8%；金融机构存款平均占比为 59.8%，由 2008 年的 45.0% 上升到 2016 年的 70.0%；发行票据平均占比为 8.4%，由 2008 年的 22.2% 下降到 2016 年的 0.1%。上述三项平均占比达 88.2%。

三、资产与负债

金融资产总额中，储备资产平均余额为 20.3 万亿元，贷款平均余额为 3.0 万亿元，有价证券平均余额为 2.7 万亿元。三项平均余额为 26.0 万亿元，占金融资产的 90.9%，是基础货币投放的主要渠道。

负债总额中，流通中货币平均余额为 5.8 万亿元，金融机构存款平均余额为 17.6 万亿元，两项总计为 23.4 万亿元，占全部负债的 81.6%，是基础货币形成的主要渠道。

　　2008 年至 2016 年，中央银行平均资产负债率为 99.0%，净值总额从 2008 年的 1220 亿元增加到 2016 年的 1925 亿元，增加 705 亿元，增加 0.58 倍，年均增加 88.1 亿元，年均增长率为 11.88%。

　　附件 1：中央银行资产负债增长速度分析简表

　　附件 2：中央银行资产负债结构简表

附件1

中央银行资产负债增长速度分析简表

单位：%

年度 项目	2009	2010	2011	2012	2013	2014	2015	2016	平均增速
一、资产	9.87	13.95	8.37	4.83	7.72	6.61	-6.03	8.14	6.68
（一）金融资产	9.89	13.98	8.38	4.83	7.73	6.62	-6.05	8.15	6.69
国际储备资产	24.65	15.22	6.29	3.80	11.10	0.85	-7.30	-2.84	6.47
在金融机构存款	181.96	24.24	-67.80	29.80	-6.49	41.66	-5.44	32.52	28.81
贷款	-2.19	3.60	-4.74	2.22	1.52	76.76	-2.43	109.94	23.09
有价证券	-12.58	3.71	18.09	-23.02	31.20	-59.12	0	-0.25	-5.25
买入返售证券					-100		-90.00	14450	4753
暂付及应收款	69.24	55.87	66.76	60.65	-41.29	-8.61	52.26	22.65	34.69
其他金融资产	-96.60	123.47	195.46	-6.31	165.76	350.39	-23.60	-106.3	75.29
（二）非金融资产	2.57	2.15	3.02	2.11	2.31	1.38	4.91	4.21	2.83
固定资产	2.57	2.15	3.02	2.11	2.31	1.38	4.91	4.21	2.83
在建工程									
抵债资产									
无形资产									
其他非金融资产									
二、负债	9.35	13.92	8.60	4.48	7.84	6.58	-5.75	8.42	6.68
权益性负债	0	0	0	0	0	0	0	0	0
流通中货币	11.96	17.06	14.81	8.59	7.15	3.34	4.07	7.15	9.27
金融机构存款	11.17	33.25	23.58	13.76	7.42	10.19	-8.39	14.94	13.24
发行票据	-8.12	-3.73	-42.37	-40.52	-44.08	-15.98	0.77	-92.39	-30.80
金融机构缴财政存款	40.68	51.13	7.68	5.33	26.93	18.34	-2.84	-15.83	16.43
财政存款	23.43	9.80	-8.77	-11.55	40.49	7.35	-15.56	-5.57	4.95
应付及暂收款	-42.53	345.44	140.89	-67.14	-41.04	-62.54	345.48	-67.69	68.86
其他负债	33.01	-75.54	-20.32	-58.98	216.65	-86.50	68.29	-81.07	-0.56
三、净值	97.30	16.77	-12.41	43.44	-2.40	9.15	-31.00	-25.83	11.88

附件 2

中央银行资产负债结构简表

单位：%

年度 项目	2008	2009	2010	2011	2012	2013	2014	2015	2016	平均占比
一、资产	100	100	100	100	100	100	100	100	100	100.0
（一）金融资产	99.7	99.8	99.8	99.8	99.8	99.8	99.8	99.8	99.8	99.8
国际储备资产	64.9	73.6	74.4	73.0	72.3	74.6	70.5	69.6	62.5	70.6
在金融机构存款	0.6	1.4	1.6	0.5	0.6	0.5	0.7	0.7	0.8	0.8
贷款	9.9	8.8	8.0	7.0	6.8	6.4	10.7	11.1	21.5	10.0
有价证券	16.7	13.3	12.1	13.2	9.7	11.8	4.5	4.8	4.4	10.1
买入返售证券	0	0	0	0	1.7	0	0.3	0	4.2	0.7
暂付及应收款	1.6	2.4	3.3	5.1	7.8	4.2	3.6	5.9	6.7	4.5
其他金融资产	6.1	0.2	0.4	1.0	0.9	2.2	9.5	7.7	−0.4	3.1
（二）非金融资产	0.3	0.2	0.2	0.2	0.2	0.2	0.2	0.2	0.2	0.2
固定资产	0.3	0.2	0.2	0.2	0.2	0.2	0.2	0.2	0.2	0.2
在建工程	0	0	0	0	0	0	0	0	0	0
抵债资产	0	0	0	0	0	0	0	0	0	0
无形资产	0	0	0	0	0	0	0	0	0	0
其他非金融资产	0	0	0	0	0	0	0	0	0	0
二、负债	100.0	100.0	100.0	100.0	100.0	100.0	100.0	100.0	100.0	100.0
权益性负债	0.1	0.1	0.1	0.1	0.1	0.1	0.1	0.1	0.1	0.1
流通中货币	18.0	18.3	18.8	19.9	20.6	20.5	19.9	22.0	21.8	20.0
金融机构存款	45.0	45.3	53.0	60.4	65.5	65.4	67.6	65.9	70.0	59.8
发行票据	22.2	18.5	15.6	8.3	4.7	2.4	1.9	2.1	0.1	8.4
金融机构缴财政存款	0.8	1.0	1.4	1.4	1.4	1.6	1.8	1.8	1.4	1.4
财政存款	7.4	8.3	8.0	6.7	5.7	7.4	7.5	6.7	5.9	7.1
应付及暂收款	0.3	0.1	0.5	1.2	0.4	0.2	0.1	0.3	0.1	0.4
其他负债	6.1	7.3	1.6	1.2	0.5	1.3	0.2	0.3	0.1	2.1

第九章　2008—2016 年国有其他存款性
金融机构资产负债表

第一节　2008—2016 年国有其他存款性
金融机构资产负债表编制说明

一、本表包括的机构范围为：政策性银行、国有商业银行、邮政储蓄银行、除民生银行和平安银行之外的全国性股份制商业银行、部分城市商业银行等，未包括政府和国有企业投资的村镇银行、农村商业银行等，国有银行在外设立的机构通过并表已包括在机构范围之内。

二、本表的时间范围：包括 2008 年至 2016 年 9 个年度的数据。

三、本表的数据来源和处理：主要来源于《中国金融年鉴》、已披露的监管报表以及典型调查和推算等。

四、填表说明

（一）资产

1. 金融资产

（1）现金和存款，现金是汇兑数，存款指国有其他存款性金融机构在非存款性金融机构（四大资产管理公司、财务公司、信托公司、金融租赁公司等）的存款。

（2）贵金属，是指国有其他存款性金融机构持有的黄金、白银等贵金属。

（3）存放中央银行款项，是指国有其他存款性金融机构在中央银行的存款。

（4）各项贷款，是指国有其他存款性金融机构发放给非金融机构和住户的各项款项，包括贷款、贴现、垫款和融资。本表的各项贷款并未分为对行政单位、事业单位、政府控制的非营利组织、国有企业的贷款等。这样在政府总体资产负债表合并时，可能会有一些误差。

（5）存放同业，是指国有其他存款性金融机构存放于境内外其他金融机构的款项。既有存放在国有其他存款性金融机构的款项，也有存放在非国有其他存款性金融机构的款项，还包括存放在非存款性金融机构的款项。本表的存放同业并未对上述项目进行细分。

（6）拆放同业，是指国有其他存款性金融机构拆借给境内外其他金融机构的款项。既有拆借给国有其他存款性金融机构的款项，也有拆借给非国有其他存款性金融机构的款项，还包括拆借给非存款性金融机构的款项。本表的拆放同业并未对上述项目进行细分。

（7）买入返售金融资产，是指国有其他存款性金融机构按照返售协议约定先买入再按固定价格返售的票据、证券、贷款等金融资产。

（8）证券投资，是指国有其他存款性金融机构持有的债券、股票和其他证券等的投资。

（9）衍生金融资产，是指国有其他存款性金融机构持有的衍生工具、套期工具、被套期项目中属于衍生金融资产的项目。

（10）应收及预付款，是指国有其他存款性金融机构的应收未收及预付款项。

（11）其他金融资产，是指除上述之外的金融资产。

2. 非金融资产

（1）固定资产，是指国有其他存款性金融机构持有的固定资产原值减去折旧的总额。

（2）在建工程，是指国有其他存款性金融机构对持有的尚未达到预定可使用状态的在建项目的投入金额。

（3）投资性房地产，是指国有其他存款性金融机构持有投资性房地产的金额。

（4）抵债资产，是指国有其他存款性金融机构取得的尚未处置的抵押资产的金额。

（5）无形资产，是指国有其他存款性金融机构持有的专利权、非专利技术、商标权、著作权、土地使用权、商誉等。

（6）其他非金融资产，是指除上述之外的非金融资产。

（二）负债

1. 权益性负债，是指国有其他存款性金融机构实收资本和部分未分配利润等。其中，国有资本包括财政部、地方政府、中央汇金公司、中证金公司、社保基金、国有金融企业和国有非金融企业等持有部分。

2. 向中央银行借款，是指国有其他存款性金融机构向中国人民银行借入的款项。

3. 各项存款，是指国有其他存款性金融机构吸收的非金融机构和住户的各项存款。各项存款中并未分为行政单位存款、事业单位存款、政府控制的非营利组织存款、国有企业存款等。

4. 同业存放，是指除中央银行之外的存款性金融机构存入的款项。与存放同业不同，同业存放的交易对象不包括非存款性金融机构。该指标并未细分为国有与非国有同业存放。

5. 同业拆入，是指国有其他存款性金融机构从除中央银行之外的存款性金融机构拆入的款项。与拆放同业不同，同业拆入的交易对象不包括非存款性金融机构。该指标并未细分为国有与非国有同业拆入。

6. 卖出回购金融资产，是指国有其他存款性金融机构按照回购协议先卖出再按固定价格买入的票据、证券、贷款等金融资产。该项目并未按交易对手进行详细分类。

7. 发行债务工具，是指国有其他存款性金融机构通过发行债券等方式融入的资金。

8. 衍生金融负债，是指国有其他存款性金融机构列入负债业务的衍生工具、套期项目、被套期项目中属于衍生金融负债的项目。

9. 其他应付款，是指除上述项目外，国有其他存款性金融机构的其他应付款项。

10. 其他负债，是指除上述之外的负债。

（三）净值

净值是总资产减去总负债的净额。

五、需要说明的几个问题

（一）国有其他存款性金融机构的界定标准为：一是从资本金结构看，凡是政府财政部门、政府事业部门及国有企业的投资额，均为国家投资；二是从控制人员的角度看，凡是政府控制重要人员的安排，重大决策的决定，均被认定为国有其他存款性金融机构。

（二）部分村镇银行由其他的国有机构控制，但由于规模占比较小，且无现有的统计数据支持，因此未纳入统计范围。农村商业银行、农村合作银行和农村信用社的股权结构较为分散，国有性质股权占比较低，因此也未纳入统计范围。

（三）因现有统计项目没有按交易对手详细分类，有些资产负债项目不能满足编制的要求，会出现数据合并后抵销不准问题。比如各项存款中，没有细分为行政机构、事业单位、政府控制的非营利性组织、国有企业的存款，而这些机构的存款有些可能存在非国有存款性金融机构，有些可能存在非存款性金融机构，这样在对存款合并时，可能多抵销了国有其他存款性金融机构的一部分负债。

第二节　2008—2016 年国有其他存款性
金融机构资产负债表

表 9 – 1　　　　　　2008—2016 年国有其他存款性金融机构资产负债表　　　　单位：亿元

年度 项目	2008	2009	2010	2011	2012	2013	2014	2015	2016
一、资产	527622	668684	793032	936042	1089566	1226922	1384993	1601145	1838859
（一）金融资产	517430	657396	780281	922663	1073871	1207732	1365558	1581405	1815176
现金和存款	2318	2544	3139	3893	4650	4954	5494	5055	5048
贵金属	512	715	1067	1570	2637	3234	3969	5068	6500
存放中央银行款项	78644	88300	112166	142008	159068	168657	184868	173258	194533
各项贷款	267500	356080	423839	498462	573245	651053	733117	832044	937667
存放同业	14162	19995	28791	46885	60340	58044	66400	67337	71297
拆放同业	3169	2770	2930	7311	7905	8912	9374	13153	14876
买入返售金融资产	19490	32063	38976	41530	58315	68103	67170	62175	37114
证券投资	127580	150631	164175	174067	199579	235102	284017	408244	529006
债券投资	123349	144524	147374	152146	166455	178550	195437	248142	301986
股权投资	1065	1103	3230	3587	4056	4283	4633	12958	23531
持有同业存单	0	0	0	0	0	112	1976	9739	21390
其他投资	3166	5004	13571	18334	29068	52157	81971	137405	182099
衍生金融资产	0	0	664	938	860	1494	1627	3591	5394
应收及预付款	2156	2284	1878	2288	2809	2385	2413	3696	5082
其他金融资产	1899	2014	2656	3711	4463	5794	7109	7784	8659
（二）非金融资产	10192	11288	12751	13379	15695	19190	19435	19740	23683
固定资产	4131	4284	4631	5241	5793	6435	7103	7526	7832
在建工程	439	782	956	1108	1431	1701	1783	1804	1647
投资性房地产	0	0	47	51	82	85	96	96	132
抵债资产	435	387	347	317	342	357	414	537	698
无形资产	1093	1141	1125	1123	1156	1208	1224	1237	1280

续表

项目＼年度	2008	2009	2010	2011	2012	2013	2014	2015	2016
其他非金融资产	4094	4694	5645	5539	6891	9404	8815	8540	12094
二、负债	506489	642855	756885	888592	1029579	1155246	1297216	1492997	1715889
权益性负债	17370	18022	20045	20908	21297	21927	24183	30044	32227
向中央银行借款	4260	4307	4396	3555	4719	6079	11260	11874	32193
各项存款	399333	514266	610538	705153	806316	901924	990926	1101611	1217620
同业存放	15460	22761	26098	36701	45113	51798	69179	86152	83527
同业拆入	5096	7315	6408	11029	13301	15346	14855	22318	25417
卖出回购金融资产	4669	7492	11082	15506	18109	18147	21497	29499	61234
发行债务工具	42326	51902	59726	76455	94068	107600	128654	169995	216996
衍生金融负债	0	0	656	754	832	1417	1554	3353	5085
其他应付款	11303	11330	12526	15325	20323	23312	25701	29469	31285
其他负债	6672	5460	5410	3206	5501	7696	9407	8682	10305
三、净值	21133	25829	36147	47450	59987	71676	87777	108148	122970

第三节　2008—2016 年国有其他存款性
金融机构资产负债表简要分析

刘智媛　白　玮

　　2008—2016 年国有其他存款性金融机构资产负债表显示：资产负债增长波动幅度较大，资产波动主要表现在金融资产特别是存放中央银行款项、各项贷款和证券投资三个主要项目上；负债波动主要表现在各项存款、发行债务工具和同业存放三个主要项目上。

一、资产

　　资产从 2008 年的 52.8 万亿元增加到 2016 年的 183.9 万亿元，增加 131.1 万亿元，年均增加 16.4 万亿元。

　　资产增长波动较大，最高为 2009 年的 26.74%，最低为 2013 年的 12.61%，年平均增长 16.96%。

　　资产结构中，金融资产占比为 98% 以上，非金融资产占比不足 2%。在金融资产中，存放中央银行款项平均占比为 13.4%，各项贷款平均占比为 52.5%，证券投资平均占比为 22.0%。上述三项在金融资产中平均占比为 89.2%。

二、负债

　　负债从 2008 年的 50.6 万亿元增加到 2016 年的 171.6 万亿元，增加 120.9 万亿元，年均增加 15.1 万亿元。

　　负债增长波动较大，最高为 2009 年的 26.92%，最低为 2013 年的 12.21%，年平均增长 16.56%。

　　负债结构中，各项存款平均占比为 77.4%，发行债务工具平均占比为 9.5%，同业存放平均占比为 4.3%。上述三项平均占比为 91.2%。

三、资产负债

　　资产年均增加额比负债多 1.3 万亿元，增速比负债快 0.40 个百分点。资产负债率由 2008 年的 92.7% 下降到 2016 年的 91.6%，总体呈下降趋势，平均为 92.4%。杠杆率（全部资本/全部资产）由 2008 年的 3.3% 降低到 2016 年的 1.7%，总体呈下降趋势，平均杠杆率为 2.2%。

　　附件 1：国有其他存款性金融机构资产负债项目增长分析表

　　附件 2：国有其他存款性金融机构资产负债项目结构分析表

附件1

国有其他存款性金融机构资产负债增长速度分析表　　　单位：%

项目　　　　　年度	2009	2010	2011	2012	2013	2014	2015	2016	平均增速
一、资产	26.74	18.60	18.03	16.40	12.61	12.88	15.61	14.85	16.96
（一）金融资产	27.05	18.69	18.25	16.39	12.47	13.07	15.81	14.78	17.06
现金和存款	9.75	23.39	24.02	19.45	6.54	10.90	-7.99	-0.14	10.74
贵金属	39.65	49.23	47.14	67.96	22.64	22.73	27.69	28.26	38.16
存放中央银行款项	12.28	27.03	26.61	12.01	6.03	9.61	-6.28	12.28	12.45
各项贷款	33.11	19.03	17.61	15.00	13.57	12.60	13.49	12.69	17.14
存放同业	41.19	43.99	62.85	28.70	-3.81	14.40	1.41	5.88	24.33
拆放同业	-12.59	5.78	149.52	8.12	12.74	5.18	40.31	13.10	27.77
买入返售金融资产	64.51	21.56	6.55	40.42	16.78	-1.37	-7.44	-40.31	12.59
证券投资	18.07	8.99	6.03	14.66	17.80	20.81	43.74	29.58	19.96
债券投资	17.17	1.97	3.24	9.40	7.27	9.46	26.97	21.70	12.15
股权投资	3.57	192.84	11.05	13.07	5.60	8.17	179.69	81.59	61.95
持有同业存单						1664.29	392.86	119.63	725.6
其他投资	58.05	171.20	35.10	58.55	79.43	57.16	67.63	32.53	69.96
衍生金融资产			41.27	-8.32	73.72	8.90	120.71	50.21	47.75
应收及预付款	5.94	-17.78	21.83	22.77	-15.09	1.17	53.17	37.50	13.69
其他金融资产	6.06	31.88	39.72	20.26	29.82	22.70	9.50	11.24	21.40
（二）非金融资产	10.75	12.96	4.93	17.31	22.27	1.28	1.57	19.97	11.38
固定资产	3.70	8.10	13.17	10.53	11.08	10.38	5.96	4.07	8.37
在建工程	78.13	22.25	15.90	29.15	18.87	4.82	1.18	-8.70	20.20
投资性房地产			8.51	60.78	3.66	12.94	0.00	37.50	20.57
抵债资产	-11.03	-10.34	-8.65	7.89	4.39	15.97	29.71	29.98	7.24
无形资产	4.39	-1.40	-0.18	2.94	4.50	1.32	1.06	3.48	2.01
其他非金融资产	14.66	20.26	-1.88	24.41	36.47	-6.26	-3.12	41.62	15.77
二、负债	26.92	17.74	17.40	15.87	12.21	12.29	15.09	14.93	16.56
权益性负债	3.75	11.23	4.31	1.86	2.96	10.29	24.24	7.27	8.24
向中央银行借款	1.10	2.07	-19.13	32.74	28.82	85.23	5.45	171.12	38.43
各项存款	28.78	18.72	15.50	14.35	11.86	9.87	11.17	10.53	15.10
同业存放	47.23	14.66	40.63	22.92	14.82	33.56	24.53	-3.05	24.41
同业拆入	43.54	-12.40	72.11	20.60	15.37	-3.20	50.24	13.89	25.02
卖出回购金融资产	60.46	47.92	39.92	16.79	0.21	18.46	37.22	107.58	41.07
发行债务工具	22.62	15.07	28.01	23.04	14.39	19.57	32.13	27.65	22.81
衍生金融负债			14.94	10.34	70.31	9.67	115.77	51.66	45.45
其他应付款	0.24	10.56	22.35	32.61	14.71	10.25	14.66	6.16	13.94
其他负债	-18.17	-0.92	-40.74	71.58	39.90	22.23	-7.71	18.69	10.61
三、净资产	22.22	39.95	31.27	26.42	19.49	22.46	23.21	13.71	24.84

附件2

国有其他存款性金融机构资产负债结构分析表　　　单位：%

项目 ＼ 年度	2008	2009	2010	2011	2012	2013	2014	2015	2016	平均占比
一、资产	100.0	100.0	100.0	100.0	100.0	100.0	100.0	100.0	100.0	100.0
（一）金融资产	98.1	98.3	98.4	98.6	98.6	98.4	98.6	98.8	98.7	98.5
现金和存款	0.4	0.4	0.4	0.4	0.4	0.4	0.4	0.3	0.3	0.4
贵金属	0.1	0.1	0.1	0.2	0.2	0.3	0.3	0.3	0.4	0.2
存放中央银行款项	14.9	13.2	14.1	15.2	14.6	13.7	13.3	10.8	10.6	13.4
各项贷款	50.7	53.3	53.4	53.3	52.6	53.1	52.9	52.0	51.0	52.5
存放同业	2.7	3.0	3.6	5.0	5.5	4.7	4.8	4.2	3.9	4.2
拆放同业	0.6	0.4	0.4	0.8	0.7	0.7	0.7	0.8	0.8	0.7
买入返售金融资产	3.7	4.8	4.9	4.4	5.4	5.6	4.8	3.9	2.0	4.4
证券投资	24.2	22.5	20.7	18.6	18.3	19.2	20.5	25.5	28.8	22.0
债券投资	23.4	21.6	18.6	16.3	15.3	14.6	14.1	15.5	16.4	17.3
股权投资	0.2	0.2	0.4	0.4	0.4	0.3	0.3	0.8	1.3	0.5
持有同业存单	0	0	0	0	0	0	0.1	0.6	1.2	0.2
其他投资	0.6	0.7	1.7	2.0	2.7	4.3	5.9	8.6	9.9	4.0
衍生金融资产	0	0	0.1	0.1	0.1	0.1	0.1	0.2	0.3	0.1
应收及预付款	0.4	0.3	0.2	0.2	0.3	0.2	0.2	0.2	0.3	0.3
其他金融资产	0.4	0.3	0.3	0.4	0.4	0.5	0.5	0.5	0.5	0.4
（二）非金融资产	1.9	1.7	1.6	1.4	1.4	1.6	1.4	1.2	1.3	1.5
固定资产	0.8	0.6	0.6	0.6	0.5	0.5	0.5	0.4	0.4	0.6
在建工程	0.1	0.1	0.1	0.1	0.1	0.1	0.1	0.1	0.1	0.1
投资性房地产	0	0	0	0	0	0	0	0	0	0
抵债资产	0.1	0.1	0	0	0	0	0	0	0	0
无形资产	0.2	0.2	0.1	0.1	0.1	0.1	0.1	0.1	0.1	0.1
其他非金融资产	0.8	0.7	0.7	0.6	0.6	0.8	0.6	0.5	0.7	0.7
二、负债	100.0	100.0	100.0	100.0	100.0	100.0	100.0	100.0	100.0	100.0
权益性负债	3.4	2.8	2.6	2.4	2.1	1.9	1.9	2.0	1.9	2.3
向中央银行借款	0.8	0.7	0.6	0.4	0.5	0.5	0.9	0.8	1.9	0.8
各项存款	78.8	80.0	80.7	79.4	78.3	78.1	76.4	73.8	71.0	77.4
同业存放	3.1	3.5	3.4	4.1	4.4	4.5	5.3	5.8	4.9	4.3
同业拆入	1.0	1.1	0.8	1.2	1.3	1.3	1.1	1.5	1.5	1.2
卖出回购金融资产	0.9	1.2	1.5	1.7	1.8	1.6	1.7	2.0	3.6	1.8
发行债务工具	8.4	8.1	7.9	8.6	9.1	9.3	9.9	11.4	12.6	9.5
衍生金融负债	0	0	0.1	0.1	0.1	0.1	0.1	0.2	0.3	0.1
其他应付款	2.2	1.8	1.7	1.7	2.0	2.0	2.0	2.0	1.8	1.9
其他负债	1.3	0.8	0.7	0.4	0.5	0.7	0.7	0.6	0.6	0.7

第十章 2008—2016 年国有存款性
金融机构资产负债表

第一节 2008—2016 年国有存款性
金融机构资产负债表编制说明

本报表根据 2008—2016 年中央银行资产负债表和 2008—2016 年国有其他存款性金融机构资产负债表编制而成。

一、资产

（一）金融资产

1. 国际储备资产，其数据为中央银行资产负债表的同类项目。

2. 现金和存款，其数据为中央银行资产负债表中的"在金融机构存款"和国有其他存款性金融机构资产负债表中的"现金和存款"、"存放中央银行款项"、"存放同业"等项目数据的汇总。

3. 各项贷款，其数据为中央银行资产负债表中"贷款"和国有其他存款性金融机构资产负债表中"各项贷款"、"拆放同业"等项目数据的汇总。

4. 有价证券，其数据为中央银行资产负债表中的"有价证券"和国有其他存款性金融机构资产负债表中的"证券投资"项目数据的汇总，减去国有其他存款性金融机构之间持有的有价证券及与中央银行间持有的有价证券。因数据分类限制，现为"有价证券"和"证券投资"项目数据的汇总。

5. 买入返售金融资产，其数据为中央银行资产负债表中的"买入返售证券"和国有其他存款性金融机构资产负债表中的"买入返售金融资产"项目数据的汇总。

6. 衍生金融资产，其数据为国有其他存款性金融机构资产负债表中的"衍生金融资产"。

7. 暂付应收款，其数据为中央银行资产负债表中的"暂付及应收款"和国有其他存款性金融机构资产负债表中的"应收及预付款"项目数据的汇总。

8. 其他金融资产，其数据为中央银行资产负债表中的"其他金融资产"和国有其他存款性金融机构资产负债表中的"其他金融资产"、"贵金属"项目数据的汇总。

（二）非金融资产

1. 固定资产，其数据为两张报表相同项目数据的汇总。

2. 在建工程，其数据为两张报表相同项目数据的汇总。

3. 投资性房地产，其数据为国有其他存款性金融机构资产负债表中的"投资性房地产"。

4. 抵债资产，其数据为两张报表相同项目数据的汇总。

5. 无形资产，其数据为两张报表相同项目数据的汇总。

6. 其他非金融资产，其数据为两张报表相同项目数据的汇总。

二、负债

1. 权益性负债，其数据为两张报表同类项目数据的汇总。

2. 流通中货币，其数据为中央银行资产负债表中"流通中货币"项目。

3. 各项存款，其数据为中央银行资产负债表中"金融机构存款"、"金融机构缴财政存款"、"财政存款"和国有其他存款性金融机构资产负债表中"各项存款"、"同业存放"项目数据的汇总。

4. 各项贷款，其数据为国有其他存款性金融机构资产负债表中的"向中央银行借款"、"同业拆入"项目数据的汇总。

5. 有价证券，其数据为中央银行资产负债表中"发行票据"和国有其他存款性金融机构资产负债表中"发行债务工具"项目数据的汇总。

6. 卖出回购金融资产，其数据为国有其他存款性金融机构资产负债表中的"卖出回购金融资产"。

7. 衍生金融负债，其数据为国有其他存款性金融机构资产负债表中"衍生金融负债"。

8. 应付暂收款，其数据为中央银行资产负债表中"应付及暂收款"和国有其他存款性金融机构资产负债表中"其他应付款"项目数据的汇总。

9. 其他负债，其数据为两张报表相同项目的汇总。

三、净值

净值，其数据为两张报表相同项目的汇总。

四、合并报表的编制

（一）中央银行资产负债表资产方的"在金融机构存款"与国有其他存款性金融机构资产负债表负债方"各项存款"合并，国有其他存款性金融机构资产负债表资产方"现金和存款"按现金与存款的比例分别与中央银行资产负债表负债方"流通中的货币"、国有其他存款性金融机构资产负债表负债方"各项存款"合并。

（二）国有其他存款性金融机构资产负债表中资产方"贷款"中的"拆放同业"应与负债方"贷款"中的"同业拆入"合并。合并后的贷款应是中央银行资产负债表资产方"贷款"减去国有其他存款性金融机构资产负债表负债方"向中央银行借款"，再加上国有其他存款性金融机构资产负债表的已经合并的"贷款"。

（三）中央银行和国有其他存款性金融机构资产负债表资产方"买入返售金融资产"应与其相互持有的负债方"卖出回购金融资产"合并。

（四）中央银行和国有其他存款性金融机构资产负债表资产方"有价证券"应与其相互持有的负债方"有价证券"合并。

（五）中央银行和国有其他存款性金融机构资产负债表资产方"应收预付款"应与其相互持有的负债方"应付预收款"合并。

第二节 2008—2016 年国有存款性金融机构资产负债表

表 10 – 1   **2008—2016 年国有存款性金融机构资产负债表**   单位：亿元

年度 项目	2008	2009	2010	2011	2012	2013	2014	2015	2016
一、资产	734718	896214	1052307	1217020	1384103	1544201	1723242	1918982	2182571
（一）金融资产	723982	884369	1038986	1203054	1367809	1524397	1703185	1898590	2158208
国际储备资产	134382	167508	192998	205144	212944	236583	238597	221179	214897
现金和存款	96290	114127	148181	194102	225766	233252	259024	247789	273713
各项贷款	291076	378809	447447	525472	601286	680407	778623	880451	1026557
有价证券	162231	180923	195591	211167	228137	272571	299335	423562	544285
买入返售金融资产	19490	32063	38976	41530	63295	68103	68170	62275	51664
衍生金融资产	0	0	664	938	860	1494	1627	3591	5394
暂付应收款	5402	7777	10440	16566	25747	15852	14720	22435	28066
其他金融资产	15111	3161	4689	8136	9774	16135	43089	37307	13631
（二）非金融资产	10736	11846	13321	13966	16294	19803	20057	20392	24363
固定资产	4675	4842	5201	5828	6392	7048	7725	8178	8512
在建工程	439	782	956	1108	1431	1701	1783	1804	1647
投资性房地产	0	0	47	51	82	85	96	96	132
抵债资产	435	387	347	317	342	357	414	537	698
无形资产	1093	1141	1125	1123	1156	1208	1224	1237	1280
其他非金融资产	4094	4694	5645	5539	6891	9404	8815	8540	12094
二、负债	712365	867979	1013349	1167108	1320585	1469078	1631703	1808239	2057675
权益性负债	17590	18242	20265	21128	21517	22147	24403	30264	32447
流通中货币	37116	41556	48646	55850	60646	64981	67151	69886	74884
各项存款	524455	661307	798236	934288	1065230	1189705	1319880	1424260	1566790
各项贷款	9356	11622	10804	14584	18020	21425	26115	34192	57610
有价证券	88106	93966	100223	99792	107948	115362	135176	176567	217496
卖出回购金融资产	4669	7492	11082	15506	18109	18147	21497	29499	61234
衍生金融负债	0	0	656	754	832	1417	1554	3353	5085
应付暂收款	11858	11649	13948	18750	21448	23976	25950	30576	31643
其他负债	19216	22144	9490	6457	6835	11919	9977	9641	10487
三、净值	22353	28236	38957	49912	63518	75122	91539	110743	124895

表 10 - 2   **2008—2016 年中央银行资产负债表**   单位：亿元

年度 项目	2008	2009	2010	2011	2012	2013	2014	2015	2016
一、资产	207096	227530	259275	280978	294537	317279	338249	317837	343712
（一）金融资产	206552	226973	258705	280391	293938	316665	337627	317185	343032
国际储备资产	134382	167508	192998	205144	212944	236583	238597	221179	214898
在金融机构存款	1166	3288	4085	1316	1708	1597	2262	2139	2835
贷款	20407	19959	20678	19699	20136	20442	36132	35254	74014
有价证券	34651	30292	31416	37100	28558	37469	15318	15318	15279
买入返售证券	0	0	0	0	4980	0	1000	100	14550
暂付及应收款	3246	5493	8562	14278	22938	13467	12307	18739	22984
其他金融资产	12700	432	966	2855	2674	7107	32011	24455	- 1528
（二）非金融资产	544	558	570	587	599	613	622	652	680
固定资产	544	558	570	587	599	613	622	652	680
在建工程									
抵债资产									
无形资产									
其他非金融资产									
二、负债	205876	225124	256464	278516	291006	313832	334487	315242	341786
权益性负债	220	220	220	220	220	220	220	220	220
流通中货币	37116	41556	48646	55850	60646	64981	67151	69886	74884
金融机构存款	92698	103054	137322	169700	193048	207372	228500	209318	240580
发行票据	45780	42064	40497	23337	13880	7762	6522	6572	500
金融机构缴财政存款	1671	2351	3552	3825	4029	5114	6052	5880	4949
财政存款	15293	18876	20725	18908	16724	23496	25223	21299	20114
应付及暂收款	555	319	1422	3425	1125	664	249	1107	358
其他负债	12544	16684	4080	3251	1334	4223	570	959	182
三、净值	1220	2407	2811	2462	3531	3446	3762	2595	1925

表 10 – 3 　　　　　　　**2008—2016 年国有其他存款性金融机构资产负债表**　　　　　单位：亿元

年度 项目	2008	2009	2010	2011	2012	2013	2014	2015	2016
一、资产	527622	668684	793032	936042	1089566	1226922	1384993	1601145	1838859
（一）金融资产	517430	657396	780281	922663	1073871	1207732	1365558	1581405	1815176
现金和存款	2318	2544	3139	3893	4650	4954	5494	5055	5048
贵金属	512	715	1067	1570	2637	3234	3969	5068	6500
存放中央银行款项	78644	88300	112166	142008	159068	168657	184868	173258	194533
各项贷款	267500	356080	423839	498462	573245	651053	733117	832044	937667
存放同业	14162	19995	28791	46885	60340	58044	66400	67337	71297
拆放同业	3169	2770	2930	7311	7905	8912	9374	13153	14876
买入返售金融资产	19490	32063	38976	41530	58315	68103	67170	62175	37114
证券投资	127580	150631	164175	174067	199579	235102	284017	408244	529006
债券投资	123349	144524	147374	152146	166455	178550	195437	248142	301986
股权投资	1065	1103	3230	3587	4056	4283	4633	12958	23531
持有同业存单	0	0	0	0	112	1976	9739	21390	
其他投资	3166	5004	13571	18334	29068	52157	81971	137405	182099
衍生金融资产	0	0	664	938	860	1494	1627	3591	5394
应收及预付款	2156	2284	1878	2288	2809	2385	2413	3696	5082
其他金融资产	1899	2014	2656	3711	4463	5794	7109	7784	8659
（二）非金融资产	10192	11288	12751	13379	15695	19190	19435	19740	23683
固定资产	4131	4284	4631	5241	5793	6435	7103	7526	7832
在建工程	439	782	956	1108	1431	1701	1783	1804	1647
投资性房地产	0	0	47	51	82	85	96	96	132
抵债资产	435	387	347	317	342	357	414	537	698
无形资产	1093	1141	1125	1123	1156	1208	1224	1237	1280
其他非金融资产	4094	4694	5645	5539	6891	9404	8815	8540	12094
二、负债	506489	642855	756885	888592	1029579	1155246	1297216	1492997	1715889
权益性负债	17370	18022	20045	20908	21297	21927	24183	30044	32227
向中央银行借款	4260	4307	4396	3555	4719	6079	11260	11874	32193
各项存款	399333	514266	610538	705153	806316	901924	990926	1101611	1217620
同业存放	15460	22761	26098	36701	45113	51798	69179	86152	83527
同业拆入	5096	7315	6408	11029	13301	15346	14855	22318	25417
卖出回购金融资产	4669	7492	11082	15506	18109	18147	21497	29499	61234
发行债务工具	42326	51902	59726	76455	94068	107600	128654	169995	216996
衍生金融负债	0	0	656	754	832	1417	1554	3353	5085
其他应付款	11303	11330	12526	15325	20323	23312	25701	29469	31285
其他负债	6672	5460	5410	3206	5501	7696	9407	8682	10305
三、净值	21133	25829	36147	47450	59987	71676	87777	108148	122970

表 10 – 4   **2008 年国有存款性金融机构资产负债表**   单位：亿元

项目 ＼ 部门	国有存款性金融机构合计	中央银行	国有其他存款性金融机构
一、资产	734718	207096	527622
（一）金融资产	723982	206552	517430
国际储备资产	134382	134382	
现金和存款	96290	1166	95124
各项贷款	291076	20407	270669
有价证券	162231	34651	127580
买入返售金融资产	19490	0	19490
衍生金融资产	0		0
暂付应收款	5402	3246	2156
其他金融资产	15111	12700	2411
（二）非金融资产	10736	544	10192
固定资产	4675	544	4131
在建工程	439		439
投资性房地产	0		0
抵债资产	435		435
无形资产	1093		1093
其他非金融资产	4094		4094
二、负债	712365	205876	506489
权益性负债	17590	220	17370
流通中货币	37116	37116	
各项存款	524455	109662	414793
各项贷款	9356		9356
有价证券	88106	45780	42326
卖出回购金融资产	4669		4669
衍生金融负债	0		0
应付暂收款	11858	555	11303
其他负债	19216	12544	6672
三、净值	22353	1220	21133

表 10 – 5　　　　　　　　2009 年国有存款性金融机构资产负债表　　　　　　　单位：亿元

部门 项目	国有存款性金融机构合计	中央银行	国有其他存款性金融机构
一、资产	896214	227530	668684
（一）金融资产	884369	226973	657396
国际储备资产	167508	167508	
现金和存款	114127	3288	110839
各项贷款	378809	19959	358850
有价证券	180923	30292	150631
买入返售金融资产	32063	0	32063
衍生金融资产	0		0
暂付应收款	7777	5493	2284
其他金融资产	3161	432	2729
（二）非金融资产	11846	558	11288
固定资产	4842	558	4284
在建工程	782		782
投资性房地产	0		0
抵债资产	387		387
无形资产	1141		1141
其他非金融资产	4694		4694
二、负债	867979	225124	642855
权益性负债	18242	220	18022
流通中货币	41556	41556	
各项存款	661307	124280	537027
各项贷款	11622		11622
有价证券	93966	42064	51902
卖出回购金融资产	7492		7492
衍生金融负债	0		0
应付暂收款	11649	319	11330
其他负债	22144	16684	5460
三、净值	28236	2407	25829

表 10 - 6 　　　　　　　　　　　**2010 年国有存款性金融机构资产负债表** 　　　　　　　　单位：亿元

项目 ＼ 部门	国有存款性金融机构合计	中央银行	国有其他存款性金融机构
一、资产	1052307	259275	793032
（一）金融资产	1038986	258705	780281
国际储备资产	192998	192998	
现金和存款	148181	4085	144096
各项贷款	447447	20678	426769
有价证券	195591	31416	164175
买入返售金融资产	38976	0	38976
衍生金融资产	664		664
暂付应收款	10440	8562	1878
其他金融资产	4689	966	3723
（二）非金融资产	13321	570	12751
固定资产	5201	570	4631
在建工程	956		956
投资性房地产	47		47
抵债资产	347		347
无形资产	1125		1125
其他非金融资产	5645		5645
二、负债	1013349	256464	756885
权益性负债	20265	220	20045
流通中货币	48646	48646	
各项存款	798236	161600	636636
各项贷款	10804		10804
有价证券	100223	40497	59726
卖出回购金融资产	11082		11082
衍生金融负债	656		656
应付暂收款	13948	1422	12526
其他负债	9490	4080	5410
三、净值	38957	2810	36147

表 10 – 7　　　　　　　　2011 年国有存款性金融机构资产负债表　　　　　单位：亿元

部门 项目	国有存款性金融机构合计	中央银行	国有其他存款性金融机构
一、资产	1217020	280978	936042
（一）金融资产	1203054	280391	922663
国际储备资产	205144	205144	
现金和存款	194102	1316	192786
各项贷款	525472	19699	505773
有价证券	211167	37100	174067
买入返售金融资产	41530	0	41530
衍生金融资产	938		938
暂付应收款	16566	14278	2288
其他金融资产	8136	2855	5281
（二）非金融资产	13966	587	13379
固定资产	5828	587	5241
在建工程	1108		1108
投资性房地产	51		51
抵债资产	317		317
无形资产	1123		1123
其他非金融资产	5539		5539
二、负债	1167108	278516	888592
权益性负债	21128	220	20908
流通中货币	55850	55850	
各项存款	934288	192434	741854
各项贷款	14584		14584
有价证券	99792	23337	76455
卖出回购金融资产	15506		15506
衍生金融负债	754		754
应付暂收款	18750	3425	15325
其他负债	6457	3251	3206
三、净值	49912	2462	47450

表 10－8　　　　　　　**2012 年国有存款性金融机构资产负债表**　　　单位：亿元

项目＼部门	国有存款性金融机构合计	中央银行	国有其他存款性金融机构
一、资产	1384103	294537	1089566
（一）金融资产	1367809	293938	1073871
国际储备资产	212944	212944	
现金和存款	225766	1708	224058
各项贷款	601286	20136	581150
有价证券	228137	28558	199579
买入返售金融资产	63295	4980	58315
衍生金融资产	860		860
暂付应收款	25747	22938	2809
其他金融资产	9774	2674	7100
（二）非金融资产	16294	599	15695
固定资产	6392	599	5793
在建工程	1431		1431
投资性房地产	82		82
抵债资产	342		342
无形资产	1156		1156
其他非金融资产	6891		6891
二、负债	1320585	291006	1029579
权益性负债	21517	220	21297
流通中货币	60646	60646	
各项存款	1065230	213801	851429
各项贷款	18020		18020
有价证券	107948	13880	94068
卖出回购金融资产	18109		18109
衍生金融负债	832		832
应付暂收款	21448	1125	20323
其他负债	6835	1334	5501
三、净值	63518	3531	59987

表 10 – 9　　　　　　　　2013 年国有存款性金融机构资产负债表　　　　　　单位：亿元

项目 ＼ 部门	国有存款性金融机构合计	中央银行	国有其他存款性金融机构
一、资产	1544201	317279	1226922
（一）金融资产	1524397	316665	1207732
国际储备资产	236583	236583	
现金和存款	233252	1597	231655
各项贷款	680407	20442	659965
有价证券	272571	37469	235102
买入返售金融资产	68103	0	68103
衍生金融资产	1494		1494
暂付应收款	15852	13467	2385
其他金融资产	16135	7107	9028
（二）非金融资产	19803	613	19190
固定资产	7048	613	6435
在建工程	1701		1701
投资性房地产	85		85
抵债资产	357		357
无形资产	1208		1208
其他非金融资产	9404		9404
二、负债	1469078	313832	1155246
权益性负债	22147	220	21927
流通中货币	64981	64981	
各项存款	1189705	235983	953722
各项贷款	21425		21425
有价证券	115362	7762	107600
卖出回购金融资产	18147		18147
衍生金融负债	1417		1417
应付暂收款	23976	664	23312
其他负债	11919	4223	7696
三、净值	75122	3446	71676

表 10－10　　　　　　　　　　　**2014 年国有存款性金融机构资产负债表**　　　　　　　单位：亿元

部门 项目	国有存款性金融机构合计	中央银行	国有其他存款性金融机构
一、资产	1723242	338249	1384993
（一）金融资产	1703185	337627	1365558
国际储备资产	238597	238597	
现金和存款	259024	2262	256762
各项贷款	778623	36132	742491
有价证券	299335	15318	284017
买入返售金融资产	68170	1000	67170
衍生金融资产	1627		1627
暂付应收款	14720	12307	2413
其他金融资产	43089	32011	11078
（二）非金融资产	20057	622	19435
固定资产	7725	622	7103
在建工程	1783		1783
投资性房地产	96		96
抵债资产	414		414
无形资产	1224		1224
其他非金融资产	8815		8815
二、负债	1631703	334487	1297216
权益性负债	24403	220	24183
流通中货币	67151	67151	
各项存款	1319880	259775	1060105
各项贷款	26115		26115
有价证券	135176	6522	128654
卖出回购金融资产	21497		21497
衍生金融负债	1554		1554
应付暂收款	25950	249	25701
其他负债	9977	570	9407
三、净值	91539	3762	87777

表 10 – 11   2015 年国有存款性金融机构资产负债表   单位：亿元

项目 ＼ 部门	国有存款性金融机构合计	中央银行	国有其他存款性金融机构
一、资产	1918982	317837	1601145
（一）金融资产	1898590	317185	1581405
国际储备资产	221179	221179	
现金和存款	247789	2139	245650
各项贷款	880451	35254	845197
有价证券	423562	15318	408244
买入返售金融资产	62275	100	62175
衍生金融资产	3591		3591
暂付应收款	22435	18739	3696
其他金融资产	37307	24455	12852
（二）非金融资产	20392	652	19740
固定资产	8178	652	7526
在建工程	1804		1804
投资性房地产	96		96
抵债资产	537		537
无形资产	1237		1237
其他非金融资产	8540		8540
二、负债	1808239	315242	1492997
权益性负债	30264	220	30044
流通中货币	69886	69886	
各项存款	1424260	236497	1187763
各项贷款	34192		34192
有价证券	176567	6572	169995
卖出回购金融资产	29499		29499
衍生金融负债	3353		3353
应付暂收款	30576	1107	29469
其他负债	9641	959	8682
三、净值	110743	2595	108148

表 10 – 12   **2016 年国有存款性金融机构资产负债表**   单位：亿元

项目＼部门	国有存款性金融机构合计	中央银行	国有其他存款性金融机构
一、资产	2182571	343712	1838859
（一）金融资产	2158208	343032	1815176
国际储备资产	214898	214898	
现金和存款	273713	2835	270878
各项贷款	1026557	74014	952543
有价证券	544285	15279	529006
买入返售金融资产	51664	14550	37114
衍生金融资产	5394		5394
暂付应收款	28066	22984	5082
其他金融资产	13631	– 1528	15159
（二）非金融资产	24363	680	23683
固定资产	8512	680	7832
在建工程	1647		1647
投资性房地产	132		132
抵债资产	698		698
无形资产	1280		1280
其他非金融资产	12094		12094
二、负债	2057675	341786	1715889
权益性负债	32447	220	32227
流通中货币	74884	74884	
各项存款	1566790	265643	1301147
各项贷款	57610		57610
有价证券	217496	500	216996
卖出回购金融资产	61234		61234
衍生金融负债	5085		5085
应付暂收款	31643	358	31285
其他负债	10487	182	10305
三、净值	124895	1925	122970

第三节　2008—2016 年国有存款性
金融机构资产负债表简要分析

朱尔茜　　白　玮

2008—2016 年国有存款性金融机构资产负债表显示：资产和负债增长较平稳，波动幅度不大，资产负债率较高。

一、资产

资产总额从 2008 年的 73.5 万亿元增加到 2016 年的 218.3 万亿元，增加 144.8 万亿元，增长 1.97 倍，年均增加 18.1 万亿元。其中，中央银行增加 13.7 万亿元，年均增加 1.7 万亿元；国有其他存款性金融机构增加 131.1 万亿元，年均增加 16.4 万亿元。

总资产中，各类机构的平均占比分别是：中央银行占比为 21.6%，国有其他存款性金融机构占比为 78.4%。资产年均增长 14.63%，其中，中央银行金融资产平均增长 6.69%，中央银行非金融资产平均增长 2.83%，国有其他存款性金融机构金融资产平均增长 17.06%，国有其他存款性金融机构非金融资产平均增长 11.38%。资产增速波动整体呈由递减至增的模式，总体波动不大，最高为 2009 年的 21.98%，最低为 2015 年的 11.36%。

从资产构成来看，金融资产平均占比为 98.8%，非金融资产平均占比为 1.2%。在金融资产中，国际储备资产平均占比为 15.3%，现金和存款平均占比为 14.2%，各项贷款平均占比为 43.7%，有价证券平均占比为 19.6%。上述四项占金融资产的 94.0%。在非金融资产中，固定资产平均占比为 0.5%，其他非金融资产平均占比为 0.5%。上述两项占非金融资产的 82.1%。

二、负债

负债总额从 2008 年的 71.2 万亿元增加到 2016 年的 205.8 万亿元，增加 134.5 万亿元，增加 1.89 倍，年均增加 16.8 万亿元。其中，中央银行增加 13.6 万亿元，年均增加 1.7 万亿元；国有其他存款性金融机构增加 120.9 万亿元，年均增加 15.1 万亿元。

总负债中，各类机构的平均占比分别是：中央银行占比为 22.4%，国有其他存款性金融机构占比为 77.6%。

负债年均增长 14.23%，其中，中央银行增长 6.68%，国有其他存款性金融机构增长 16.56%。负债增速波动呈由递减至增的模式，总体波动不大，最高为 2009 年的 21.84%，最低为 2015 年的 10.82%，其中，中央银行波动较大，最高为 2010 年的 13.92%，最低为 2015 年的 -5.75%。

从负债结构来看，各项存款平均占比为 78.5%，有价证券平均占比为 9.6%，流通中货币平均占比为 4.5%。上述项目占负债的 92.5%。

三、资产与负债

2008 年至 2016 年，国有存款性金融机构平均资产负债率为 93.8%，其中，中央银行为 99.0%，国有其他存款性金融机构为 92.4%。

附件 1：2008—2016 年国有存款性金融机构资产负债项目结构分析表

附件 2：2008—2016 年国有存款性金融机构资产负债分机构结构分析表

附件 3：2008—2016 年国有存款性金融机构资产负债项目增长分析表

附件 4：2008—2016 年国有存款性金融机构资产负债分机构增长分析表

附件 1

2008—2016 年国有存款性金融机构资产负债项目结构分析表　　　单位：%

项目 \ 年度	2008	2009	2010	2011	2012	2013	2014	2015	2016	平均占比
一、资产	100.0	100.0	100.0	100.0	100.0	100.0	100.0	100.0	100.0	100.0
（一）金融资产	98.5	98.7	98.7	98.9	98.8	98.7	98.8	98.9	98.9	98.8
国际储备资产	18.3	18.7	18.3	16.9	15.4	15.3	13.8	11.5	9.8	15.3
现金和存款	13.1	12.7	14.1	15.9	16.3	15.1	15.0	12.9	12.5	14.2
各项贷款	39.6	42.3	42.5	43.2	43.4	44.1	45.2	45.9	47.0	43.7
有价证券	22.1	20.2	18.6	17.4	16.5	17.7	17.4	22.1	24.9	19.6
买入返售金融资产	2.7	3.6	3.7	3.4	4.6	4.4	4.0	3.2	2.4	3.5
衍生金融资产	0	0	0.1	0.1	0.1	0.1	0.1	0.2	0.2	0.1
暂付应收款	0.7	0.9	1.0	1.4	1.9	1.0	0.9	1.2	1.3	1.1
其他金融资产	2.1	0.4	0.4	0.7	0.7	1.0	2.5	1.9	0.6	1.1
（二）非金融资产	1.5	1.3	1.3	1.1	1.2	1.3	1.2	1.1	1.1	1.2
固定资产	0.6	0.5	0.5	0.5	0.5	0.5	0.4	0.4	0.4	0.5
在建工程	0.1	0.1	0.1	0.1	0.1	0.1	0.1	0.1	0.1	0.1
投资性房地产	0	0	0	0	0	0	0	0	0	0
抵债资产	0.1	0	0	0	0	0	0	0	0	0
无形资产	0.1	0.1	0.1	0.1	0.1	0.1	0.1	0.1	0.1	0.1
其他非金融资产	0.6	0.5	0.5	0.5	0.5	0.6	0.5	0.4	0.6	0.5
二、负债	100.0	100.0	100.0	100.0	100.0	100.0	100.0	100.0	100.0	100.0
权益性负债	2.5	2.1	2.0	1.8	1.6	1.5	1.5	1.7	1.6	1.8
流通中货币	5.2	4.8	4.8	4.8	4.6	4.4	4.1	3.9	3.6	4.5
各项存款	73.6	76.2	78.8	80.1	80.7	81.0	80.9	78.8	76.1	78.5
各项贷款	1.3	1.3	1.1	1.2	1.4	1.5	1.6	1.9	2.8	1.6
有价证券	12.4	10.8	9.9	8.6	8.2	7.9	8.3	9.8	10.6	9.6
卖出回购金融资产	0.7	0.9	1.1	1.3	1.4	1.2	1.3	1.6	3.0	1.4
衍生金融负债	0	0	0.1	0.1	0.1	0.1	0.1	0.2	0.2	0.1
应付暂收款	1.7	1.3	1.4	1.6	1.6	1.6	1.6	1.7	1.5	1.6
其他负债	2.7	2.6	0.9	0.6	0.5	0.8	0.6	0.5	0.5	1.1

附件 2

2008—2016 年国有存款性金融机构资产负债分机构结构分析表　　　单位：%

年度 项目	2008	2009	2010	2011	2012	2013	2014	2015	2016	平均占比
一、资产	100.0	100.0	100.0	100.0	100.0	100.0	100.0	100.0	100.0	100.0
（一）金融资产	98.5	98.7	98.7	98.9	98.8	98.7	98.8	98.9	98.9	98.8
中央银行	28.1	25.3	24.6	23.0	21.2	20.5	19.6	16.5	15.7	21.6
其他存款性金融机构	70.4	73.4	74.1	75.8	77.6	78.2	79.2	82.4	83.2	77.2
（二）非金融资产	1.5	1.3	1.3	1.1	1.2	1.3	1.2	1.1	1.1	1.2
中央银行	0.1	0.1	0.1	0	0	0	0	0	0	0
其他存款性金融机构	1.4	1.3	1.2	1.1	1.1	1.2	1.1	1.0	1.1	1.2
二、负债	100	100	100	100	100	100	100	100	100	100
中央银行	28.9	25.9	25.3	23.9	22.0	21.4	20.5	17.4	16.6	22.4
其他存款性金融机构	71.1	74.1	74.7	76.1	78.0	78.6	79.5	82.6	83.4	77.6
三、资产负债率	94.6	94.8	94.4	94.2	93.9	93.7	93.3	92.7	92.8	93.8
中央银行	99.3	98.8	98.8	99.0	98.7	98.8	98.8	99.1	99.4	99.0
其他存款性金融机构	92.7	93.4	92.9	92.7	92.5	92.4	91.9	91.4	91.6	92.4

附件 3

2008—2016 年国有存款性金融机构资产负债项目增长分析表　　　单位：%

年度 项目	2009	2010	2011	2012	2013	2014	2015	2016	平均 增长率
一、资产	21.98	17.42	15.65	13.73	11.57	11.59	11.36	13.74	14.63
（一）金融资产	22.15	17.48	15.79	13.69	11.45	11.73	11.47	13.67	14.68
国际储备资产	24.65	15.22	6.29	3.80	11.10	0.85	-7.30	-2.84	6.47
现金和存款	18.52	29.84	30.99	16.31	3.32	11.05	-4.34	10.46	14.52
各项贷款	30.14	18.12	17.44	14.43	13.16	14.43	13.08	16.59	17.17
有价证券	11.52	8.11	7.96	8.04	19.48	9.82	41.50	28.50	16.87
买入返售金融资产	64.51	21.56	6.55	52.41	7.60	0.10	-8.65	-17.04	15.88
衍生金融资产			41.27	-8.32	73.72	8.90	120.71	50.21	47.75
暂付应收款	43.98	34.24	58.68	55.42	-38.43	-7.14	52.41	25.10	28.03
其他金融资产	-79.08	48.33	73.50	20.14	65.08	167.04	-13.42	-63.46	27.27
（二）非金融资产	10.34	12.45	4.84	16.67	21.53	1.28	1.67	19.47	11.03
固定资产	3.57	7.41	12.81	9.68	10.26	9.60	5.87	4.08	7.82
在建工程	78.13	22.25	15.90	29.15	18.87	4.82	1.18	-8.70	20.20
投资性房地产			8.51	60.78	3.66	12.94	0.00	37.50	20.57
抵债资产	-11.03	-10.34	-8.65	7.89	4.39	15.97	29.71	29.98	7.24
无形资产	4.39	-1.40	-0.18	2.94	4.50	1.32	1.06	3.48	2.01
其他非金融资产	14.66	20.26	-1.88	24.41	36.47	-6.26	-3.12	41.62	15.77
二、负债	21.84	16.75	15.17	13.15	11.24	11.07	10.82	13.79	14.23
权益性负债	3.71	11.09	4.26	1.84	2.93	10.19	24.02	7.21	8.16
流通中货币	11.96	17.06	14.81	8.59	7.15	3.34	4.07	7.15	9.27
各项存款	26.09	20.71	17.04	14.02	11.69	10.94	7.91	10.01	14.80
各项贷款	24.22	-7.04	34.99	23.56	18.90	21.89	30.93	68.49	26.99
有价证券	6.65	6.66	-0.43	8.17	6.87	17.18	30.62	23.18	12.36
卖出回购金融资产	60.46	47.92	39.92	16.79	0.21	18.46	37.22	107.58	41.07
衍生金融负债			14.94	10.34	70.31	9.67	115.77	51.66	45.45
应付暂收款	-1.76	19.73	34.43	14.39	11.78	8.23	17.83	3.49	13.52
其他负债	15.24	-57.14	-31.96	5.85	74.39	-16.29	-3.36	8.77	-0.56
三、净值	26.32	37.97	28.12	27.26	18.27	21.85	20.98	12.78	24.19

附件 4

2008—2016 年国有存款性金融机构资产负债分机构增长分析表　　单位：%

年度 项目	2009	2010	2011	2012	2013	2014	2015	2016	平均 增长率
一、资产	21.98	17.42	15.65	13.73	11.57	11.59	11.36	13.74	14.63
（一）金融资产	22.15	17.48	15.79	13.69	11.45	11.73	11.47	13.67	14.68
中央银行	9.89	13.98	8.38	4.83	7.73	6.62	−6.05	8.15	6.69
其他存款性金融机构	27.05	18.69	18.25	16.39	12.47	13.07	15.81	14.78	17.06
（二）非金融资产	10.34	12.45	4.84	16.67	21.53	1.28	1.67	19.47	11.03
中央银行	2.57	2.15	3.02	2.11	2.31	1.38	4.91	4.21	2.83
其他存款性金融机构	10.75	12.96	4.93	17.31	22.27	1.28	1.57	19.97	11.38
二、负债	21.84	16.75	15.17	13.15	11.24	11.07	10.82	13.79	14.23
中央银行	9.35	13.92	8.60	4.48	7.84	6.58	−5.75	8.42	6.68
其他存款性金融机构	26.92	17.74	17.40	15.87	12.21	12.29	15.09	14.93	16.56

第十一章 2008—2016 年国有非存款性
金融机构资产负债表

第一节 2008—2016 年国有非存款性
金融机构资产负债表编制说明

一、本表包括的机构范围为：一是银行业金融机构中的非存款性金融机构，主要包括信托公司、财务公司、金融租赁公司、金融资产管理公司、汽车金融公司等；二是证券业金融机构，主要包括证券公司、基金公司和期货公司等；三是保险业金融机构，包括保险公司和保险资产管理公司等。

二、本表的时间范围：包含 2008 年至 2016 年 9 个年度的数据。

三、本表的数据来源和处理：主要来源于《中国金融年鉴》的财务报表、已披露的监管数据、典型调查，以及用趋势或比例推算得到的相关数据等。

四、填表说明

（一）资产

1. 金融资产

（1）现金和存款，是指国有非存款性金融机构的现金和在存款性金融机构的存款。

（2）拆放同业，是指国有非存款性金融机构拆借给境内、境外其他金融机构的款项。

（3）存出保证金，该项目为证券业和保险业金融机构特有的项目，是指此类机构按规定交存的保证金，包括交易保证金、存出分保准备金、存出理赔保证金、存出共同海损保证金、存出其他保证金等。

（4）贷款，是指国有非存款性金融机构对客户发放的各项款项，包括短期贷款和中长期贷款。

（5）买入返售金融资产，是指国有非存款性金融机构按照返售协议约定先买入再按固定价格返售的票据、证券、贷款等。

（6）证券投资，是指国有非存款性金融机构持有的债券、股权及其他证券资产的余额，包括交易性金融资产、可供出售金融资产、持有至到期金融资产、长期股权投资等。

（7）衍生金融资产，是指国有非存款性金融机构持有的衍生金融工具的公允价值及其变动所形成的衍生金融资产。

（8）结算备付金，该项目为国有证券业金融机构特有的项目，是指此类机构为证券交易的资金清算与交收而存入指定清算代理机构的款项，按实际交存的金额入账。

（9）应收准备金，该项目为国有保险业金融机构特有的项目，是指此类机构应收的各类保险业务的准备金，包括应收分保未到期责任准备金、应收分保未决赔款准备金、应收分保寿险责任准备金和应收分保长期健康险责任准备金。

（10）其他应收预付款，是指国有非存款性金融机构的其他应收未收款项，包括应收利息、应收预付款、应收保费、应收资产管理费、应收管理费（养老）、应收代位追偿款和应收分保账款等。

（11）其他金融资产，是指除上述之外的金融资产。

2. 非金融资产

（1）固定资产，是指国有非存款性金融机构持有的固定资产原值减去折旧和减值准备后的净值，包含在建工程。

（2）投资性房地产，是指国有非存款性金融机构持有的投资性房地产的金额。

（3）无形资产，是指国有非存款性金融机构持有的专利权、非专利技术、商标权、著作权、土地使用权、商誉等。

（4）其他非金融资产，是指除上述之外的非金融资产。

（二）负债

1. 权益性负债，是指国有非存款性金融机构的实收资本，包括国有资本和非国有资本。

2. 同业拆入，是指国有非存款性金融机构从除中央银行之外的存款性金融机构拆入的款项。

3. 借款，是指国有非存款性金融机构从其他金融机构借入的各项借款，包括期限在一年以内的短期借款和一年以上的长期借款。

4. 存款，是指国有非存款性金融机构吸收的客户存款、以储金本金增值作为保费收入的储金以及收到投保人投资型保险业务的投资款。

5. 代理证券（证券业），是指国有非存款性金融机构接受委托办理的代理发行、兑付、买卖各类有价证券的业务，以及接受委托代办债券还本付息、代发股票红利、代理证券资金清算等业务。

6. 卖出回购金融资产，是指国有非存款性金融机构按照回购协议先卖出再按固定价格买入的票据、证券、贷款等金融资产。

7. 发行债务工具，是指国有非存款性金融机构通过发行债券等方式融入的资金。

8. 衍生金融负债，是指国有非存款性金融机构持有的衍生金融工具的公允价值及其变动所形成的衍生金融负债。

9. 应付准备金（保险业），该项目为保险业金融机构特有的项目，是指此类机构为各类保险业务未来可能发生的支付而提取的准备金，包括未到期责任准备金、未决赔款准备金、寿险责任准备金、长期健康险责任准备金等。

10. 其他应付预收款，是指除国有非存款性金融机构的其他应付未付款项，包括应付预收款、应付手续费及佣金、应付营销费用（养老）、预收保费、应付职工薪酬、应交税费、应付赔付款、应付保单红利、应付分保账款、其他应付款等。

11. 其他负债，是指除上述之外的负债。

（三）净值

净值是总资产减去总负债的净额。

五、需要说明的几个问题

（一）国有非存款性金融机构的界定标准为：一是从资本金结构看，凡是政府财政部门、政府事业部门及国有企业的投资额，均为国家投资，此类机构包括但不限于：财政部、地方政府、中央汇金、中证金公司、社保基金、外汇局下属投资公司、国有存款性金融机构、其他国有非存款性金融机构等；二是从控制人员的角度看，凡是政府控制重要人员的安排，重大决策的决定，均被认定为国有非存款性金融机构。

（二）由于部分早期数据存在缺失，相关数据按后续年度的变化趋势或比例推算得到。国有银行业非存款性金融机构的汇总数据 = 各类别机构的数据 × 该类别中国有机构的实收资本占该类别总实收资本的比例，为统计调查得到。国有证券业金融机构的汇总数据为国有的证券公司、基金公司和期货公司的数据直接加总得到。国有保险业金融机构的汇总数据 = 全部保险业金融机构的数据 × 12 大保险集团中国有控股机构的实收资本所占比例。12 大保险集团的规模约占全部保险业金融机构的一半，因此以该比例来对国有保险业金融机构的数据进行估算。

（三）由于核算资料的限制，国有非存款性金融机构中的银行业、证券业、保险业机构内部及相互之间的业务往来没有合并，一律采取汇总的方式进行处理。

第二节 2008—2016 年国有非存款性金融机构资产负债表

表 11 - 1　　　　　2008—2016 年国有非存款性金融机构资产负债表　　　　单位：亿元

项目 \ 年度	2008	2009	2010	2011	2012	2013	2014	2015	2016
一、资产	41364	56194	66823	75024	91125	107172	147593	196762	224846
（一）金融资产	39897	54518	64107	71540	87331	103062	142275	189137	212403
现金和存款	15230	22367	22136	23961	28020	28854	39029	51017	50715
拆放同业	18	31	57	58	66	102	324	688	479
存出保证金	348	566	650	734	920	1025	1739	1835	1630
贷款	4850	6684	9582	12982	17515	24962	37099	45309	52462
买入返售金融资产	313	262	753	573	853	2121	3900	6030	10464
证券投资	16952	21646	26513	29892	36293	41353	52153	74116	86692
衍生金融资产	2	1	7	13	8	76	88	151	79
结算备付金	676	1306	2657	858	848	994	3045	4247	3660
应收准备金	427	445	405	566	603	814	1390	1637	1006
其他应收预付款	1005	1160	1267	1812	2076	2592	3287	3847	4950
其他金融资产	76	50	80	91	129	169	221	260	266
（二）非金融资产	1467	1676	2716	3484	3794	4110	5318	7625	12443
固定资产	583	701	914	1106	1221	1375	1678	2028	2943
投资性房地产	50	64	91	191	220	409	466	549	840
无形资产	196	162	205	267	277	407	432	535	581
其他非金融资产	638	749	1506	1920	2076	1919	2742	4513	8079
二、负债	38215	51285	60373	67789	81820	96591	132227	174679	200793
权益性负债	3798	4309	5247	6278	7588	8713	10426	12699	15525
同业拆入	590	1004	2073	3835	5850	7760	10931	12295	15565
借款	25	73	114	140	293	514	2307	2836	2818
存款	7184	8806	14074	15692	18187	22278	28136	38868	50492
代理证券	5497	10939	9510	5767	5553	5039	11333	19067	14383
卖出回购金融资产	1802	1857	2512	3607	5787	5656	11238	11947	9525
发行债务工具	556	883	1106	1586	2078	3597	5238	12120	13901
衍生金融负债	2	1	9	19	13	22	91	151	97
应付准备金	14737	18137	18696	22688	26671	30537	34880	39747	45565
其他应付预收款	1804	2328	2544	2978	3393	4494	6864	10837	15126
其他负债	2220	2948	4488	5199	6407	7981	10783	14112	17796
三、净值	3149	4909	6450	7235	9305	10581	15366	22083	24053

表 11 – 2　　　　　　　**2008—2016 年国有保险业金融机构资产负债表**　　　单位：亿元

项目＼年度	2008	2009	2010	2011	2012	2013	2014	2015	2016
一、资产	19381	23569	29314	34700	42657	48074	58923	71687	87678
（一）金融资产	18580	22664	27637	32807	40605	45879	56035	67278	79522
现金和存款	4416	5743	7707	9748	12985	12414	13514	12853	13418
拆放同业	1	0	0	0	0	0	0	0	0
存出保证金	275	359	361	463	565	671	1122	1215	935
贷款	441	536	693	1387	2081	3928	6482	8149	10437
买入返售金融资产	39	31	157	139	92	486	433	1127	3431
证券投资	12196	14768	17473	19333	22887	25968	31246	39993	47811
衍生金融资产	2	1	0	2	1	0	0	0	1
结算备付金									
应收准备金	427	445	405	566	603	814	1390	1637	1006
其他应收预付款	724	755	797	1134	1339	1525	1752	2173	2374
其他金融资产	59	26	44	35	52	73	96	131	109
（二）非金融资产	801	905	1677	1893	2052	2195	2888	4409	8156
固定资产	283	307	371	414	400	428	452	532	606
投资性房地产	48	62	81	177	210	399	455	535	820
无形资产	76	84	87	133	139	158	164	169	206
其他非金融资产	394	452	1138	1169	1303	1210	1817	3173	6524
二、负债	18855	22611	27849	33348	40408	45725	54314	66127	81882
权益性负债	903	1042	1233	1508	1973	2155	2499	3024	3313
同业拆入	0	0	0	0	0	15	0	0	0
借款	0	40	51	50	34	63	73	129	90
存款	639	395	3322	3629	4372	5566	6969	11039	17458
代理证券									
卖出回购金融资产	898	780	1404	1703	2931	2111	2445	2088	2170
发行债务工具	141	226	373	714	1139	1335	1387	1586	1587
衍生金融负债	2	1	0	2	1	0	0	0	1
应付准备金	14737	18137	18696	22688	26671	30537	34880	39747	45565
其他应付预收款	1196	1573	1663	2039	2117	2730	4004	5836	9322
其他负债	339	417	1107	1015	1170	1213	2057	2678	2376
三、净值	526	958	1465	1352	2249	2349	4609	5560	5796

表 11 - 3 　　　　　　　　**2008—2016 年国有证券业金融机构资产负债表** 　　　　　单位：亿元

年度 项目	2008	2009	2010	2011	2012	2013	2014	2015	2016
一、资产	9482	16235	15534	13027	14784	17839	36668	58506	54420
（一）金融资产	9113	15836	14933	12166	14103	17092	35661	57271	52892
现金和存款	6687	11780	8485	6705	6171	5243	10876	19641	14783
拆放同业	0	0	28	8	0	1	24	2	10
存出保证金	73	207	289	271	355	354	617	620	695
贷款	0	0	0	0	671	2773	8376	10047	8106
买入返售金融资产	180	99	267	259	509	1272	2916	4109	5919
证券投资	1445	2382	3108	3924	5369	5970	9063	17620	18586
衍生金融资产	0	0	7	11	5	68	87	151	74
结算备付金	676	1306	2657	858	848	994	3045	4247	3660
应收准备金									
其他应收预付款	52	62	91	130	175	417	657	834	1059
其他金融资产	0	0	1	0	0	0	0	0	0
（二）非金融资产	369	399	601	861	681	747	1007	1235	1528
固定资产	183	219	249	281	286	303	306	363	372
投资性房地产									
无形资产	117	69	96	112	114	223	234	329	337
其他非金融资产	69	111	256	468	281	221	467	543	819
二、负债	7785	13529	12262	9349	10650	13401	30842	48761	43753
权益性负债	1268	1330	1484	1683	1812	1901	2197	2930	3263
同业拆入	0	0	0	1	134	399	1296	679	1051
借款	8	12	33	35	170	361	2135	2623	2620
存款									
代理证券	5497	10939	9510	5767	5553	5039	11333	19067	14383
卖出回购金融资产	436	541	463	1243	2112	2966	8380	9382	6747
发行债务工具	58	35	15	45	59	1217	2487	8616	9363
衍生金融负债	0	0	4	11	6	19	87	147	92
应付准备金									
其他应付预收款	361	453	473	339	353	560	1312	3111	3239
其他负债	157	219	280	225	451	939	1615	2206	2995
三、净值	1697	2706	3272	3678	4134	4438	5826	9745	10667

表 11 – 4 　　　　2008—2016 年国有银行业非存款性金融机构资产负债表 　　　单位：亿元

项目 ＼ 年度	2008	2009	2010	2011	2012	2013	2014	2015	2016
一、资产	12501	16390	21975	27297	33684	41259	52002	66569	82748
（一）金融资产	12204	16018	21537	26567	32623	40091	50579	64588	79989
现金和存款	4127	4844	5944	7508	8864	11197	14639	18523	22514
拆放同业	17	31	29	50	66	101	300	686	469
存出保证金									
贷款	4409	6148	8889	11595	14763	18261	22241	27113	33919
买入返售金融资产	94	132	329	175	252	363	551	794	1114
证券投资	3311	4496	5932	6635	8037	9415	11844	16503	20295
衍生金融资产	0	0	0	0	2	8	1	0	4
结算备付金									
应收准备金									
其他应收预付款	229	343	379	548	562	650	878	840	1517
其他金融资产	17	24	35	56	77	96	125	129	157
（二）非金融资产	297	372	438	730	1061	1168	1423	1981	2759
固定资产	117	175	294	411	535	644	920	1133	1965
投资性房地产	2	2	10	14	10	10	11	14	20
无形资产	3	9	22	22	24	26	34	37	38
其他非金融资产	175	186	112	283	492	488	458	797	736
二、负债	11575	15145	20262	25092	30762	37465	47071	59791	75158
权益性负债	1627	1937	2530	3087	3803	4657	5730	6745	8949
同业拆入	590	1004	2073	3834	5716	7346	9635	11616	14514
借款	17	21	30	55	89	90	99	84	108
存款	6545	8411	10752	12063	13815	16712	21167	27829	33034
代理证券									
卖出回购金融资产	468	536	645	661	744	579	413	477	608
发行债务工具	357	622	718	827	880	1045	1364	1918	2951
衍生金融负债	0	0	5	6	6	3	4	4	4
应付准备金									
其他应付预收款	247	302	408	600	923	1204	1548	1890	2565
其他负债	1724	2312	3101	3959	4786	5829	7111	9228	12425
三、净值	926	1245	1713	2205	2922	3794	4931	6778	7590

表 11 – 5   **2008 年国有非存款性金融机构资产负债表**   单位：亿元

项目 ＼ 部门	国有非存款性金融机构合计	国有保险业金融机构	国有证券业金融机构	国有银行业非存款性金融机构
一、资产	41364	19381	9482	12501
（一）金融资产	39897	18580	9113	12204
现金和存款	15230	4416	6687	4127
拆放同业	18	1	0	17
存出保证金	348	275	73	
贷款	4850	441	0	4409
买入返售金融资产	313	39	180	94
证券投资	16952	12196	1445	3311
衍生金融资产	2	2	0	0
结算备付金	676		676	
应收准备金	427	427		
其他应收预付款	1005	724	52	229
其他金融资产	76	59	0	17
（二）非金融资产	1467	801	369	297
固定资产	583	283	183	117
投资性房地产	50	48		2
无形资产	196	76	117	3
其他非金融资产	638	394	69	175
二、负债	38215	18855	7785	11575
权益性负债	3798	903	1268	1627
同业拆入	590	0	0	590
借款	25	0	8	17
存款	7184	639		6545
代理证券	5497		5497	
卖出回购金融资产	1802	898	436	468
发行债务工具	556	141	58	357
衍生金融负债	2	2	0	0
应付准备金	14737	14737		
其他应付预收款	1804	1196	361	247
其他负债	2220	339	157	1724
三、净值	3149	526	1697	926

表 11 – 6 　　　　　　　　　　**2009 年国有非存款性金融机构资产负债表**　　　　　　　　　单位：亿元

部门 项目	国有非存款性 金融机构合计	国有保险业金融机构	国有证券业金融机构	国有银行业 非存款性金融机构
一、资产	56194	23569	16235	16390
（一）金融资产	54518	22664	15836	16018
现金和存款	22367	5743	11780	4844
拆放同业	31	0	0	31
存出保证金	566	359	207	
贷款	6684	536	0	6148
买入返售金融资产	262	31	99	132
证券投资	21646	14768	2382	4496
衍生金融资产	1	1	0	0
结算备付金	1306		1306	
应收准备金	445	445		
其他应收预付款	1160	755	62	343
其他金融资产	50	26	0	24
（二）非金融资产	1676	905	399	372
固定资产	701	307	219	175
投资性房地产	64	62		2
无形资产	162	84	69	9
其他非金融资产	749	452	111	186
二、负债	51285	22611	13529	15145
权益性负债	4309	1042	1330	1937
同业拆入	1004	0	0	1004
借款	73	40	12	21
存款	8806	395		8411
代理证券	10939		10939	
卖出回购金融资产	1857	780	541	536
发行债务工具	883	226	35	622
衍生金融负债	1	1	0	0
应付准备金	18137	18137		
其他应付预收款	2328	1573	453	302
其他负债	2948	417	219	2312
三、净值	4909	958	2706	1245

表 11 – 7   **2010 年国有非存款性金融机构资产负债表**   单位：亿元

部门 项目	国有非存款性 金融机构合计	国有保险业金融机构	国有证券业金融机构	国有银行业 非存款性金融机构
一、资产	66823	29314	15534	21975
（一）金融资产	64107	27637	14933	21537
现金和存款	22136	7707	8485	5944
拆放同业	57	0	28	29
存出保证金	650	361	289	
贷款	9582	693	0	8889
买入返售金融资产	753	157	267	329
证券投资	26513	17473	3108	5932
衍生金融资产	7	0	7	0
结算备付金	2657		2657	
应收准备金	405	405		
其他应收预付款	1267	797	91	379
其他金融资产	80	44	1	35
（二）非金融资产	2716	1677	601	438
固定资产	914	371	249	294
投资性房地产	91	81		10
无形资产	205	87	96	22
其他非金融资产	1506	1138	256	112
二、负债	60373	27849	12262	20262
权益性负债	5247	1233	1484	2530
同业拆入	2073	0	0	2073
借款	114	51	33	30
存款	14074	3322		10752
代理证券	9510		9510	
卖出回购金融资产	2512	1404	463	645
发行债务工具	1106	373	15	718
衍生金融负债	9	0	4	5
应付准备金	18696	18696		
其他应付预收款	2544	1663	473	408
其他负债	4488	1107	280	3101
三、净值	6450	1465	3272	1713

表 11 - 8　　　　　　　　　　**2011 年国有非存款性金融机构资产负债表**　　　　　单位：亿元

项目 ＼ 部门	国有非存款性金融机构合计	国有保险业金融机构	国有证券业金融机构	国有银行业非存款性金融机构
一、资产	75024	34700	13027	27297
（一）金融资产	71540	32807	12166	26567
现金和存款	23961	9748	6705	7508
拆放同业	58	0	8	50
存出保证金	734	463	271	
贷款	12982	1387	0	11595
买入返售金融资产	573	139	259	175
证券投资	29892	19333	3924	6635
衍生金融资产	13	2	11	0
结算备付金	858		858	
应收准备金	566	566		
其他应收预付款	1812	1134	130	548
其他金融资产	91	35	0	56
（二）非金融资产	3484	1893	861	730
固定资产	1106	414	281	411
投资性房地产	191	177		14
无形资产	267	133	112	22
其他非金融资产	1920	1169	468	283
二、负债	67789	33348	9349	25092
权益性负债	6278	1508	1683	3087
同业拆入	3835	0	1	3834
借款	140	50	35	55
存款	15692	3629		12063
代理证券	5767		5767	
卖出回购金融资产	3607	1703	1243	661
发行债务工具	1586	714	45	827
衍生金融负债	19	2	11	6
应付准备金	22688	22688		
其他应付预收款	2978	2039	339	600
其他负债	5199	1015	225	3959
三、净值	7235	1352	3678	2205

表 11－9 　　　　　　　　　**2012 年国有非存款性金融机构资产负债表** 　　　　　单位：亿元

部门 项目	国有非存款性 金融机构合计	国有保险业金融机构	国有证券业金融机构	国有银行业 非存款性金融机构
一、资产	91125	42657	14784	33684
（一）金融资产	87331	40605	14103	32623
现金和存款	28020	12985	6171	8864
拆放同业	66	0	0	66
存出保证金	920	565	355	
贷款	17515	2081	671	14763
买入返售金融资产	853	92	509	252
证券投资	36293	22887	5369	8037
衍生金融资产	8	1	5	2
结算备付金	848		848	
应收准备金	603	603		
其他应收预付款	2076	1339	175	562
其他金融资产	129	52	0	77
（二）非金融资产	3794	2052	681	1061
固定资产	1221	400	286	535
投资性房地产	220	210		10
无形资产	277	139	114	24
其他非金融资产	2076	1303	281	492
二、负债	81820	40408	10650	30762
权益性负债	7588	1973	1812	3803
同业拆入	5850	0	134	5716
借款	293	34	170	89
存款	18187	4372		13815
代理证券	5553		5553	
卖出回购金融资产	5787	2931	2112	744
发行债务工具	2078	1139	59	880
衍生金融负债	13	1	6	6
应付准备金	26671	26671		
其他应付预收款	3393	2117	353	923
其他负债	6407	1170	451	4786
三、净值	9305	2249	4134	2922

表 11-10　　　　　　　　　**2013 年国有非存款性金融机构资产负债表**　　　　　单位：亿元

部门 项目	国有非存款性 金融机构合计	国有保险业金融机构	国有证券业金融机构	国有银行业 非存款性金融机构
一、资产	107172	48074	17839	41259
（一）金融资产	103062	45879	17092	40091
现金和存款	28854	12414	5243	11197
拆放同业	102	0	1	101
存出保证金	1025	671	354	
贷款	24962	3928	2773	18261
买入返售金融资产	2121	486	1272	363
证券投资	41353	25968	5970	9415
衍生金融资产	76	0	68	8
结算备付金	994		994	
应收准备金	814	814		
其他应收预付款	2592	1525	417	650
其他金融资产	169	73	0	96
（二）非金融资产	4110	2195	747	1168
固定资产	1375	428	303	644
投资性房地产	409	399		10
无形资产	407	158	223	26
其他非金融资产	1919	1210	221	488
二、负债	96591	45725	13401	37465
权益性负债	8713	2155	1901	4657
同业拆入	7760	15	399	7346
借款	514	63	361	90
存款	22278	5566		16712
代理证券	5039		5039	
卖出回购金融资产	5656	2111	2966	579
发行债务工具	3597	1335	1217	1045
衍生金融负债	22	0	19	3
应付准备金	30537	30537		
其他应付预收款	4494	2730	560	1204
其他负债	7981	1213	939	5829
三、净值	10581	2349	4438	3794

表 11 – 11　　　　　　　　　**2014 年国有非存款性金融机构资产负债表**　　　　单位：亿元

部门 项目	国有非存款性 金融机构合计	国有保险业金融机构	国有证券业金融机构	国有银行业 非存款性金融机构
一、资产	147593	58923	36668	52002
（一）金融资产	142275	56035	35661	50579
现金和存款	39029	13514	10876	14639
拆放同业	324	0	24	300
存出保证金	1739	1122	617	
贷款	37099	6482	8376	22241
买入返售金融资产	3900	433	2916	551
证券投资	52153	31246	9063	11844
衍生金融资产	88	0	87	1
结算备付金	3045		3045	
应收准备金	1390	1390		
其他应收预付款	3287	1752	657	878
其他金融资产	221	96	0	125
（二）非金融资产	5318	2888	1007	1423
固定资产	1678	452	306	920
投资性房地产	466	455		11
无形资产	432	164	234	34
其他非金融资产	2742	1817	467	458
二、负债	132227	54314	30842	47071
权益性负债	10426	2499	2197	5730
同业拆入	10931	0	1296	9635
借款	2307	73	2135	99
存款	28136	6969		21167
代理证券	11333		11333	
卖出回购金融资产	11238	2445	8380	413
发行债务工具	5238	1387	2487	1364
衍生金融负债	91	0	87	4
应付准备金	34880	34880		
其他应付预收款	6864	4004	1312	1548
其他负债	10783	2057	1615	7111
三、净值	15366	4609	5826	4931

表 11 – 12　　　　　　　2015 年国有非存款性金融机构资产负债表　　　　　单位：亿元

项目＼部门	国有非存款性金融机构合计	国有保险业金融机构	国有证券业金融机构	国有银行业非存款性金融机构
一、资产	196762	71687	58506	66569
（一）金融资产	189137	67278	57271	64588
现金和存款	51017	12853	19641	18523
拆放同业	688	0	2	686
存出保证金	1835	1215	620	
贷款	45309	8149	10047	27113
买入返售金融资产	6030	1127	4109	794
证券投资	74116	39993	17620	16503
衍生金融资产	151	0	151	0
结算备付金	4247		4247	
应收准备金	1637	1637		
其他应收预付款	3847	2173	834	840
其他金融资产	260	131	0	129
（二）非金融资产	7625	4409	1235	1981
固定资产	2028	532	363	1133
投资性房地产	549	535		14
无形资产	535	169	329	37
其他非金融资产	4513	3173	543	797
二、负债	174679	66127	48761	59791
权益性负债	12699	3024	2930	6745
同业拆入	12295	0	679	11616
借款	2836	129	2623	84
存款	38868	11039		27829
代理证券	19067		19067	
卖出回购金融资产	11947	2088	9382	477
发行债务工具	12120	1586	8616	1918
衍生金融负债	151	0	147	4
应付准备金	39747	39747		
其他应付预收款	10837	5836	3111	1890
其他负债	14112	2678	2206	9228
三、净值	22083	5560	9745	6778

表 11－13　　　　　　　　**2016 年国有非存款性金融机构资产负债表**　　　　　单位：亿元

部门 项目	国有非存款性 金融机构合计	国有保险业金融机构	国有证券业金融机构	国有银行业 非存款性金融机构
一、资产	224846	87678	54420	82748
（一）金融资产	212403	79522	52892	79989
现金和存款	50715	13418	14783	22514
拆放同业	479	0	10	469
存出保证金	1630	935	695	
贷款	52462	10437	8106	33919
买入返售金融资产	10464	3431	5919	1114
证券投资	86692	47811	18586	20295
衍生金融资产	79	1	74	4
结算备付金	3660		3660	
应收准备金	1006	1006		
其他应收预付款	4950	2374	1059	1517
其他金融资产	266	109	0	157
（二）非金融资产	12443	8156	1528	2759
固定资产	2943	606	372	1965
投资性房地产	840	820		20
无形资产	581	206	337	38
其他非金融资产	8079	6524	819	736
二、负债	200793	81882	43753	75158
权益性负债	15525	3313	3263	8949
同业拆入	15565	0	1051	14514
借款	2818	90	2620	108
存款	50492	17458		33034
代理证券	14383		14383	
卖出回购金融资产	9525	2170	6747	608
发行债务工具	13901	1587	9363	2951
衍生金融负债	97	1	92	4
应付准备金	45565	45565		
其他应付预收款	15126	9322	3239	2565
其他负债	17796	2376	2995	12425
三、净值	24053	5796	10667	7590

第三节　2008—2016 年国有非存款性
金融机构资产负债表简要分析

刘智媛　白　玮

2008—2016 年国有非存款性金融机构资产负债表显示：资产和负债增长较快，波动幅度较大，特别是证券业资产与负债的波动幅度较大，资产负债率基本稳定。

一、资产

资产总额从 2008 年的 4.1 万亿元增加到 2016 年的 22.5 万亿元，增加 18.3 万亿元，增长 4.44 倍，年均增加 2.3 万亿元。其中，保险业增加 6.8 万亿元，年均增加 0.9 万亿元；证券业增加 4.5 万亿元，年均增加 0.6 万亿元；银行业非存款性金融机构增加 7.0 万亿元，年均增加 0.9 万亿元。

总资产中，各类机构的平均占比分别是：保险业占比为 42.9%，证券业占比为 22.7%，银行业非存款性金融机构占比为 34.4%。

资产年均增长 23.93%，其中，保险业增长 20.82%，证券业增长 30.38%，银行业非存款性金融机构增长 26.71%。

资产增长波动较大，最高为 2014 年的 37.71%，最低为 2011 年的 12.27%。其中，保险业最高为 2010 年的 24.37%，最低为 2013 年的 12.70%；证券业最高为 2014 年的 105.55%，最低为 2011 年的 –16.14%；银行业非存款性金融机构最高为 2010 年的 34.08%，最低为 2013 年的 22.48%。

从资产构成来看，金融资产平均占比为 96.0%，非金融资产平均占比为 4.0%。在金融资产中，证券投资平均占比为 38.8%，现金和存款平均占比为 30.5%，贷款平均占比为 18.8%。上述三项占金融资产的 91.8%。

二、负债

负债总额从 2008 年的 3.8 万亿元增加到 2016 年的 20.1 万亿元，增加 16.3 万亿元，增加 4.25 倍，年均增加 2.0 万亿元。其中，保险业增加 6.3 万亿元，年均增加 0.8 万亿元；证券业增加 3.6 万亿元，年均增加 0.4 万亿元；银行业非存款性金融机构增加 6.4 万亿元，年均增加 0.8 万亿元。

总负债中，各类机构的平均占比分别是：保险业占比为 45.0%，证券业占比为 20.1%，银行业非存款性金融机构占比为 34.9%。

负债年均增长 23.36%，其中保险业增长 20.19%，证券业增长 32.30%，银行业非存款性金融机构增长 26.40%。

负债增长波动较大,最高为 2014 年的 36.89%,最低为 2011 年的 12.28%,其中,证券业波动最大,最高为 2014 年的 130.15%,最低为 2011 年的 -23.76%。

从负债结构来看,应付准备金的平均占比为 30.5%,存款的平均占比为 21.8%,代理证券的平均占比为 11.0%。上述三项在负债中平均占比为 63.3%。

三、资产与负债

净值从 2008 年的 0.3 万亿元增加到 2016 年的 2.4 万亿元,增加了 2.1 万亿元,增长 6.64 倍。净值年均余额为 1.1 万亿元,其中,保险业年均净值为 0.3 万亿元,证券业年均净值为 0.5 万亿元,银行业非存款性金融机构年均净值为 0.4 万亿元。2008 年到 2016 年,净值平均增速为 29.95%,其中,保险业平均增速为 39.90%,证券业平均增速为 27.57%,银行业非存款性金融机构平均增速为 30.32%。

2008 年至 2016 年,国有非存款性金融机构平均资产负债率为 82.4%,其中,保险业为 90.3%,证券业为 69.7%,银行业非存款性金融机构为 80.0%。

附件 1:2008—2016 年国有非存款性金融机构资产负债项目结构分析表

附件 2:2008—2016 年国有非存款性金融机构资产负债分机构结构分析表

附件 3:2008—2016 年国有非存款性金融机构资产负债项目增长分析表

附件 4:2008—2016 年国有非存款性金融机构资产负债分机构增长分析表

附件 1

2008—2016 年国有非存款性金融机构资产负债项目结构分析表　　　单位：%

年度 项目	2008	2009	2010	2011	2012	2013	2014	2015	2016	平均占比
一、资产	100.0	100.0	100.0	100.0	100.0	100.0	100.0	100.0	100.0	100.0
（一）金融资产	96.5	97.0	95.9	95.4	95.8	96.2	96.4	96.1	94.5	96.0
现金和存款	36.8	39.8	33.1	31.9	30.7	26.9	26.4	25.9	22.6	30.5
拆放同业	0	0.1	0.1	0.1	0.1	0.1	0.2	0.3	0.2	0.1
存出保证金	0.8	1.0	1.0	1.0	1.0	1.0	1.2	0.9	0.7	1.0
贷款	11.7	11.9	14.3	17.3	19.2	23.3	25.1	23.0	23.3	18.8
买入返售金融资产	0.8	0.5	1.1	0.8	0.9	2.0	2.6	3.1	4.7	1.8
证券投资	41.0	38.5	39.7	39.8	39.8	38.6	35.3	37.7	38.6	38.8
衍生金融资产	0	0	0	0	0	0.1	0.1	0.1	0	0
结算备付金	1.6	2.3	4.0	1.1	0.9	0.9	2.1	2.2	1.6	1.9
应收准备金	1.0	0.8	0.6	0.8	0.7	0.8	0.9	0.8	0.4	0.8
其他应收预付款	2.4	2.1	1.9	2.4	2.3	2.4	2.2	2.0	2.2	2.2
其他金融资产	0.2	0.1	0.1	0.1	0.1	0.2	0.1	0.1	0.1	0.1
（二）非金融资产	3.5	3.0	4.1	4.6	4.2	3.8	3.6	3.9	5.5	4.0
固定资产	1.4	1.2	1.4	1.5	1.3	1.3	1.1	1.0	1.3	1.3
投资性房地产	0.1	0.1	0.1	0.3	0.2	0.4	0.3	0.3	0.4	0.2
无形资产	0.5	0.3	0.3	0.4	0.3	0.4	0.3	0.3	0.3	0.3
其他非金融资产	1.5	1.3	2.3	2.6	2.3	1.8	1.9	2.3	3.6	2.2
二、负债	100.0	100.0	100.0	100.0	100.0	100.0	100.0	100.0	100.0	100.0
权益性负债	9.9	8.4	8.7	9.3	9.3	9.0	7.9	7.3	7.7	8.6
同业拆入	1.5	2.0	3.4	5.7	7.1	8.0	8.3	7.0	7.8	5.6
借款	0.1	0.1	0.2	0.2	0.4	0.5	1.7	1.6	1.4	0.7
存款	18.8	17.2	23.3	23.1	22.2	23.1	21.3	22.3	25.1	21.8
代理证券	14.4	21.3	15.8	8.5	6.8	5.2	8.6	10.9	7.2	11.0
卖出回购金融资产	4.7	3.6	4.2	5.3	7.1	5.9	8.5	6.8	4.7	5.6
发行债务工具	1.5	1.7	1.8	2.3	2.5	3.7	4.0	6.9	6.9	3.5
衍生金融负债	0	0	0	0	0	0	0.1	0.1	0	0
应付准备金	38.6	35.4	31.0	33.5	32.6	31.6	26.4	22.8	22.7	30.5
其他应付预收款	4.7	4.5	4.2	4.4	4.1	4.7	5.2	6.2	7.5	5.1
其他负债	5.8	5.7	7.4	7.7	7.8	8.3	8.2	8.1	8.9	7.5
三、净值	100.0	100.0	100.0	100.0	100.0	100.0	100.0	100.0	100.0	100.0

附件 2

2008—2016 年国有非存款性金融机构资产负债分机构结构分析表　　单位：%

项目＼年度	2008	2009	2010	2011	2012	2013	2014	2015	2016	平均占比
一、资产	100.0	100.0	100.0	100.0	100.0	100.0	100.0	100.0	100.0	100.0
国有保险业	46.9	41.9	43.9	46.3	46.8	44.9	39.9	36.4	39.0	42.9
国有证券业	22.9	28.9	23.2	17.4	16.2	16.6	24.8	29.7	24.2	22.7
国有银行业非存款性金融机构	30.2	29.2	32.9	36.4	37.0	38.5	35.2	33.8	36.8	34.4
二、负债	100.0	100.0	100.0	100.0	100.0	100.0	100.0	100.0	100.0	100.0
国有保险业	49.3	44.1	46.1	49.2	49.4	47.3	41.1	37.9	40.8	45.0
国有证券业	20.4	26.4	20.3	13.8	13.0	13.9	23.3	27.9	21.8	20.1
国有银行业非存款性金融机构	30.3	29.5	33.6	37.0	37.6	38.8	35.6	34.2	37.4	34.9
三、净值	100.0	100.0	100.0	100.0	100.0	100.0	100.0	100.0	100.0	100.0
国有保险业	16.7	19.5	22.7	18.7	24.2	22.2	30.0	25.2	24.1	22.6
国有证券业	53.9	55.1	50.7	50.8	44.4	41.9	37.9	44.1	44.3	47.0
国有银行业非存款性金融机构	29.4	25.4	26.6	30.5	31.4	35.9	32.1	30.7	31.6	30.4
四、资产负债率	83.2	83.6	82.5	82.0	81.5	82.0	82.5	82.3	82.4	82.4
国有保险业	92.6	91.5	90.8	91.8	90.1	90.6	87.9	88.0	89.6	90.3
国有证券业	68.7	75.1	69.4	58.8	59.8	64.5	78.1	78.3	74.4	69.7
国有银行业非存款性金融机构	79.6	80.6	80.7	80.6	80.0	79.5	79.5	79.7	80.0	80.0

附件 3

2008—2016 年国有非存款性金融机构资产负债项目增长分析表　　　单位：%

项目＼年度	2009	2010	2011	2012	2013	2014	2015	2016	平均增速
一、资产	35.85	18.91	12.27	21.46	17.61	37.72	33.31	14.27	23.93
（一）金融资产	36.65	17.59	11.59	22.07	18.01	38.05	32.94	12.30	23.65
现金和存款	46.86	−1.03	8.24	16.94	2.98	35.26	30.72	−0.59	17.42
拆放同业	72.22	83.87	1.75	13.79	54.55	217.65	112.35	−30.38	65.73
存出保证金	62.64	14.84	12.92	25.34	11.41	69.66	5.52	−11.17	23.90
贷款	37.81	43.36	35.48	34.92	42.52	48.62	22.13	15.79	35.08
买入返售金融资产	−16.29	187.40	−23.90	48.87	148.65	83.88	54.62	73.53	69.59
证券投资	27.69	22.48	12.74	21.41	13.94	26.12	42.11	16.97	22.93
衍生金融资产	−50.00	600.00	85.71	−38.46	850.00	15.79	71.59	−47.68	185.87
结算备付金	93.20	103.45	−67.71	−1.17	17.22	206.34	39.47	−13.82	47.12
应收准备金	4.22	−8.99	39.75	6.54	34.99	70.76	17.77	−38.55	15.81
其他应收预付款	15.42	9.22	43.01	14.57	24.86	26.81	17.04	28.67	22.45
其他金融资产	−34.21	60.00	13.75	41.76	31.01	30.77	17.65	2.31	20.38
（二）非金融资产	14.25	62.05	28.28	8.90	8.33	29.39	43.38	63.19	32.22
固定资产	20.24	30.39	21.01	10.40	12.61	22.04	20.86	45.12	22.83
投资性房地产	28.00	42.19	109.89	15.18	85.91	13.94	17.81	53.01	45.74
无形资产	−17.35	26.54	30.24	3.75	46.93	6.14	23.84	8.60	16.09
其他非金融资产	17.40	101.07	27.49	8.13	−7.56	42.89	64.59	79.02	41.63
二、负债	34.20	17.72	12.28	20.70	18.05	36.89	32.11	14.95	23.36
权益性负债	13.45	21.77	19.65	20.87	14.83	19.66	21.80	22.25	19.28
同业拆入	70.17	106.47	85.00	52.54	32.65	40.86	12.48	26.60	53.35
借款	192.00	56.16	22.81	109.29	75.43	348.83	22.93	−0.63	103.35
存款	22.58	59.82	11.50	15.90	22.49	26.29	38.14	29.91	28.33
代理证券	99.00	−13.06	−39.36	−3.71	−9.26	124.91	68.24	−24.57	25.27
卖出回购金融资产	3.05	35.27	43.59	60.44	−2.26	98.69	6.31	−20.27	28.10
发行债务工具	58.81	25.25	43.40	31.02	73.10	−45.62	131.39	14.69	52.91
衍生金融负债	−50.00	800.00	111.11	−31.58	69.23	313.64	65.93	−35.76	155.32
应付准备金	23.07	3.08	21.35	17.56	14.50	14.22	13.95	14.64	15.30
其他应付预收款	29.05	9.28	17.06	13.94	32.45	52.74	57.88	39.58	31.50
其他负债	32.79	52.24	15.84	23.24	24.57	35.11	30.87	26.11	30.10
三、净值	55.89	31.39	12.17	28.61	13.71	45.22	43.71	8.92	29.95

附件 4

2008—2016 年国有非存款性金融机构资产负债分机构增长分析表　　单位：%

年度 项目	2009	2010	2011	2012	2013	2014	2015	2016	平均增速
一、资产	35.9	18.9	12.3	21.5	17.6	37.7	33.3	14.3	23.9
国有保险业	21.6	24.4	18.4	22.9	12.7	22.6	21.7	22.3	20.8
国有证券业	71.2	-4.3	-16.1	13.5	20.7	105.5	59.6	-7.0	30.4
国有银行业非存款性 金融机构	31.1	34.1	24.2	23.4	22.5	26.0	28.0	24.3	26.7
二、负债	34.2	17.7	12.3	20.7	18.1	36.9	32.1	14.9	23.4
国有保险业	19.9	23.2	19.7	21.2	13.2	18.8	21.7	23.8	20.2
国有证券业	73.8	-9.4	-23.8	13.9	25.8	130.1	58.1	-10.3	32.3
国有银行业非存款性 金融机构	30.8	33.8	23.8	22.6	21.8	25.6	27.0	25.7	26.4
三、净值	55.9	31.4	12.2	28.6	13.7	45.2	43.7	8.9	30.0
国有保险业	82.1	52.9	-7.7	66.3	4.4	96.2	20.6	4.2	39.9
国有证券业	59.5	20.9	12.4	12.4	7.4	31.3	67.3	9.5	27.6
国有银行业非存款性 金融机构	34.4	37.6	28.7	32.5	29.8	30.0	37.5	12.0	30.3

第十二章 2008—2016 年国有金融机构资产负债表

第一节 2008—2016 年国有金融机构资产负债表编制说明

本表根据 2008—2016 年国有存款性金融机构资产负债表和 2008—2016 年国有非存款性金融机构资产负债表编制而成。

一、资产

（一）金融资产

1. 国际储备资产，其数据为国有存款性金融机构资产负债表中的"国际储备资产"。

2. 现金和存款，其数据为国有存款性金融机构资产负债表中的"现金和存款"和国有非存款性金融机构资产负债表中的"现金和存款"、"存出保证金"、"结算备付金"项目数据的汇总。

3. 各项贷款，其数据为国有存款性金融机构资产负债表中"各项贷款"和国有非存款性金融机构资产负债表中"贷款"和"拆放同业"项目数据的汇总。

4. 有价证券，其数据为国有存款性金融机构资产负债表中"有价证券"和国有非存款性金融机构资产负债表中"证券投资"项目数据的汇总。

5. 买入返售金融资产，其数据为两张报表同类项目的数据汇总。

6. 衍生金融资产，其数据为两张报表同类项目的数据汇总。

7. 应收暂付款，其数据为国有存款性金融机构资产负债表中"暂付应收款"和国有非存款性金融机构资产负债表中"其他应收预付款"、"应收准备金"的汇总。

8. 其他金融资产，其数据为两张报表同类项目数据的汇总。

（二）非金融资产

1. 固定资产，其数据为两张报表同类项目数据的汇总。

2. 在建工程，其数据为国有存款性金融机构资产负债表中的"在建工程"。

3. 投资性房地产，其数据为两张报表同类项目数据的汇总。

4. 抵债资产，其数据为国有存款性金融机构资产负债表中的"抵债资产"。

5. 无形资产，其数据为两张报表同类项目的数据汇总。

6. 其他非金融资产，其数据为两张报表同类项目的数据汇总。

二、负债

1. 权益性负债，其数据为两张报表同类项目的数据汇总。

2. 流通中货币，其数据为国有存款性金融机构资产负债表中"流通中货币"项目。

3. 各项存款，其数据为国有存款性金融机构资产负债表中"各项存款"和国有非存款性金融机构资产负债表中的"存款"项目数据的汇总。

4. 贷款，其数据为国有存款性金融机构资产负债表中"各项贷款"和国有非存款性金融机构资产负债表中"同业拆入"、"借款"项目数据的汇总。

5. 有价证券，其数据为国有存款性金融机构资产负债表中"有价证券"和国有非存款性金融机构资产负债表中"发行债务工具"项目数据的汇总。

6. 卖出回购金融资产，其数据为两张报表同类项目的数据汇总。

7. 衍生金融负债，其数据为两张报表同类项目的数据汇总。

8. 保险准备金，其数据为国有非存款性金融机构资产负债表的"应付准备金"。

9. 应付预收款，其数据为国有存款性金融机构资产负债表中"应付暂收款"和国有非存款性金融机构资产负债表中"其他应付预收款"项目数据的汇总。

10. 其他负债，其数据为两张报表的同类项目和国有非存款性金融机构资产负债表的"代理证券"项目数据的汇总。

三、净值

其数据为两张报表同类项目数据的汇总。

四、合并报表的编制

国有金融机构资产负债合并表的编制，是在已经合并的国有存款性金融机构资产负债表的基础上编制的。

1. 国有非存款性金融机构资产负债表资产方"现金和存款"与国有存款性金融机构资产负债表负债方"流通中货币"、"各项存款"按现金与存款比例合并。

2. 合并后的贷款应是国有非存款性金融机构资产负债表资产方"贷款"减去其负债方"借款"，再加上国有存款性金融机构资产负债表资产方"各项贷款"。

3. 国有非存款性金融机构和国有存款性金融机构资产负债表资产方"买入返售金融资产"应与其相互持有的负债方"卖出回购金融资产"合并。

4. 国有非存款性金融机构和国有存款性金融机构资产负债表资产方"有价证券"应与其相互持有的负债方"有价证券"合并。

5. 国有非存款性金融机构和国有存款性金融机构资产负债表资产方"应收预付款"应与其相互持有的负债方"应付预收款"合并。

第二节　2008—2016 年国有金融机构资产负债表

表 12 –1　　　　　　　　　　2008—2016 年国有金融机构资产负债表　　　　　　　单位：亿元

年度 项目	2008	2009	2010	2011	2012	2013	2014	2015	2016
一、资产	776082	952408	1119130	1292044	1475228	1651373	1870835	2115744	2407417
（一）金融资产	763879	938887	1103093	1274594	1455140	1627459	1845460	2087727	2370611
国际储备资产	134382	167508	192998	205144	212944	236583	238597	221179	214898
现金和存款	112544	138366	173624	219655	255554	264125	302837	304888	329718
各项贷款	295944	385524	457086	538512	618867	705471	816046	926448	1079498
有价证券	179183	202569	222104	241059	264430	313924	351488	497678	630977
买入返售金融资产	19803	32325	39729	42103	64148	70224	72070	68305	62128
衍生金融资产	2	1	671	951	868	1570	1715	3742	5473
应收暂付款	6834	9382	12112	18944	28426	19258	19397	27919	34022
其他金融资产	15187	3211	4769	8227	9903	16304	43310	37567	13897
（二）非金融资产	12203	13522	16037	17450	20088	23913	25375	28017	36806
固定资产	5258	5543	6115	6934	7613	8423	9403	10206	11455
在建工程	439	782	956	1108	1431	1701	1783	1804	1647
投资性房地产	50	64	138	242	302	494	562	645	972
抵债资产	435	387	347	317	342	357	414	537	698
无形资产	1289	1303	1330	1390	1433	1615	1656	1772	1861
其他非金融资产	4732	5443	7151	7459	8967	11323	11557	13053	20173
二、负债	750580	919264	1073722	1234897	1402405	1565669	1763930	1982918	2258468
权益性负债	21388	22551	25512	27406	29105	30860	34829	42963	47972
流通中货币	37116	41556	48646	55850	60646	64981	67151	69886	74884
各项存款	531639	670113	812310	949980	1083417	1211983	1348016	1463128	1617282
贷款	9971	12699	12991	18559	24163	29699	39353	49323	75993
有价证券	88662	94849	101329	101378	110026	118959	140414	188687	231397
卖出回购金融资产	6471	9349	13594	19113	23896	23803	32735	41446	70759
衍生金融负债	2	1	665	773	845	1439	1645	3504	5182
保险准备金	14737	18137	18696	22688	26671	30537	34880	39747	45565
应付预收款	13662	13977	16492	21728	24841	28470	32814	41413	46769
其他负债	26933	36031	23488	17423	18795	24939	32093	42820	42666
三、净值	25502	33145	45407	57147	72823	85703	106905	132826	148948

表 12－2　　　　　　　　**2008—2016 年国有存款性金融机构资产负债表**　　　　单位：亿元

项目＼年度	2008	2009	2010	2011	2012	2013	2014	2015	2016
一、资产	734718	896214	1052307	1217020	1384103	1544201	1723242	1918982	2182571
（一）金融资产	723982	884369	1038986	1203054	1367809	1524397	1703185	1898590	2158208
国际储备资产	134382	167508	192998	205144	212944	236583	238597	221179	214898
现金和存款	96290	114127	148181	194102	225766	233252	259024	247789	273713
各项贷款	291076	378809	447447	525472	601286	680407	778623	880451	1026557
有价证券	162231	180923	195591	211167	228137	272571	299335	423562	544285
买入返售金融资产	19490	32063	38976	41530	63295	68103	68170	62275	51664
衍生金融资产	0	0	664	938	860	1494	1627	3591	5394
暂付应收款	5402	7777	10440	16566	25747	15852	14720	22435	28066
其他金融资产	15111	3161	4689	8136	9774	16135	43089	37307	13631
（二）非金融资产	10736	11846	13321	13966	16294	19803	20057	20392	24363
固定资产	4675	4842	5201	5828	6392	7048	7725	8178	8512
在建工程	439	782	956	1108	1431	1701	1783	1804	1647
投资性房地产	0	0	47	51	82	85	96	96	132
抵债资产	435	387	347	317	342	357	414	537	698
无形资产	1093	1141	1125	1123	1156	1208	1224	1237	1280
其他非金融资产	4094	4694	5645	5539	6891	9404	8815	8540	12094
二、负债	712365	867979	1013349	1167108	1320585	1469078	1631703	1808239	2057675
权益性负债	17590	18242	20265	21128	21517	22147	24403	30264	32447
流通中货币	37116	41556	48646	55850	60646	64981	67151	69886	74884
各项存款	524455	661307	798236	934288	1065230	1189705	1319880	1424260	1566790
各项贷款	9356	11622	10804	14584	18020	21425	26115	34192	57610
有价证券	88106	93966	100223	99792	107948	115362	135176	176567	217496
卖出回购金融资产	4669	7492	11082	15506	18109	18147	21497	29499	61234
衍生金融负债	0	0	656	754	832	1417	1554	3353	5085
应付暂收款	11858	11649	13948	18750	21448	23976	25950	30576	31643
其他负债	19216	22144	9490	6457	6835	11919	9977	9641	10487
三、净值	22353	28236	38957	49912	63518	75122	91539	110743	124895

表 12 – 3　　　　　　　　2008—2016 年国有非存款性金融机构资产负债表　　　　单位：亿元

年度 项目	2008	2009	2010	2011	2012	2013	2014	2015	2016
一、资产	41364	56194	66823	75024	91125	107172	147593	196762	224846
（一）金融资产	39897	54518	64107	71540	87331	103062	142275	189137	212403
现金和存款	15230	22367	22136	23961	28020	28854	39029	51017	50715
拆放同业	18	31	57	58	66	102	324	688	479
存出保证金	348	566	650	734	920	1025	1739	1835	1630
贷款	4850	6684	9582	12982	17515	24962	37099	45309	52462
买入返售金融资产	313	262	753	573	853	2121	3900	6030	10464
证券投资	16952	21646	26513	29892	36293	41353	52153	74116	86692
衍生金融资产	2	1	7	13	8	76	88	151	79
结算备付金	676	1306	2657	858	848	994	3045	4247	3660
应收准备金	427	445	405	566	603	814	1390	1637	1006
其他应收预付款	1005	1160	1267	1812	2076	2592	3287	3847	4950
其他金融资产	76	50	80	91	129	169	221	260	266
（二）非金融资产	1467	1676	2716	3484	3794	4110	5318	7625	12443
固定资产	583	701	914	1106	1221	1375	1678	2028	2943
投资性房地产	50	64	91	191	220	409	466	549	840
无形资产	196	162	205	267	277	407	432	535	581
其他非金融资产	638	749	1506	1920	2076	1919	2742	4513	8079
二、负债	38215	51285	60373	67789	81820	96591	132227	174679	200793
权益性负债	3798	4309	5247	6278	7588	8713	10426	12699	15525
同业拆入	590	1004	2073	3835	5850	7760	10931	12295	15565
借款	25	73	114	140	293	514	2307	2836	2818
存款	7184	8806	14074	15692	18187	22278	28136	38868	50492
代理证券	5497	10939	9510	5767	5553	5039	11333	19067	14383
卖出回购金融资产	1802	1857	2512	3607	5787	5656	11238	11947	9525
发行债务工具	556	883	1106	1586	2078	3597	5238	12120	13901
衍生金融负债	2	1	9	19	13	22	91	151	97
应付准备金	14737	18137	18696	22688	26671	30537	34880	39747	45565
其他应付预收款	1804	2328	2544	2978	3393	4494	6864	10837	15126
其他负债	2220	2948	4488	5199	6407	7981	10783	14112	17796
三、净值	3149	4909	6450	7235	9305	10581	15366	22083	24053

表 12 – 4　　　　　　　　　　2008 年国有金融机构资产负债表　　　　　单位：亿元

部门 项目	国有金融机构合计	国有存款性金融机构	国有非存款性金融机构
一、资产	776082	734718	41364
（一）金融资产	763879	723982	39897
国际储备资产	134382	134382	
现金和存款	112544	96290	16254
各项贷款	295944	291076	4868
有价证券	179183	162231	16952
买入返售金融资产	19803	19490	313
衍生金融资产	2	0	2
应收暂付款	6834	5402	1432
其他金融资产	15187	15111	76
（二）非金融资产	12203	10736	1467
固定资产	5258	4675	583
在建工程	439	439	
投资性房地产	50	0	50
抵债资产	435	435	
无形资产	1289	1093	196
其他非金融资产	4732	4094	638
二、负债	750580	712365	38215
权益性负债	21388	17590	3798
流通中货币	37116	37116	
各项存款	531639	524455	7184
贷款	9971	9356	615
有价证券	88662	88106	556
卖出回购金融资产	6471	4669	1802
衍生金融负债	2	0	2
保险准备金	14737		14737
应付预收款	13662	11858	1804
其他负债	26933	19216	7717
三、净值	25502	22353	3149

表 12－5　　　　　　　　　　2009 年国有金融机构资产负债表　　　　　　　单位：亿元

部门 项目	国有金融机构合计	国有存款性金融机构	国有非存款性金融机构
一、资产	952408	896214	56194
（一）金融资产	938887	884369	54518
国际储备资产	167508	167508	
现金和存款	138366	114127	24239
各项贷款	385524	378809	6715
有价证券	202569	180923	21646
买入返售金融资产	32325	32063	262
衍生金融资产	1	0	1
应收暂付款	9382	7777	1605
其他金融资产	3211	3161	50
（二）非金融资产	13522	11846	1676
固定资产	5543	4842	701
在建工程	782	782	
投资性房地产	64	0	64
抵债资产	387	387	
无形资产	1303	1141	162
其他非金融资产	5443	4694	749
二、负债	919264	867979	51285
权益性负债	22551	18242	4309
流通中货币	41556	41556	
各项存款	670113	661307	8806
贷款	12699	11622	1077
有价证券	94849	93966	883
卖出回购金融资产	9349	7492	1857
衍生金融负债	1	0	1
保险准备金	18137		18137
应付预收款	13977	11649	2328
其他负债	36031	22144	13887
三、净值	33145	28236	4909

表 12－6 　　　　　　　　　　 **2010 年国有金融机构资产负债表**　　　　　　单位：亿元

项目 ＼ 部门	国有金融机构合计	国有存款性金融机构	国有非存款性金融机构
一、资产	1119130	1052307	66823
（一）金融资产	1103093	1038986	64107
国际储备资产	192998	192998	
现金和存款	173624	148181	25443
各项贷款	457086	447447	9639
有价证券	222104	195591	26513
买入返售金融资产	39729	38976	753
衍生金融资产	671	664	7
应收暂付款	12112	10440	1672
其他金融资产	4769	4689	80
（二）非金融资产	16037	13321	2716
固定资产	6115	5201	914
在建工程	956	956	
投资性房地产	138	47	91
抵债资产	347	347	
无形资产	1330	1125	205
其他非金融资产	7151	5645	1506
二、负债	1073722	1013349	60373
权益性负债	25512	20265	5247
流通中货币	48646	48646	
各项存款	812310	798236	14074
贷款	12991	10804	2187
有价证券	101329	100223	1106
卖出回购金融资产	13594	11082	2512
衍生金融负债	665	656	9
保险准备金	18696		18696
应付预收款	16492	13948	2544
其他负债	23488	9490	13998
三、净值	45407	38957	6450

表 12 – 7　　　　　　　　　**2011 年国有金融机构资产负债表**　　　　　　单位：亿元

部门 项目	国有金融机构合计	国有存款性金融机构	国有非存款性金融机构
一、资产	1292044	1217020	75024
（一）金融资产	1274594	1203054	71540
国际储备资产	205144	205144	
现金和存款	219655	194102	25553
各项贷款	538512	525472	13040
有价证券	241059	211167	29892
买入返售金融资产	42103	41530	573
衍生金融资产	951	938	13
应收暂付款	18944	16566	2378
其他金融资产	8227	8136	91
（二）非金融资产	17450	13966	3484
固定资产	6934	5828	1106
在建工程	1108	1108	
投资性房地产	242	51	191
抵债资产	317	317	
无形资产	1390	1123	267
其他非金融资产	7459	5539	1920
二、负债	1234897	1167108	67789
权益性负债	27406	21128	6278
流通中货币	55850	55850	
各项存款	949980	934288	15692
贷款	18559	14584	3975
有价证券	101378	99792	1586
卖出回购金融资产	19113	15506	3607
衍生金融负债	773	754	19
保险准备金	22688		22688
应付预收款	21728	18750	2978
其他负债	17423	6457	10966
三、净值	57147	49912	7235

表 12 - 8   **2012 年国有金融机构资产负债表**   单位：亿元

部门 项目	国有金融机构合计	国有存款性金融机构	国有非存款性金融机构
一、资产	1475228	1384103	91125
（一）金融资产	1455140	1367809	87331
国际储备资产	212944	212944	
现金和存款	255554	225766	29788
各项贷款	618867	601286	17581
有价证券	264430	228137	36293
买入返售金融资产	64148	63295	853
衍生金融资产	868	860	8
应收暂付款	28426	25747	2679
其他金融资产	9903	9774	129
（二）非金融资产	20088	16294	3794
固定资产	7613	6392	1221
在建工程	1431	1431	
投资性房地产	302	82	220
抵债资产	342	342	
无形资产	1433	1156	277
其他非金融资产	8967	6891	2076
二、负债	1402405	1320585	81820
权益性负债	29105	21517	7588
流通中货币	60646	60646	
各项存款	1083417	1065230	18187
贷款	24163	18020	6143
有价证券	110026	107948	2078
卖出回购金融资产	23896	18109	5787
衍生金融负债	845	832	13
保险准备金	26671		26671
应付预收款	24841	21448	3393
其他负债	18795	6835	11960
三、净值	72823	63518	9305

表 12－9　　　　　　　　　2013 年国有金融机构资产负债表　　　　　　　单位：亿元

部门 项目	国有金融机构合计	国有存款性金融机构	国有非存款性金融机构
一、资产	1651373	1544201	107172
（一）金融资产	1627459	1524397	103062
国际储备资产	236583	236583	
现金和存款	264125	233252	30873
各项贷款	705471	680407	25064
有价证券	313924	272571	41353
买入返售金融资产	70224	68103	2121
衍生金融资产	1570	1494	76
应收暂付款	19258	15852	3406
其他金融资产	16304	16135	169
（二）非金融资产	23913	19803	4110
固定资产	8423	7048	1375
在建工程	1701	1701	
投资性房地产	494	85	409
抵债资产	357	357	
无形资产	1615	1208	407
其他非金融资产	11323	9404	1919
二、负债	1565669	1469078	96591
权益性负债	30860	22147	8713
流通中货币	64981	64981	
各项存款	1211983	1189705	22278
贷款	29699	21425	8274
有价证券	118959	115362	3597
卖出回购金融资产	23803	18147	5656
衍生金融负债	1439	1417	22
保险准备金	30537		30537
应付预收款	28470	23976	4494
其他负债	24939	11919	13020
三、净值	85703	75122	10581

表 12 – 10　　　　　　　　　　　**2014 年国有金融机构资产负债表**　　　　　　单位：亿元

项目 ＼ 部门	国有金融机构合计	国有存款性金融机构	国有非存款性金融机构
一、资产	1870835	1723242	147593
（一）金融资产	1845460	1703185	142275
国际储备资产	238597	238597	
现金和存款	302837	259024	43813
各项贷款	816046	778623	37423
有价证券	351488	299335	52153
买入返售金融资产	72070	68170	3900
衍生金融资产	1715	1627	88
应收暂付款	19397	14720	4677
其他金融资产	43310	43089	221
（二）非金融资产	25375	20057	5318
固定资产	9403	7725	1678
在建工程	1783	1783	
投资性房地产	562	96	466
抵债资产	414	414	
无形资产	1656	1224	432
其他非金融资产	11557	8815	2742
二、负债	1763930	1631703	132227
权益性负债	34829	24403	10426
流通中货币	67151	67151	
各项存款	1348016	1319880	28136
贷款	39353	26115	13238
有价证券	140414	135176	5238
卖出回购金融资产	32735	21497	11238
衍生金融负债	1645	1554	91
保险准备金	34880		34880
应付预收款	32814	25950	6864
其他负债	32093	9977	22116
三、净值	106905	91539	15366

表 12 – 11　　　　　　　　　　**2015 年国有金融机构资产负债表**　　　　　　　　单位：亿元

部门 项目	国有金融机构合计	国有存款性金融机构	国有非存款性金融机构
一、资产	2115744	1918982	196762
（一）金融资产	2087727	1898590	189137
国际储备资产	221179	221179	
现金和存款	304888	247789	57099
各项贷款	926448	880451	45997
有价证券	497678	423562	74116
买入返售金融资产	68305	62275	6030
衍生金融资产	3742	3591	151
应收暂付款	27919	22435	5484
其他金融资产	37567	37307	260
（二）非金融资产	28017	20392	7625
固定资产	10206	8178	2028
在建工程	1804	1804	
投资性房地产	645	96	549
抵债资产	537	537	
无形资产	1772	1237	535
其他非金融资产	13053	8540	4513
二、负债	1982918	1808239	174679
权益性负债	42963	30264	12699
流通中货币	69886	69886	
各项存款	1463128	1424260	38868
贷款	49323	34192	15131
有价证券	188687	176567	12120
卖出回购金融资产	41446	29499	11947
衍生金融负债	3504	3353	151
保险准备金	39747		39747
应付预收款	41413	30576	10837
其他负债	42820	9641	33179
三、净值	132826	110743	22083

表 12 – 12   **2016 年国有金融机构资产负债表**   单位：亿元

项目 ＼ 部门	国有金融机构合计	国有存款性金融机构	国有非存款性金融机构
一、资产	2407417	2182571	224846
（一）金融资产	2370611	2158208	212403
国际储备资产	214898	214898	
现金和存款	329718	273713	56005
各项贷款	1079498	1026557	52941
有价证券	630977	544285	86692
买入返售金融资产	62128	51664	10464
衍生金融资产	5473	5394	79
应收暂付款	34022	28066	5956
其他金融资产	13897	13631	266
（二）非金融资产	36806	24363	12443
固定资产	11455	8512	2943
在建工程	1647	1647	
投资性房地产	972	132	840
抵债资产	698	698	
无形资产	1861	1280	581
其他非金融资产	20173	12094	8079
二、负债	2258468	2057675	200793
权益性负债	47972	32447	15525
流通中货币	74884	74884	
各项存款	1617282	1566790	50492
贷款	75993	57610	18383
有价证券	231397	217496	13901
卖出回购金融资产	70759	61234	9525
衍生金融负债	5182	5085	97
保险准备金	45565		45565
应付预收款	46769	31643	15126
其他负债	42666	10487	32179
三、净值	148948	124895	24053

第三节　2008—2016 年国有金融机构
资产负债表简要分析

刘智媛

2008—2016 年国有金融机构资产负债表显示：资产和负债均增长较快，但增速有所放缓；资产负债率基本稳定，呈逐步下降态势。

一、资产

资产总额从 2008 年的 77.6 万亿元增加到 2016 年的 240.7 万亿元，增加 163.1 万亿元，增长 2.10 倍，年均增加 20.4 万亿元。其中，国有存款性金融机构增加 144.8 万亿元，年均增加 18.1 万亿元；国有非存款金融机构增加 18.3 万亿元，年均增加 2.3 万亿元。

总资产中，各类机构的平均占比分别是：国有存款性金融机构占比为 93.1%，国有非存款性金融机构占比为 6.9%。

资产年均增长 15.25%，其中，国有存款性金融机构增长 14.63%，国有非存款性金融机构增长 23.93%。

资产增长较为平稳，最高为 2009 年的 22.72%，最低为 2013 年的 11.94%。其中，国有存款性金融机构最高为 2009 年的 21.98%，最低为 2015 年的 11.36%；国有非存款性金融机构最高为 2014 年的 37.72%，最低为 2011 年的 12.27%。

从资产构成来看，金融资产平均占比为 98.6%，非金融资产平均占比为 1.4%。在金融资产中，各项贷款平均占比为 42.0%，有价证券平均占比为 20.9%，现金和存款平均占比为 15.5%，国际储备资产平均占比为 14.3%。上述四项占金融资产的 94.1%。

二、负债

负债总额从 2008 年的 75.1 万亿元增加到 2016 年的 225.8 万亿元，增加 150.8 万亿元，增加 2.00 倍，年均增加 18.8 万亿元。其中，国有存款性金融机构增加 134.5 万亿元，年均增加 16.8 万亿元，国有非存款性金融机构增加 16.3 万亿元，年均增加 2.0 万亿元。

总负债中，各类机构的平均占比分别是：国有存款性金融机构占比为 93.4%，国有非存款性金融机构占比为 6.6%。

负债年均增长 14.81%，其中，国有存款性金融机构增长 14.23%，国有非存款性金融机构增长 23.36%。

负债增长较为平稳，整体呈先下降后上升的趋势，最高为 2009 年的 22.47%，最低为 2013 年的 11.64%。其中，国有存款性金融机构最高为 2009 年的 21.84%，最低为 2015 年的 10.82%；国有非存款性金融机构最高为 2014 年的 36.89%，最低为 2011 年的 12.28%。

从负债结构来看，各项存款的平均占比为74.8%，有价证券平均占比为9.2%，流通中货币的平均占比为4.2%。上述三项在负债中平均占比为88.2%。

三、资产与负债

净值从2008年的2.6万亿元增加到2016年的14.9万亿元，增加了12.3万亿元，增长4.84倍。净值年均余额为7.9万亿元，其中，国有存款性金融机构年均净值为6.7万亿元，国有非存款性金融机构年均净值为1.1万亿元。2008年到2016年，净值平均增速为24.88%，其中，国有存款性金融机构平均增速为24.19%，国有非存款性金融企业平均增速为29.95%。

2008年至2016年，国有金融机构平均资产负债率为93.0%，其中，国有存款性金融机构为93.8%，国有非存款性金融机构为82.4%。

附件1：2008—2016年国有金融机构资产负债项目结构分析表

附件2：2008—2016年国有金融机构资产负债分机构结构分析表

附件3：2008—2016年国有金融机构资产负债项目增长分析表

附件4：2008—2016年国有金融机构资产负债分机构增长分析表

附件1

2008—2016 年国有金融机构资产负债项目结构分析表　　　　　单位：%

项目＼年度	2008	2009	2010	2011	2012	2013	2014	2015	2016	平均占比
一、资产	100.0	100.0	100.0	100.0	100.0	100.0	100.0	100.0	100.0	100.0
（一）金融资产	98.4	98.6	98.6	98.6	98.6	98.6	98.6	98.7	98.5	98.6
国际储备资产	17.3	17.6	17.2	15.9	14.4	14.3	12.5	10.5	8.9	14.3
现金和存款	14.5	14.5	15.5	17.0	17.3	16.0	16.2	14.4	13.7	15.5
各项贷款	38.1	40.5	40.8	41.7	42.0	42.7	43.6	43.8	44.8	42.0
有价证券	23.1	21.3	19.8	18.7	17.9	19.0	18.8	23.5	26.2	20.9
买入返售金融资产	2.6	3.4	3.5	3.3	4.3	4.3	3.9	3.2	2.6	3.4
衍生金融资产	0	0	0.1	0.1	0.1	0.1	0.1	0.2	0.2	0.1
应收暂付款	0.9	1.0	1.1	1.5	1.9	1.2	1.0	1.3	1.4	1.3
其他金融资产	2.0	0.3	0.4	0.6	0.7	1.0	2.3	1.8	0.6	1.1
（二）非金融资产	1.6	1.4	1.4	1.4	1.4	1.4	1.4	1.3	1.5	1.4
固定资产	0.7	0.6	0.5	0.5	0.5	0.5	0.5	0.5	0.5	0.5
在建工程	0.1	0.1	0.1	0.1	0.1	0.1	0.1	0.1	0.1	0.1
投资性房地产	0	0	0	0	0	0	0	0	0	0
抵债资产	0.1	0	0	0	0	0	0	0	0	0
无形资产	0.2	0.1	0.1	0.1	0.1	0.1	0.1	0.1	0.1	0.1
其他非金融资产	0.6	0.6	0.6	0.6	0.6	0.7	0.6	0.6	0.8	0.6
二、负债	100.0	100.0	100.0	100.0	100.0	100.0	100.0	100.0	100.0	100.0
权益性负债	2.8	2.5	2.4	2.2	2.1	2.0	2.0	2.2	2.1	2.2
流通中货币	4.9	4.5	4.5	4.5	4.3	4.2	3.8	3.5	3.3	4.2
各项存款	70.8	72.9	75.7	76.9	77.3	77.4	76.4	73.8	71.6	74.8
贷款	1.3	1.4	1.2	1.5	1.7	1.9	2.2	2.5	3.4	1.9
有价证券	11.8	10.3	9.4	8.2	7.8	7.6	8.0	9.5	10.2	9.2
卖出回购金融资产	0.9	1.0	1.3	1.5	1.7	1.5	1.9	2.1	3.1	1.7
衍生金融负债	0	0	0.1	0.1	0.1	0.1	0.1	0.2	0.2	0.1
保险准备金	2.0	2.0	1.7	1.8	1.9	2.0	2.0	2.0	2.0	1.9
应付预收款	1.8	1.5	1.5	1.8	1.8	1.8	1.9	2.1	2.1	1.8
其他负债	3.6	3.9	2.2	1.4	1.3	1.6	1.8	2.2	1.9	2.2

附件 2

2008—2016 年国有金融机构资产负债分机构结构分析表　　　单位：%

年度 项目	2008	2009	2010	2011	2012	2013	2014	2015	2016	平均占比
一、资产	100	100	100	100	100	100	100	100	100	100
国有存款性金融机构	94.7	94.1	94.0	94.2	93.8	93.5	92.1	90.7	90.7	93.1
国有非存款性金融机构	5.3	5.9	6.0	5.8	6.2	6.5	7.9	9.3	9.3	6.9
二、负债	100	100	100	100	100	100	100	100	100	100
国有存款性金融机构	94.9	94.4	94.4	94.5	94.2	93.8	92.5	91.2	91.1	93.4
国有非存款性金融机构	5.1	5.6	5.6	5.5	5.8	6.2	7.5	8.8	8.9	6.6
三、净值	100	100	100	100	100	100	100	100	100	100
国有存款性金融机构	87.7	85.2	85.8	87.3	87.2	87.7	85.6	83.4	83.9	86.0
国有非存款性金融机构	12.3	14.8	14.2	12.7	12.8	12.3	14.4	16.6	16.1	14.0
四、资产负债率	94.0	94.2	93.7	93.5	93.1	92.9	92.4	91.7	91.8	93.0
国有存款性金融机构	94.6	94.8	94.4	94.2	93.9	93.7	93.3	92.7	92.8	93.8
国有非存款性金融机构	83.2	83.6	82.5	82	81.5	82.0	82.5	82.3	82.4	82.4

附件3

2008—2016 年国有金融机构资产负债项目增长分析表　　　单位：%

项目 ＼ 年度	2009	2010	2011	2012	2013	2014	2015	2016	平均增速
一、资产	22.72	17.51	15.45	14.18	11.94	13.29	13.09	13.79	15.25
（一）金融资产	22.91	17.49	15.55	14.16	11.84	13.40	13.13	13.55	15.25
国际储备资产	24.65	15.22	6.29	3.80	11.10	0.85	-7.30	-2.84	6.47
现金和存款	22.94	25.48	26.51	16.34	3.35	14.66	0.68	8.14	14.76
各项贷款	30.27	18.56	17.81	14.92	13.99	15.67	13.53	16.52	17.66
有价证券	13.05	9.64	8.53	9.70	18.72	11.97	41.59	26.78	17.50
买入返售金融资产	63.23	22.90	5.98	52.36	9.47	2.63	-5.22	-9.04	17.79
衍生金融资产	-50.00	67000	41.73	-8.73	80.88	9.24	118.19	46.26	8404.70
应收暂付款	37.29	29.10	56.41	50.05	-32.25	0.72	43.94	21.86	25.89
其他金融资产	-78.86	48.51	72.49	20.38	64.64	165.63	-13.26	-63.01	27.07
（二）非金融资产	10.81	18.60	8.81	15.12	19.04	6.11	10.41	31.37	15.03
固定资产	5.42	10.32	13.40	9.80	10.64	11.63	8.55	12.23	10.25
在建工程	78.13	22.25	15.90	29.15	18.87	4.82	1.18	-8.70	20.20
投资性房地产	28.00	115.63	75.36	24.79	63.58	13.77	14.77	50.70	48.32
抵债资产	-11.03	-10.34	-8.65	7.89	4.39	15.97	29.71	29.98	7.24
无形资产	1.09	2.07	4.51	3.09	12.70	2.54	7.00	5.02	4.75
其他非金融资产	15.03	31.38	4.31	20.22	26.27	2.07	12.94	54.55	20.85
二、负债	22.47	16.80	15.01	13.56	11.64	12.66	12.41	13.90	14.81
权益性负债	5.44	13.13	7.42	6.20	6.03	12.86	23.35	11.66	10.76
流通中货币	11.96	17.06	14.81	8.59	7.15	3.34	4.07	7.15	9.27
各项存款	26.05	21.22	16.95	14.05	11.87	11.22	8.54	10.54	15.05
贷款	27.36	2.30	42.86	30.20	22.91	32.51	25.33	54.07	29.69
有价证券	6.98	6.83	0.05	8.53	8.12	18.04	34.38	22.64	13.19
卖出回购金融资产	44.48	45.41	40.60	25.02	-0.39	37.52	26.61	70.73	36.25
衍生金融负债	-50.00	66400	16.24	9.31	70.30	14.32	113.01	47.89	8327.63
保险准备金	23.07	3.08	21.35	17.56	14.50	14.22	13.95	14.64	15.30
应付预收款	2.30	17.99	31.75	14.33	14.61	15.26	26.21	12.93	16.92
其他负债	33.78	-34.81	-25.82	7.87	32.69	28.69	33.43	-0.36	9.43
三、净值	29.97	37.00	25.85	27.43	17.69	24.74	24.25	12.14	24.88

附件 4

2008—2016 年国有金融机构资产负债分机构增长分析表 单位：%

项目 ＼ 年度	2009	2010	2011	2012	2013	2014	2015	2016	平均增速
一、资产	22.72	17.51	15.45	14.18	11.94	13.29	13.09	13.79	15.25
国有存款性金融机构	21.98	17.42	15.65	13.73	11.57	11.59	11.36	13.74	14.63
国有非存款性金融机构	35.85	18.91	12.27	21.46	17.61	37.72	33.31	14.27	23.93
二、负债	22.47	16.80	15.01	13.56	11.64	12.66	12.41	13.90	14.81
国有存款性金融机构	21.84	16.75	15.17	13.15	11.24	11.07	10.82	13.79	14.23
国有非存款性金融机构	34.20	17.72	12.28	20.70	18.05	36.89	32.11	14.95	23.36
三、净值	25.85	27.43	17.69	24.74	24.25	12.14	−84.99	26.32	9.18
国有存款性金融机构	26.32	37.97	28.12	27.26	18.27	21.85	20.98	12.78	24.19
国有非存款性金融机构	55.89	31.39	12.17	28.61	13.71	45.22	43.71	8.92	29.95

第十三章　2008—2016 年国有企业资产负债表

第一节　2008—2016 年国有企业资产负债表编制说明

本表根据 2008—2016 年国有非金融企业资产负债表和 2008—2016 年国有金融机构资产负债表编制而成。

一、资产

（一）金融资产

1. 国际储备资产，其数据为国有金融机构资产负债表中的"国际储备资产"。

2. 货币资金，其数据为国有非金融企业资产负债表中的"货币资金"和国有金融机构资产负债表中的"现金和存款"项目数据的汇总。

3. 各项贷款，其数据为国有金融机构资产负债表中的"各项贷款"。

4. 有价证券，其数据为国有金融机构资产负债表中的"有价证券"和国有非金融企业资产负债表中的"短期投资"、"长期投资"。

5. 买入返售金融资产，其数据为国有金融机构资产负债表中的"买入返售金融资产"。

6. 衍生金融资产，其数据为两张报表相同项目数据的汇总。

7. 应收预付款，其数据为国有非金融企业资产负债表中的"应收预付款"、"长期应收款"和国有金融机构资产负债表中的"应收暂付款"项目数据的汇总。

8. 其他金融资产，其数据为国有非金融企业资产负债表中的"其他流动资产"和国有金融机构资产负债表中的"其他金融资产"项目数据的汇总。

（二）非金融资产

1. 固定资产，其数据为两张报表相同项目数据的汇总。

2. 在建工程，其数据为两张报表相同项目数据的汇总。

3. 投资性房地产，其数据为两张报表相同项目数据的汇总。

4. 存货，其数据为国有非金融企业资产负债表中的"存货"。

5. 抵债资产，其数据为国有金融机构资产负债表中的"抵债资产"。

6. 无形资产，其数据为两张报表相同项目数据的汇总。

7. 其他非金融资产，其数据为国有金融机构资产负债表中的"其他非金融资产"和国有非金融企业资产负债表中的"其他非流动资产"。

二、负债

1. 权益性负债，其数据为两张报表相同项目数据的汇总。

2. 流通中货币，其数据为国有金融机构资产负债表中的"流通中货币"。

3. 各项存款，其数据为国有金融机构资产负债表中的"各项存款"。

4. 贷款，其数据为国有非金融企业资产负债表中的"短期借款"、"长期借款"项目和国有金融机构资产负债表中"贷款"项目数据的汇总。

5. 有价证券，其数据为国有非金融企业资产负债表中的"短期证券"、"应付证券"和国有金融机构资产负债表中的"有价证券"项目数据的汇总。

6. 卖出回购金融资产，其数据为国有非金融企业资产负债表中的"卖出回购金融资产"和国有金融机构资产负债表中的"卖出回购金融资产"项目数据的汇总。

7. 衍生金融负债，其数据为两张报表相同项目数据的汇总。

8. 保险准备金，其数据为国有金融机构资产负债表中的"保险准备金"。

9. 应付预收款，其数据为国有金融机构资产负债表中的"应付预收款"和国有非金融企业资产负债表中的"应付票据"、"应付账款"、"预收账款"、"应付工资福利"、"应付股利"、"应缴税费"、"其他暂收应付款"、"长期应付款"项目数据的汇总。

10. 其他负债，其数据为国有金融机构资产负债表中的"其他负债"和国有非金融企业资产负债表中的"其他流动负债"和"其他非流动负债"项目数据的汇总。

三、净值

其数据为两张报表相同项目数据的汇总。

四、编制合并报表

国有企业资产负债合并表的编制，是在已经合并的国有金融机构资产负债表的基础上编制的。

1. 国有非金融企业资产负债表资产方"货币资金"与国有金融机构资产负债表中负债方"流通中货币"和"各项存款"按现金与存款比例合并。

2. 资产方的贷款应是国有金融机构资产负债表资产方"贷款"减去国有非金融企业资产负债表负债方对应的"借款"。

3. 国有非金融企业和国有金融机构资产负债表资产方"有价证券"应与其相互持有的负债方"有价证券"合并。

4. 国有非金融企业和国有金融机构资产负债表资产方"应收预付款"应与其相互持有的负债方"应付预收款"合并。

5. 国有非金融企业和国有金融机构资产方"买入返售金融资产"应与其相互持有的负债方"卖出回购金融资产"合并。

第二节　2008—2016 年国有企业资产负债表

表 13 – 1　　　　　　　　　2008—2016 年国有企业资产负债表　　　　　　　单位：亿元

项目＼年度	2008	2009	2010	2011	2012	2013	2014	2015	2016
一、资产	1101244	1373255	1643504	1932825	2241570	2565328	2928305	3374208	3810787
（一）金融资产	835705	1051170	1257115	1469726	1697116	1923949	2210075	2563021	2924843
国际储备资产	134382	167508	192998	205144	212944	236583	238597	221179	214898
货币资金	154227	197132	249790	308256	354885	375979	427365	446415	483407
各项贷款	295944	385524	457086	538512	618867	705471	816046	926448	1079498
有价证券	196490	232439	259005	284975	320333	378660	436693	610027	770206
买入返售金融资产	19803	32325	39729	42103	64148	70224	72070	68305	62128
衍生金融资产	2	1	671	951	868	1570	1947	4097	5921
应收预付款	14810	28238	46691	73639	105428	125549	153438	199513	236473
其他金融资产	20047	8002	11145	16147	19643	29913	63919	87036	72312
（二）非金融资产	265539	322086	386389	463099	544454	641378	718230	811187	885944
固定资产	135477	157369	178670	205096	233008	260037	287163	311716	341847
在建工程	43013	56170	69823	85439	100622	115566	123532	133286	140459
投资性房地产	2050	3113	4944	6544	8764	11918	14420	18187	21344
存货	46894	55852	72264	92651	112662	138839	160934	181617	195937
抵债资产	435	387	347	317	342	357	414	537	698
无形资产	18343	23752	29683	37012	45240	56607	61557	71036	81484
其他非金融资产	19327	25443	30658	36040	43816	58054	70210	94808	104175
二、负债	948595	1156859	1371935	1565510	1863368	2121764	2414220	2779261	3143982
权益性负债	68444	90525	99681	111171	122065	133117	146788	168835	192000
流通中货币	37116	41556	48646	55850	60646	64981	67151	69886	74884
各项存款	531639	670113	812310	949980	1083417	1211983	1348016	1463128	1617282
贷款	14178	24721	48042	74498	102388	139460	176577	208865	245750
有价证券	90218	104439	117420	125933	150074	169334	204512	271971	329413
卖出回购金融资产	6471	9349	13594	19113	23896	23803	32735	41446	70759
衍生金融负债	2	1	665	773	845	1439	1841	3785	5560
保险准备金	14737	18137	18696	22688	26671	30537	34880	39747	45565
应付预收款	122903	142478	164773	153206	233214	268613	297389	343242	389750
其他负债	62888	55539	48109	52299	60152	78498	104331	168355	173020
三、净值	152649	216397	271568	367315	378202	443563	514085	594947	666804

表 13 – 2　　　　　　　　　2008 年国有企业资产负债表　　　　　　　单位：亿元

部门 项目	国有企业合计	国有金融机构	国有非金融企业
一、资产	1101244	776082	325162
（一）金融资产	835705	763879	71826
国际储备资产	134382	134382	
货币资金	154227	112544	41683
各项贷款	295944	295944	0
有价证券	196490	179183	17307
买入返售金融资产	19803	19803	0
衍生金融资产	2	2	0
应收预付款	14810	6834	7976
其他金融资产	20047	15187	4860
（二）非金融资产	265539	12203	253336
固定资产	135477	5258	130219
在建工程	43013	439	42574
投资性房地产	2050	50	2000
存货	46894		46894
抵债资产	435	435	
无形资产	18343	1289	17054
其他非金融资产	19327	4732	14595
二、负债	948595	750580	198015
权益性负债	68444	21388	47056
流通中货币	37116	37116	
各项存款	531639	531639	
贷款	14178	9971	4207
有价证券	90218	88662	1556
卖出回购金融资产	6471	6471	0
衍生金融负债	2	2	0
保险准备金	14737	14737	
应付预收款	122903	13662	109241
其他负债	62888	26933	35955
三、净值	152649	25502	127147

表 13 – 3 　　　　　　　　　　**2009 年国有企业资产负债表**　　　　　　单位：亿元

部门 项目	国有企业合计	国有金融机构	国有非金融企业
一、资产	1373255	952408	420847
（一）金融资产	1051170	938887	112283
国际储备资产	167508	167508	
货币资金	197132	138366	58766
各项贷款	385524	385524	0
有价证券	232439	202569	29870
买入返售金融资产	32325	32325	0
衍生金融资产	1	1	0
应收预付款	28238	9382	18856
其他金融资产	8002	3211	4791
（二）非金融资产	322086	13522	308564
固定资产	157369	5543	151826
在建工程	56170	782	55388
投资性房地产	3113	64	3049
存货	55852		55852
抵债资产	387	387	
无形资产	23752	1303	22449
其他非金融资产	25443	5443	20000
二、负债	1156859	919264	237595
权益性负债	90525	22551	67974
流通中货币	41556	41556	
各项存款	670113	670113	
贷款	24721	12699	12022
有价证券	104439	94849	9590
卖出回购金融资产	9349	9349	0
衍生金融负债	1	1	0
保险准备金	18137	18137	
应付预收款	142478	13977	128501
其他负债	55539	36031	19508
三、净值	216397	33145	183252

表 13 – 4　　　　　　　　　2010 年国有企业资产负债表　　　　　单位：亿元

项目　　　　　　　部门	国有企业合计	国有金融机构	国有非金融企业
一、资产	1643504	1119130	524374
（一）金融资产	1257115	1103093	154022
国际储备资产	192998	192998	
货币资金	249790	173624	76166
各项贷款	457086	457086	0
有价证券	259005	222104	36901
买入返售金融资产	39729	39729	0
衍生金融资产	671	671	0
应收预付款	46691	12112	34579
其他金融资产	11145	4769	6376
（二）非金融资产	386389	16037	370352
固定资产	178670	6115	172555
在建工程	69823	956	68867
投资性房地产	4944	138	4806
存货	72264		72264
抵债资产	347	347	
无形资产	29683	1330	28353
其他非金融资产	30658	7151	23507
二、负债	1371935	1073722	298213
权益性负债	99681	25512	74169
流通中货币	48646	48646	
各项存款	812310	812310	
贷款	48042	12991	35051
有价证券	117420	101329	16091
卖出回购金融资产	13594	13594	0
衍生金融负债	665	665	0
保险准备金	18696	18696	
应付预收款	164773	16492	148281
其他负债	48109	23488	24621
三、净值	271568	45407	226161

表 13 - 5	2011 年国有企业资产负债表		单位：亿元
项目＼部门	国有企业合计	国有金融机构	国有非金融企业
一、资产	1932825	1292044	640781
（一）金融资产	1469726	1274594	195132
国际储备资产	205144	205144	
货币资金	308256	219655	88601
各项贷款	538512	538512	0
有价证券	284975	241059	43916
买入返售金融资产	42103	42103	0
衍生金融资产	951	951	0
应收预付款	73639	18944	54695
其他金融资产	16147	8227	7920
（二）非金融资产	463099	17450	445649
固定资产	205096	6934	198162
在建工程	85439	1108	84331
投资性房地产	6544	242	6302
存货	92651		92651
抵债资产	317	317	
无形资产	37012	1390	35622
其他非金融资产	36040	7459	28581
二、负债	1565510	1234897	330613
权益性负债	111171	27406	83765
流通中货币	55850	55850	
各项存款	949980	949980	
贷款	74498	18559	55939
有价证券	125933	101378	24555
卖出回购金融资产	19113	19113	0
衍生金融负债	773	773	0
保险准备金	22688	22688	
应付预收款	153206	21728	131478
其他负债	52299	17423	34876
三、净值	367315	57147	310168

表 13 – 6　　　　　　　　　　**2012 年国有企业资产负债表**　　　　　　单位：亿元

部门 项目	国有企业合计	国有金融机构	国有非金融企业
一、资产	2241570	1475228	766342
（一）金融资产	1697116	1455140	241976
国际储备资产	212944	212944	
货币资金	354885	255554	99331
各项贷款	618867	618867	0
有价证券	320333	264430	55903
买入返售金融资产	64148	64148	0
衍生金融资产	868	868	0
应收预付款	105428	28426	77002
其他金融资产	19643	9903	9740
（二）非金融资产	544454	20088	524366
固定资产	233008	7613	225395
在建工程	100622	1431	99191
投资性房地产	8764	302	8462
存货	112662		112662
抵债资产	342	342	
无形资产	45240	1433	43807
其他非金融资产	43816	8967	34849
二、负债	1863368	1402405	460963
权益性负债	122065	29105	92960
流通中货币	60646	60646	
各项存款	1083417	1083417	
贷款	102388	24163	78225
有价证券	150074	110026	40048
卖出回购金融资产	23896	23896	0
衍生金融负债	845	845	0
保险准备金	26671	26671	
应付预收款	233214	24841	208373
其他负债	60152	18795	41357
三、净值	378202	72823	305379

表 13 - 7　　　　　　　　　　　　**2013 年国有企业资产负债表**　　　　　　　　单位：亿元

部门 项目	国有企业合计	国有金融机构	国有非金融企业
一、资产	2565328	1651373	913955
（一）金融资产	1923949	1627459	296490
国际储备资产	236583	236583	
货币资金	375979	264125	111854
各项贷款	705471	705471	0
有价证券	378660	313924	64736
买入返售金融资产	70224	70224	0
衍生金融资产	1570	1570	0
应收预付款	125549	19258	106291
其他金融资产	29913	16304	13609
（二）非金融资产	641378	23913	617465
固定资产	260037	8423	251614
在建工程	115566	1701	113865
投资性房地产	11918	494	11424
存货	138839		138839
抵债资产	357	357	
无形资产	56607	1615	54992
其他非金融资产	58054	11323	46731
二、负债	2121764	1565669	556095
权益性负债	133117	30860	102257
流通中货币	64981	64981	
各项存款	1211983	1211983	
贷款	139460	29699	109761
有价证券	169334	118959	50375
卖出回购金融资产	23803	23803	0
衍生金融负债	1439	1439	0
保险准备金	30537	30537	
应付预收款	268613	28470	240143
其他负债	78498	24939	53559
三、净值	443563	85703	357860

表 13 - 8　　　　　　　　　　**2014 年国有企业资产负债表**　　　　　　　　单位：亿元

项目 ＼ 部门	国有企业合计	国有金融机构	国有非金融企业
一、资产	2928305	1870835	1057470
（一）金融资产	2210075	1845460	364615
国际储备资产	238597	238597	
货币资金	427365	302837	124528
各项贷款	816046	816046	0
有价证券	436693	351488	85205
买入返售金融资产	72070	72070	0
衍生金融资产	1947	1715	232
应收预付款	153438	19397	134041
其他金融资产	63919	43310	20609
（二）非金融资产	718230	25375	692855
固定资产	287163	9403	277760
在建工程	123532	1783	121749
投资性房地产	14420	562	13858
存货	160934		160934
抵债资产	414	414	
无形资产	61557	1656	59901
其他非金融资产	70210	11557	58653
二、负债	2414220	1763930	650290
权益性负债	146788	34829	111959
流通中货币	67151	67151	
各项存款	1348016	1348016	
贷款	176577	39353	137224
有价证券	204512	140414	64098
卖出回购金融资产	32735	32735	0
衍生金融负债	1841	1645	196
保险准备金	34880	34880	
应付预收款	297389	32814	264575
其他负债	104331	32093	72238
三、净值	514085	106905	407180

表 13 - 9   **2015 年国有企业资产负债表**   单位：亿元

部门 / 项目	国有企业合计	国有金融机构	国有非金融企业
一、资产	3374208	2115744	1258464
（一）金融资产	2563021	2087727	475294
国际储备资产	221179	221179	
货币资金	446415	304888	141527
各项贷款	926448	926448	0
有价证券	610027	497678	112349
买入返售金融资产	68305	68305	0
衍生金融资产	4097	3742	355
应收预付款	199513	27919	171594
其他金融资产	87036	37567	49469
（二）非金融资产	811187	28017	783170
固定资产	311716	10206	301510
在建工程	133286	1804	131482
投资性房地产	18187	645	17542
存货	181617		181617
抵债资产	537	537	
无形资产	71036	1772	69264
其他非金融资产	94808	13053	81755
二、负债	2779261	1982918	796343
权益性负债	168835	42963	125872
流通中货币	69886	69886	
各项存款	1463128	1463128	
贷款	208865	49323	159542
有价证券	271971	188687	83284
卖出回购金融资产	41446	41446	0
衍生金融负债	3785	3504	281
保险准备金	39747	39747	
应付预收款	343242	41413	301829
其他负债	168355	42820	125535
三、净值	594947	132826	462121

表 13 – 10　　　　　　　　　　　　　　**2016 年国有企业资产负债表**　　　　　　　　单位：亿元

项目 ＼ 部门	国有企业合计	国有金融机构	国有非金融企业
一、资产	3810787	2407417	1403370
（一）金融资产	2924843	2370611	554232
国际储备资产	214898	214898	
货币资金	483407	329718	153689
各项贷款	1079498	1079498	0
有价证券	770206	630977	139229
买入返售金融资产	62128	62128	0
衍生金融资产	5921	5473	448
应收预付款	236473	34022	202451
其他金融资产	72312	13897	58415
（二）非金融资产	885944	36806	849138
固定资产	341847	11455	330392
在建工程	140459	1647	138812
投资性房地产	21344	972	20372
存货	195937		195937
抵债资产	698	698	
无形资产	81484	1861	79623
其他非金融资产	104175	20173	84002
二、负债	3143982	2258468	885514
权益性负债	192000	47972	144028
流通中货币	74884	74884	
各项存款	1617282	1617282	
贷款	245750	75993	169757
有价证券	329413	231397	98016
卖出回购金融资产	70759	70759	0
衍生金融负债	5560	5182	378
保险准备金	45565	45565	
应付预收款	389750	46769	342981
其他负债	173020	42666	130354
三、净值	666804	148948	517856

第三节　2008—2016 年国有企业资产负债表简要分析

刘智媛

2008—2016 年国有企业资产负债表显示：资产和负债均增长较快，但增速均呈下降趋势；资产负债率保持稳定。

一、资产

资产总额从 2008 年的 110.1 万亿元增加到 2016 年的 381.1 万亿元，增加 271.0 万亿元，增加 2.46 倍，年均增加 33.9 万亿元。其中，国有金融机构增加 163.1 万亿元，年均增加 20.4 万亿元；国有非金融企业增加 107.8 万亿元，年均增加 13.5 万亿元。

总资产中，各类机构的平均占比分别是：国有金融机构占比为 66.1%，国有非金融企业占比为 33.9%。

资产年均增长 16.84%，其中，国有金融机构增长 15.25%，国有非金融企业增长 20.16%。

资产增速呈逐年下降趋势，最高为 2009 年的 24.70%，最低为 2016 年的 12.94%。其中，国有金融机构最高为 2009 年的 22.72%，最低为 2013 年的 11.94%；国有非金融企业最高为 2009 年的 29.42%，最低为 2016 年的 11.51%。

从资产构成来看，金融资产平均占比为 76.0%，非金融资产平均占比为 24.0%。在金融资产中，各项贷款平均占比为 27.7%，有价证券平均占比为 16.4%，货币资金平均占比为 14.5%，国际储备资产平均占比为 9.5%。上述四项占金融资产的 89.7%。

二、负债

负债总额从 2008 年的 94.9 万亿元增加到 2016 年的 314.4 万亿元，增加 219.5 万亿元，增加 2.31 倍，年均增加 27.4 万亿元。其中，国有金融机构增加 150.8 万亿元，年均增加 18.8 万亿元；国有非金融企业增加 68.7 万亿元，年均增加 8.6 万亿元。

总负债中，各类机构的平均占比分别是：国有金融机构占比为 75.7%，国有非金融企业占比为 24.3%。

负债年均增长 16.20%，其中，国有金融机构增长 14.81%，国有非金融企业增长 20.87%。

负债增长较为平稳，增速整体呈下降趋势，最高为 2009 年的 21.95%，最低为 2016 年的 13.12%。其中，国有金融机构最高为 2009 年的 22.47%，最低为 2013 年的 11.64%；国有非金融企业最高为 2012 年的 39.43%，最低为 2011 年的 10.86%。

从负债结构来看，各项存款的平均占比为 56.6%，应付预收款平均占比为 12.1%，有价证券平均占比为 8.9%。上述三项在负债中平均占比为 77.6%。

三、资产与负债

净值从 2008 年的 15.3 万亿元增加到 2016 年的 66.7 万亿元，增加了 51.4 万亿元，增长 3.37 倍。净值年均余额为 40.1 万亿元，其中，国有金融机构年均净值为 7.9 万亿元，国有非金融企业年均净值为 32.2 万亿元。2008 年到 2016 年，净值平均增速为 20.81%，其中，国有金融机构平均增速为 24.88%，国有非金融企业平均增速为 19.96%。

2008 年至 2016 年，国有企业平均资产负债率为 77.5%，其中，国有金融机构为 93.0%，国有非金融企业为 47.0%。

附件 1：2008—2016 年国有企业资产负债项目结构分析表

附件 2：2008—2016 年国有企业资产负债分机构结构分析表

附件 3：2008—2016 年国有企业资产负债项目增长分析表

附件 4：2008—2016 年国有企业资产负债分机构增长分析表

附件 1

2008—2016 年国有企业资产负债项目结构分析表   单位：%

项目 ＼ 年度	2008	2009	2010	2011	2012	2013	2014	2015	2016	平均占比
一、资产	100.0	100.0	100.0	100.0	100.0	100.0	100.0	100.0	100.0	100.0
（一）金融资产	75.9	76.5	76.5	76.0	75.7	75.0	75.5	76.0	76.8	76.0
国际储备资产	12.2	12.2	11.7	10.6	9.5	9.2	8.1	6.6	5.6	9.5
货币资金	14.0	14.4	15.2	15.9	15.8	14.7	14.6	13.2	12.7	14.5
各项贷款	26.9	28.1	27.8	27.9	27.6	27.5	27.9	27.5	28.3	27.7
有价证券	17.8	16.9	15.8	14.7	14.3	14.8	14.9	18.1	20.2	16.4
买入返售金融资产	1.8	2.4	2.4	2.2	2.9	2.7	2.5	2.0	1.6	2.3
衍生金融资产	0	0	0	0	0	0.1	0.1	0.1	0.2	0.1
应收预付款	1.3	2.1	2.8	3.8	4.7	4.9	5.2	5.9	6.2	4.1
其他金融资产	1.8	0.6	0.7	0.8	0.9	1.2	2.2	2.6	1.9	1.4
（二）非金融资产	24.1	23.5	23.5	24.0	24.3	25.0	24.5	24.0	23.2	24.0
固定资产	12.3	11.5	10.9	10.6	10.4	10.1	9.8	9.2	9.0	10.4
在建工程	3.9	4.1	4.2	4.4	4.5	4.5	4.2	4.0	3.7	4.2
投资性房地产	0.2	0.2	0.3	0.3	0.4	0.5	0.5	0.5	0.6	0.4
存货	4.3	4.1	4.4	4.8	5.0	5.4	5.5	5.4	5.1	4.9
抵债资产	0	0	0	0	0	0	0	0	0	0
无形资产	1.7	1.7	1.8	1.9	2.0	2.2	2.1	2.1	2.1	2.0
其他非金融资产	1.8	1.9	1.9	1.9	2.0	2.3	2.4	2.8	2.7	2.2
二、负债	100.0	100.0	100.0	100.0	100.0	100.0	100.0	100.0	100.0	100.0
权益性负债	7.2	7.8	7.3	7.1	6.6	6.3	6.1	6.1	6.1	6.7
流通中货币	3.9	3.6	3.5	3.6	3.3	3.1	2.8	2.5	2.4	3.2
各项存款	56.0	57.9	59.2	60.7	58.1	57.1	55.8	52.6	51.4	56.6
贷款	1.5	2.1	3.5	4.8	5.5	6.6	7.3	7.5	7.8	5.2
有价证券	9.5	9.0	8.6	8.0	8.1	8.0	8.5	9.8	10.5	8.9
卖出回购金融资产	0.7	0.8	1.0	1.2	1.3	1.1	1.4	1.5	2.3	1.2
衍生金融负债	0	0	0	0	0	0.1	0.1	0.1	0.2	0.1
保险准备金	1.6	1.6	1.4	1.4	1.4	1.4	1.4	1.4	1.4	1.5
应付预收款	13.0	12.3	12.0	9.8	12.5	12.7	12.3	12.4	12.4	12.1
其他负债	6.6	4.8	3.5	3.3	3.2	3.7	4.3	6.1	5.5	4.6

附件 2

2008—2016 年国有企业资产负债分机构结构分析表　　　　单位：%

项目＼年度	2008	2009	2010	2011	2012	2013	2014	2015	2016	平均占比
一、资产	100.0	100.0	100.0	100.0	100.0	100.0	100.0	100.0	100.0	100.0
国有金融机构	70.5	69.4	68.1	66.8	65.8	64.4	63.9	62.7	63.2	66.1
国有非金融企业	29.5	30.6	31.9	33.2	34.2	35.6	36.1	37.3	36.8	33.9
二、负债	100.0	100.0	100.0	100.0	100.0	100.0	100.0	100.0	100.0	100.0
国有金融机构	79.1	79.5	78.3	78.9	75.3	73.8	73.1	71.3	71.8	75.7
国有非金融企业	20.9	20.5	21.7	21.1	24.7	26.2	26.9	28.7	28.2	24.3
三、净值	100.0	100.0	100.0	100.0	100.0	100.0	100.0	100.0	100.0	100.0
国有金融机构	16.7	15.3	16.7	15.6	19.3	19.3	20.8	22.3	22.3	18.7
国有非金融企业	83.3	84.7	83.3	84.4	80.7	80.7	79.2	77.7	77.7	81.3
四、资产负债率	79.9	77.7	77.4	75.2	77.7	77.5	77.4	77.4	77.5	77.5
国有金融机构	94.0	94.2	93.7	93.5	93.1	92.9	92.4	91.7	91.8	93.0
国有非金融企业	46.4	40.3	42.7	38.5	48.0	49.7	50.9	53.3	52.8	47.0

附件 3

2008—2016 年国有企业资产负债项目增长分析表　　　单位：%

项目　＼　年度	2009	2010	2011	2012	2013	2014	2015	2016	平均增速
一、资产	24.70	19.68	17.60	15.97	14.44	14.15	15.23	12.94	16.84
（一）金融资产	25.78	19.59	16.91	15.47	13.37	14.87	15.97	14.12	17.01
国际储备资产	24.65	15.22	6.29	3.80	11.10	0.85	-7.30	-2.84	6.47
货币资金	27.82	26.71	23.41	15.13	5.94	13.67	4.46	8.29	15.68
各项贷款	30.27	18.56	17.81	14.92	13.99	15.67	13.53	16.52	17.66
有价证券	18.30	11.43	10.03	12.41	18.21	15.33	39.69	26.26	18.96
买入返售金融资产	63.23	22.90	5.98	52.36	9.47	2.63	-5.22	-9.04	17.79
衍生金融资产	-50.00	67000	41.73	-8.73	80.88	24.01	110.43	44.52	8405.4
应收预付款	90.67	65.35	57.72	43.17	19.09	22.21	30.03	18.53	43.34
其他金融资产	-60.08	39.27	44.87	21.66	52.28	113.68	36.17	-16.92	28.87
（二）非金融资产	21.30	19.96	19.85	17.57	17.80	11.98	12.94	9.22	16.33
固定资产	16.16	13.54	14.79	13.61	11.60	10.43	8.55	9.67	12.29
在建工程	30.59	24.31	22.37	17.77	14.85	6.89	7.90	5.38	16.26
投资性房地产	51.85	58.82	32.36	33.92	35.99	20.99	26.12	17.36	34.68
存货	19.10	29.38	28.21	21.60	23.23	15.91	12.85	7.88	19.77
抵债资产	-11.03	-10.34	-8.65	7.89	4.39	15.97	29.71	29.98	7.24
无形资产	29.49	24.97	24.69	22.23	25.13	8.74	15.40	14.71	20.67
其他非金融资产	31.64	20.50	17.55	21.58	32.49	20.94	35.03	9.88	23.70
二、负债	21.95	18.59	14.11	19.03	13.87	13.78	15.12	13.12	16.20
权益性负债	32.26	10.11	11.53	9.80	9.05	10.27	15.02	13.72	13.97
流通中货币	11.96	17.06	14.81	8.59	7.15	3.34	4.07	7.15	9.27
各项存款	26.05	21.22	16.95	14.05	11.87	11.22	8.54	10.54	15.05
贷款	74.36	94.34	55.07	37.44	36.21	26.61	18.29	17.66	45.00
有价证券	15.76	12.43	7.25	19.17	12.83	20.77	32.99	21.12	17.79
卖出回购金融资产	44.48	45.41	40.60	25.02	-0.39	37.52	26.61	70.73	36.25
衍生金融负债	-50.00	66400	16.24	9.31	70.30	27.94	105.59	46.90	8328.3
保险准备金	23.07	3.08	21.35	17.56	14.50	14.22	13.95	14.64	15.30
应付预收款	15.93	15.65	-7.02	52.22	15.18	10.71	15.42	13.55	16.45
其他负债	-11.68	-13.38	8.71	15.01	30.50	32.91	61.37	2.77	15.78
三、净值	41.76	25.50	35.26	2.96	17.28	15.90	15.73	12.08	20.81

附件 4

2008—2016 年国有企业资产负债分机构增长分析表   单位：%

年度 项目	2009	2010	2011	2012	2013	2014	2015	2016	平均增速
一、资产	24.70	19.68	17.60	15.97	14.44	14.15	15.23	12.94	16.84
国有金融机构	22.72	17.51	15.45	14.18	11.94	13.29	13.09	13.79	15.25
国有非金融企业	29.43	24.60	22.20	19.59	19.26	15.70	19.01	11.51	20.16
二、负债	21.95	18.59	14.11	19.03	13.87	13.78	15.12	13.12	16.20
国有金融机构	22.47	16.80	15.01	13.56	11.64	12.66	12.41	13.90	14.81
国有非金融企业	19.99	25.51	10.86	39.43	20.64	16.94	22.46	11.20	20.88
三、净值	41.76	25.50	35.26	2.96	17.28	15.90	15.73	12.08	20.81
国有金融机构	29.97	37.00	25.85	27.43	17.69	24.74	24.25	12.14	24.88
国有非金融企业	44.13	23.42	37.14	−1.54	17.19	13.78	13.49	12.06	19.96

第十四章　2008—2016 年政府部门总体资产负债表 ——基础核算表

第一节　2008—2016 年政府部门总体 资产负债表编制说明

本表有两种编制方法。一是根据 2008—2016 年广义财政资产负债表和 2008—2016 年国有企业资产负债表编制。二是根据政府分部门资产负债表编制。本表还可以编制合并报表。

一、根据 2008—2016 年广义政府资产负债表和 2008—2016 年国有企业资产负债表编制

（一）资产

1. 金融资产

（1）国际储备资产，其数据为国有企业资产负债表中的"国际储备资产"。

（2）通货和存款，其数据为广义政府资产负债表中的"通货和存款"和国有企业资产负债表中的"货币资金"项目数据的汇总。

（3）贷款，其数据为广义政府资产负债表中的"借出款项"和国有企业资产负债表中的"各项贷款"项目数据的汇总。

（4）有价证券，其数据为两张报表相同项目数据的汇总。

（5）买入返售金融资产，其数据为国有企业资产负债表中的"买入返售金融资产"。

（6）衍生金融资产，其数据为国有企业资产负债表中的"衍生金融资产"。

（7）应收预付款，其数据为两张报表相同项目数据的汇总。

（8）其他金融资产，其数据为两张报表相同项目数据的汇总。

2. 非金融资产

（1）固定资产，其数据为两张报表相同项目数据的汇总。

（2）在建工程，其数据为两张报表相同项目数据的汇总。

（3）公共基础设施，其数据为广义政府资产负债表中的"公共基础设施"。

（4）投资性房地产，其数据为国有企业资产负债表中的"投资性房地产"。

（5）存货，其数据为两张报表相同项目数据的汇总。

（6）文物文化资产，其数据为广义政府资产负债表中的"文物文化资产"。

（7）非生产资产，其数据为广义政府资产负债表中的"非生产资产"和国有企业资产负债表中的"无形资产"项目数据的汇总。

（8）其他非金融资产，其数据为广义政府资产负债表中的"其他非金融资产"和国有企业资产负债表中的"其他非金融资产"、"抵债资产"项目数据的汇总。

（二）负债

1. 权益性负债，其数据为两张报表相同数据的汇总。

2. 流通中货币，其数据为国有企业资产负债表中的"流通中货币"。

3. 存款，其数据为国有企业资产负债表中的"各项存款"。

4. 贷款，其数据为广义政府资产负债表中的"借款"和国有企业资产负债表中的"贷款"项目数据的汇总。

5. 有价证券，其数据为两张报表相同项目数据的汇总。

6. 卖出回购金融资产，其数据为国有企业资产负债表中的"卖出回购金融资产"。

7. 衍生金融负债，其数据为国有企业资产负债表中的"衍生金融负债"。

8. 保险基金，其数据为广义政府资产负债表中的"社会保障保险基金"和国有企业资产负债表中的"保险准备金"项目数据的汇总。

9. 应付预收款，其数据为两张报表相同项目数据的汇总。

10. 其他负债，其数据为两张报表相同项目数据的汇总。

（三）净值

其数据为两张报表相同项目数据的汇总。

（四）编制合并报表

1. 广义政府资产负债表资产方"现金和存款"与国有企业资产负债表负债方的"流通中货币"、"各项存款"按现金与存款比例合并。

2. 合并后的贷款应是广义政府资产负债表资产方"贷款"减去其负债方"借款"，再加上国有企业资产负债表资产方"贷款"。

3. 广义政府和国有企业资产负债表资产方"有价证券"应与其相互持有的负债方"有价证券"合并。

4. 广义政府和国有企业资产负债表资产方"应收预付款"应与其相互持有的负债方"应付预收款"合并。

5. 广义政府和国有企业资产负债表资产方"买入返售金融资产"与其相互持有的负债方"卖出回购金融资产"合并。

二、根据政府分部门资产负债表编制

（一）汇总的政府总体资产负债表的编制

根据政府分部门资产负债表编制汇总的政府总体资产负债表，我们设计了项目归属一览表（见下表）。

分部门资产负债项目归属一览表

项目/部门	狭义政府	事业单位	政府控制的非营利机构	国有非金融企业	中央银行	国有其他存款性金融机构	中央银行和国有其他存款性金融合并后	国有非存款性金融机构
一、资产								
（一）金融资产								
1. 国际储备资产					国际储备资产			
2. 通货和存款	现金和存款	货币资金	货币资金	货币资金	在金融机构存款	现金和存款、存放中央银行款项、存放同业	现金和存款	现金和存款、存出保证金、结算备付金
3. 贷款	借出款项			拆出资金	贷款	各项贷款、拆放同业	各项贷款	拆放同业、贷款
4. 有价证券	有价证券、出资额	短期投资、长期投资	短期投资、长期投资、一年内到期长期债权	短期投资、长期投资	有价证券	证券投资		证券投资
5. 买入返售金融资产				买入返售金融资产	买入返售证券	买入返售金融资产		买入返售金融资产
6. 衍生金融工具				衍生金融资产		衍生金融资产		衍生金融资产
7. 应收预付款	应收转贷款、应收预付款	应收预付款	应收款项、预付账款	应收预付款、长期应收款	暂付及应收款	应收及预付款		应收准备金、其他应收预付款
8. 其他金融资产	其他金融资产	其他流动资产	待摊费用、其他流动资产	其他流动资产	其他金融资产	贵金属、其他金融资产		其他金融资产

续表

项目/部门	狭义政府	事业单位	政府控制的非营利机构	国有非金融企业	中央银行	国有其他存款性金融机构	中央银行和国有其他存款性金融合并后	国有非存款性金融机构
（二）非金融资产								
1. 固定资产	固定资产	固定资产	固定资产	固定资产	固定资产	固定资产		固定资产
2. 在建工程	在建工程	在建工程	在建工程	在建工程		在建工程		
3. 公共基础设施	公共基础设施	公共基础设施						
4. 投资性房地产				投资性房地产		投资性房地产		投资性房地产
5. 存货	存货	存货	存货	存货				
6. 文物文化资产		文物文化资产	文物文化资产					
7. 非生产资产	土地、无形资产	无形资产	无形资产	无形资产		无形资产		无形资产
8. 其他非金融资产	其他非金融资产	其他非流动资产	受托代理资产	其他非流动资产		抵债资产、其他非金融资产		其他非金融资产
二、负债								
1. 权益性负债				权益性负债	权益性负债	权益性负债		权益性负债
2. 流通中货币					流通中货币			
3. 存款					金融机构存款、金融机构缴财政存款、财政存款	各项存款、同业存放	各项存款	存款
4. 贷款		短期借款、长期借款	短期借款、长期借款	短期借款、拆入资金、长期借款		向中央银行借款、同业拆入	贷款	同业拆入、借款
5. 有价证券	应付政府债券、有价证券		一年内到期长期负债	短期证券、应付证券	发行票据	发行债务工具		发行债务工具

续表

项目/部门	狭义政府	事业单位	政府控制的非营利机构	国有非金融企业	中央银行	国有其他存款性金融机构	中央银行和国有其他存款性金融合并后	国有非存款性金融机构
6. 卖出回购金融资产				卖出回购金融产品		卖出回购金融资产		卖出回购金融资产
7. 衍生金融负债				衍生金融负债		衍生金融负债		衍生金融负债
8. 保险基金	社会保障保险基金							应付准备金
9. 应付预收款	应付政府转贷款、应缴款、应付预收款	应缴款、应付预收款、长期应付款	应付款项、应付工资、应付税金、预收账款、长期应付款	应付票据/账款、预收款项、应付工资福利、应付股利、应缴税费、其他暂收应付款、长期应付款	应付及暂收款	其他应付款		其他应付预收款
10. 其他负债	其他负债	其他流动负债、其他非流动负债	其他流动负债、其他长期负债、预提费用、预计负债、受托代理负债	其他流动负债、其他非流动负债	其他负债	其他负债		代理证券、其他负债
三、净值								

(二) 合并的资产负债表的编制

1. 合并的国有存款性金融机构资产负债表的编制

（1）中央银行资产负债表资产方"在金融机构存款"与国有其他存款性金融机构资产负债表负债方"各项存款"合并，国有其他存款性金融机构资产负债表资产方"现金和存款"按现金与存款的比例分别与中央银行资产负债表负债方"流通中的货币"、国有其他存款性金融机构资产负债表负债方"各项存款"合并。

（2）国有其他存款性金融机构资产负债表资产方"贷款"中的"拆放同业"应与负债方"贷款"中的"同业拆入"合并。合并后的"贷款"应是中央银行资产负债表资产方"贷款"减去国有其他存款性金融机构资产负债表负债方"向中央银行借款"，再加上国有其他存款性金融机构资产负债表的已经合并的"贷款"。

（3）中央银行和国有其他存款性金融机构资产负债表资产方"买入返售金融资产"应与其相互持有的负债方"卖出回购金融资产"合并。

（4）中央银行和国有其他存款性金融机构资产负债表资产方"有价证券"应与其相互持有的负债方"有价证券"合并。

（5）中央银行和国有其他存款性金融机构资产负债表资产方"应收预付款"应与其相互持有的负债方"应付预收款"合并。

2. 合并的国有金融机构资产负债表的编制

（1）国有非存款性金融机构资产负债表资产方"现金和存款"与国有存款性金融机构资产负债表负债方"流通中货币"、"各项存款"按现金与存款比例合并。

（2）合并后的资产方"贷款"应是国有非存款性金融机构资产负债表资产方"贷款"减去其负债方"借款"，再加上国有存款性金融机构资产负债表资产方"贷款"。

（3）国有非存款性金融机构和国有存款性金融机构资产负债表资产方"买入返售金融资产"应与其相互持有的负债方"卖出回购金融资产"合并。

（4）国有非存款性金融机构和国有存款性金融机构资产负债表资产方"有价证券"应与其相互持有的负债方"有价证券"合并。

（5）国有非存款性金融机构和国有存款性金融机构资产负债表资产方"应收预付款"应与其相互持有的负债方"应付预收款"合并。

3. 合并的国有企业资产负债表的编制

（1）国有非金融企业资产负债表资产方"货币资金"与国有金融机构资产负债表中负债方"流通中货币"和"各项存款"按现金与存款比例合并。

（2）合并后的贷款应是国有金融机构资产负债表资产方"贷款"减去国有非金融企业资产负债表负债方对应的"借款"。

（3）国有非金融企业和国有金融机构资产负债表资产方"有价证券"应与其相互持有的负债方"有价证券"合并。

（4）国有非金融企业和国有金融机构资产负债表资产方"应收预付款"应与其相互持有的负债方"应付预收款"合并。

4. 合并的政府总体资产负债表的编制

（1）广义政府资产负债表资产方"现金和存款"与国有企业资产负债表负债方"流通中货币"、"各项存款"按现金与存款比例合并。

（2）合并后的"贷款"应是广义政府资产负债表资产方"贷款"减去其负债方"借款"，再加上国有企业资产负债表资产方"贷款"。

（3）广义政府和国有企业资产负债表资产方"有价证券"应与其相互持有的负债方"有价证券"合并。

（4）广义政府和国有企业资产负债表资产方"应收预付款"应与其相互持有的负债方"应付预收款"合并。

第二节　2008—2016 年政府部门总体资产负债表

表 14 –1　　　　　　　2008—2016 年政府总体资产负债表（汇总）　　　　　单位：亿元

项目 \ 年度	2008	2009	2010	2011	2012	2013	2014	2015	2016
一、资产	1685324	2083637	2466138	2857564	3245232	3736679	4099689	4695383	5233461
（一）金融资产	1035183	1280431	1516789	1757918	2013556	2297852	2633440	3047109	3473535
国际储备资产	134382	167508	192998	205144	212944	236583	238597	221179	214897
通货和存款	206027	260235	323533	388511	443339	483905	549560	581424	628152
贷款	296303	386054	458191	540128	621221	708355	819584	930590	1084173
有价证券	324193	375571	418168	461231	512124	600450	688896	904350	1109417
买入返售金融资产	19803	32325	39729	42103	64148	70224	72070	68305	62128
衍生金融资产	2	1	671	951	868	1570	1947	4097	5921
应收预付款	33268	49158	70908	102020	137123	162881	195237	247708	293868
其他金融资产	21205	9579	12591	17830	21789	33884	67549	89456	74979
（二）非金融资产	650141	803206	949349	1099646	1231676	1438827	1466249	1648274	1759926
固定资产	333986	408439	463279	521380	559939	624764	654283	710212	755855
在建工程	60967	78126	95998	114427	134497	137397	155825	172204	186809
公共基础设施	126285	143190	152512	175504	220555	259866	224642	283752	282414
投资性房地产	2050	3113	4944	6544	8764	11918	14420	18187	21344
存货	48159	57554	74220	95321	115873	143317	166352	188324	204454
文物文化资产	2623	2762	2918	3075	3566	4127	4226	4321	4585
非生产资产	51226	78559	117085	139207	134778	195837	172154	171883	196776
其他非金融资产	24845	31463	38393	44188	53704	61601	74347	99391	107689
二、负债	1055126	1282738	1519729	1734751	2054576	2337133	2659983	3098479	3543474
权益性负债	68860	90840	99778	111378	122268	133501	147321	169858	192791
流通中货币	37116	41556	48646	55850	60646	64981	67151	69886	74884
存款	531639	670113	812310	949980	1083417	1211983	1348016	1463128	1617282
贷款	24080	36512	61795	90651	118292	154813	193499	227189	262370
有价证券	138982	161861	184059	199784	232609	261119	307605	421732	548468
卖出回购金融资产	6471	9349	13594	19113	23896	23803	32735	41446	70759
衍生金融负债	2	1	665	773	845	1439	1841	3785	5560
社会保障保险基金	34819	43736	49769	61230	74314	86937	100134	114829	128473
应付预收款	149024	171797	199490	192124	276537	317994	353875	414641	467074
其他负债	64133	56973	49623	53868	61752	80563	107806	171985	175813
三、净值	630198	800899	946409	1122813	1190656	1399546	1439706	1596904	1689987

表 14 - 2　　　　　　　　　**2008 年政府总体资产负债表（汇总）**　　　　　　　单位：亿元

项目 ＼ 部门	政府总体合计	国有企业	广义政府
一、资产	1685324	1101244	584080
（一）金融资产	1035183	835705	199478
国际储备资产	134382	134382	
通货和存款	206027	154227	51800
贷款	296303	295944	359
有价证券	324193	196490	127703
买入返售金融资产	19803	19803	
衍生金融资产	2	2	
应收预付款	33268	14810	18458
其他金融资产	21205	20047	1158
（二）非金融资产	650141	265539	384602
固定资产	333986	135477	198509
在建工程	60967	43013	17954
公共基础设施	126285	0	126285
投资性房地产	2050	2050	
存货	48159	46894	1265
文物文化资产	2623	0	2623
非生产资产	51226	18343	32883
其他非金融资产	24845	19762	5083
二、负债	1055126	948596	106530
权益性负债	68860	68444	416
流通中货币	37116	37116	
存款	531639	531639	
贷款	24080	14178	9902
有价证券	138982	90218	48764
卖出回购金融资产	6471	6471	
衍生金融负债	2	2	0
社会保障保险基金	34819	14737	20082
应付预收款	149024	122903	26121
其他负债	64133	62888	1245
三、净值	630198	152648	477550

表 14 - 3 　　　　　　　**2009 年政府总体资产负债表（汇总）**　　　　　单位：亿元

项目 ＼ 部门	政府总体合计	国有企业	广义政府
一、资产	2083637	1373255	710382
（一）金融资产	1280431	1051169	229262
国际储备资产	167508	167508	
通货和存款	260235	197132	63103
贷款	386054	385524	530
有价证券	375571	232439	143132
买入返售金融资产	32325	32325	
衍生金融资产	1	1	
应收预付款	49158	28238	20920
其他金融资产	9579	8002	1577
（二）非金融资产	803206	322086	481120
固定资产	408439	157369	251070
在建工程	78126	56170	21956
公共基础设施	143190	0	143190
投资性房地产	3113	3113	
存货	57554	55852	1702
文物文化资产	2762	0	2762
非生产资产	78559	23752	54807
其他非金融资产	31463	25830	5633
二、负债	1282738	1156858	125880
权益性负债	90840	90525	315
流通中货币	41556	41556	
存款	670113	670113	
贷款	36512	24721	11791
有价证券	161861	104439	57422
卖出回购金融资产	9349	9349	
衍生金融负债	1	1	
社会保障保险基金	43736	18137	25599
应付预收款	171797	142478	29319
其他负债	56973	55539	1434
三、净值	800899	216397	584502

表 14 - 4	2010 年政府总体资产负债表（汇总）		单位：亿元
部门 项目	政府总体合计	国有企业	广义政府
一、资产	2466138	1643504	822634
（一）金融资产	1516789	1257115	259674
国际储备资产	192998	192998	
通货和存款	323533	249790	73743
贷款	458191	457086	1105
有价证券	418168	259005	159163
买入返售金融资产	39729	39729	
衍生金融资产	671	671	
应收预付款	70908	46691	24217
其他金融资产	12591	11145	1446
（二）非金融资产	949349	386389	562960
固定资产	463279	178670	284609
在建工程	95998	69823	26175
公共基础设施	152512	0	152512
投资性房地产	4944	4944	
存货	74220	72264	1956
文物文化资产	2918	0	2918
非生产资产	117085	29683	87402
其他非金融资产	38393	31005	7388
二、负债	1519729	1371936	147793
权益性负债	99778	99681	97
流通中货币	48646	48646	
存款	812310	812310	
贷款	61795	48042	13753
有价证券	184059	117420	66639
卖出回购金融资产	13594	13594	
衍生金融负债	665	665	
社会保障保险基金	49769	18696	31073
应付预收款	199490	164773	34717
其他负债	49623	48109	1514
三、净值	946409	271568	674841

表 14 – 5 **2011 年政府总体资产负债表（汇总）** 单位：亿元

部门 项目	政府总体合计	国有企业	广义政府
一、资产	2857564	1932826	924738
（一）金融资产	1757918	1469727	288191
国际储备资产	205144	205144	
通货和存款	388511	308256	80255
贷款	540128	538512	1616
有价证券	461231	284975	176256
买入返售金融资产	42103	42103	
衍生金融资产	951	951	
应收预付款	102020	73639	28381
其他金融资产	17830	16147	1683
（二）非金融资产	1099646	463099	636547
固定资产	521380	205096	316284
在建工程	114427	85439	28988
公共基础设施	175504	0	175504
投资性房地产	6544	6544	
存货	95321	92651	2670
文物文化资产	3075	0	3075
非生产资产	139207	37012	102195
其他非金融资产	44188	36357	7831
二、负债	1734751	1565511	169240
权益性负债	111378	111171	207
流通中货币	55850	55850	
存款	949980	949980	
贷款	90651	74498	16153
有价证券	199784	125933	73851
卖出回购金融资产	19113	19113	
衍生金融负债	773	773	
社会保障保险基金	61230	22688	38542
应付预收款	192124	153206	38918
其他负债	53868	52299	1569
三、净值	1122813	367315	755498

表 14 − 6　　　　　　　　**2012 年政府总体资产负债表（汇总）**　　　　　单位：亿元

项目 ＼ 部门	政府总体合计	国有企业	广义政府
一、资产	3245232	2241570	1003662
（一）金融资产	2013556	1697116	316440
国际储备资产	212944	212944	
通货和存款	443339	354885	88454
贷款	621221	618867	2354
有价证券	512124	320333	191791
买入返售金融资产	64148	64148	
衍生金融资产	868	868	
应收预付款	137123	105428	31695
其他金融资产	21789	19643	2146
（二）非金融资产	1231676	544454	687222
固定资产	559939	233008	326931
在建工程	134497	100622	33875
公共基础设施	220555	0	220555
投资性房地产	8764	8764	
存货	115873	112662	3211
文物文化资产	3566	0	3566
非生产资产	134778	45240	89538
其他非金融资产	53704	44158	9546
二、负债	2054576	1863368	191208
权益性负债	122268	122065	203
流通中货币	60646	60646	
存款	1083417	1083417	
贷款	118292	102388	15904
有价证券	232609	150074	82535
卖出回购金融资产	23896	23896	
衍生金融负债	845	845	
社会保障保险基金	74314	26671	47643
应付预收款	276537	233214	43323
其他负债	61752	60152	1600
三、净值	1190656	378202	812454

表 14－7　　　　　　　　　　**2013 年政府总体资产负债表（汇总）**　　　　　单位：亿元

项目 ＼ 部门	政府总体合计	国有企业	广义政府
一、资产	3736679	2565327	1171352
（一）金融资产	2297852	1923949	373903
国际储备资产	236583	236583	
通货和存款	483905	375979	107926
贷款	708355	705471	2884
有价证券	600450	378660	221790
买入返售金融资产	70224	70224	
衍生金融资产	1570	1570	
应收预付款	162881	125549	37332
其他金融资产	33884	29913	3971
（二）非金融资产	1438827	641378	797449
固定资产	624764	260037	364727
在建工程	137397	115566	21831
公共基础设施	259866	0	259866
投资性房地产	11918	11918	
存货	143317	138839	4478
文物文化资产	4127	0	4127
非生产资产	195837	56607	139230
其他非金融资产	61601	58411	3190
二、负债	2337133	2121765	215368
权益性负债	133501	133117	384
流通中货币	64981	64981	
存款	1211983	1211983	
贷款	154813	139460	15353
有价证券	261119	169334	91785
卖出回购金融资产	23803	23803	
衍生金融负债	1439	1439	
社会保障保险基金	86937	30537	56400
应付预收款	317994	268613	49381
其他负债	80563	78498	2065
三、净值	1399546	443562	955984

表 14 - 8　　　　　　　**2014 年政府总体资产负债表（汇总）**　　　　　单位：亿元

项目 ＼ 部门	政府总体合计	国有企业	广义政府
一、资产	4099689	2928305	1171384
（一）金融资产	2633440	2210075	423365
国际储备资产	238597	238597	
通货和存款	549560	427365	122195
贷款	819584	816046	3538
有价证券	688896	436693	252203
买入返售金融资产	72070	72070	
衍生金融资产	1947	1947	
应收预付款	195237	153438	41799
其他金融资产	67549	63919	3630
（二）非金融资产	1466249	718230	748019
固定资产	654283	287163	367120
在建工程	155825	123532	32293
公共基础设施	224642	0	224642
投资性房地产	14420	14420	
存货	166352	160934	5418
文物文化资产	4226	0	4226
非生产资产	172154	61557	110597
其他非金融资产	74347	70624	3723
二、负债	2659983	2414220	245763
权益性负债	147321	146788	533
流通中货币	67151	67151	
存款	1348016	1348016	
贷款	193499	176577	16922
有价证券	307605	204512	103093
卖出回购金融资产	32735	32735	
衍生金融负债	1841	1841	
社会保障保险基金	100134	34880	65254
应付预收款	353875	297389	56486
其他负债	107806	104331	3475
三、净值	1439706	514085	925621

表 14－9　　　　　　　　　　**2015 年政府总体资产负债表（汇总）**　　　　　单位：亿元

项目＼部门	政府总体合计	国有企业	广义政府
一、资产	4695382	3374208	1321174
（一）金融资产	3047108	2563021	484087
国际储备资产	221179	221179	
通货和存款	581424	446415	135009
贷款	930590	926448	4142
有价证券	904349	610028	294321
买入返售金融资产	68305	68305	
衍生金融资产	4097	4097	
应收预付款	247708	199513	48195
其他金融资产	89456	87036	2420
（二）非金融资产	1648274	811187	837087
固定资产	710212	311716	398496
在建工程	172204	133286	38918
公共基础设施	283752	0	283752
投资性房地产	18187	18187	
存货	188324	181617	6707
文物文化资产	4321	0	4321
非生产资产	171883	71036	100847
其他非金融资产	99391	95345	4046
二、负债	3098479	2779260	319219
权益性负债	169858	168835	1023
流通中货币	69886	69886	
存款	1463128	1463128	
贷款	227189	208865	18324
有价证券	421732	271971	149761
卖出回购金融资产	41446	41446	
衍生金融负债	3785	3785	
社会保障保险基金	114829	39747	75082
应付预收款	414641	343242	71399
其他负债	171985	168355	3630
三、净值	1596903	594948	1001955

表 14 – 10　　　　　　　　　**2016 年政府总体资产负债表（汇总）**　　　　　　单位：亿元

项目 ＼ 部门	政府总体合计	国有企业	广义政府
一、资产	5233461	3810787	1422674
（一）金融资产	3473535	2924843	548693
国际储备资产	214897	214897	
通货和存款	628152	483407	144745
贷款	1084173	1079498	4675
有价证券	1109417	770207	339210
买入返售金融资产	62128	62128	
衍生金融资产	5921	5921	
应收预付款	293868	236473	57395
其他金融资产	74979	72312	2667
（二）非金融资产	1759926	885944	873982
固定资产	755855	341847	414008
在建工程	186809	140459	46350
公共基础设施	282414	0	282414
投资性房地产	21344	21344	
存货	204454	195937	8517
文物文化资产	4585	0	4585
非生产资产	196776	81484	115292
其他非金融资产	107689	104873	2816
二、负债	3543474	3143983	399491
权益性负债	192791	192000	791
流通中货币	74884	74884	
存款	1617282	1617282	
贷款	262370	245750	16620
有价证券	548468	329413	219055
卖出回购金融资产	70759	70759	
衍生金融负债	5560	5560	
社会保障保险基金	128473	45565	82908
应付预收款	467074	389750	77324
其他负债	175813	173020	2793
三、净值	1689987	666804	1023183

表14－11

2008年政府总体资产负债表——基础核算表

单位：亿元

政府总体部门

项目	广义政府·狭义政府	广义政府·事业单位	广义政府·政府控制的非营利组织	广义政府·合计	国有企业·国有非金融企业	国有金融机构·国有存款性金融机构·中央银行	国有金融机构·国有存款性金融机构·其他存款性金融机构	国有存款性金融机构·合计·未经合并	国有存款性金融机构·合计·合并	国有金融机构·国有非存款性金融机构	国有金融机构·合计·未经合并	国有金融机构·合计·合并	国有企业·合计·未经合并	国有企业·合计·合并	合计·未经合并	合计·合并
一、资产	254145	318873	11062	584080	325162	207096	527622	734718	530895	41364	776082	551600	1101244	821340	1685324	1276496
（一）金融资产	166281	24077	9120	199478	71826	206552	517430	723982	520159	39897	763879	539397	835705	555801	1035183	626355
1. 国际储备资产						134382		134382	134382		134382	134382	134382	134382	134382	134382
2. 通货和存款	36645	10030	5125	51800	41683	1166	95124	96290	0	16254	112544	0	154227	0	206027	0
3. 贷款	359			359	0	20407	270669	291076	281720	4868	295944	285973	295944	281766	296303	272223
4. 有价证券	123512	1844	2347	127703	17307	34651	127580	162231	74125	16952	179183	90521	196490	106272	324193	185211
5. 买入返售金融资产					0	0	19490	19490	14821	313	19803	13332	19803	13332	19803	13332
6. 衍生金融工具					0	0	0	0	0	2	2	2	2	2	2	2
7. 应收预付款	5515	11980	963	18458	7976	3246	2156	5402	0	1432	6834	0	14810	0	33268	0
8. 其他金融资产	250	223	685	1158	4860	12700	2411	15111	15111	76	15187	15187	20047	20047	21205	21205
（二）非金融资产	87864	294796	1942	384602	253336	544	10192	10736	10736	1467	12203	12203	265539	265539	650141	650141
1. 固定资产	52661	144432	1416	198509	130219	544	4131	4675	4675	583	5258	5258	135477	135477	333986	333986
2. 在建工程	2687	15178	89	17954	42574		439	439	439		439	439	43013	43013	60967	60967
3. 公共基础设施	0	126285		126285											126285	126285
4. 投资性房地产					2000					50	50	50	2050	2050	2050	2050

续表

项目	政府总体部门														合计	
部门	广义政府				国有企业										未经合并	合并
	狭义政府	事业单位	政府控制的非营利组织	合计	国有非金融企业	国有金融机构							合计			
						国有存款性金融机构				国有非存款性金融机构	合计		未经合并	合并		
						中央银行	其他存款性金融机构	未经合并	合并		未经合并	合并				
5. 存货	147	942	176	1265	46894			0	0		0	0	46894	46894	48159	48159
6. 文物文化资产		2589	34	2623							0	0	0	0	2623	2623
7. 非生产资产	32369	291	223	32883	17054		1093	1093	1093	196	1289	1289	18343	18343	51226	51226
8. 其他非金融资产	0	5079	4	5083	14595		4529	4529	4529	638	5167	5167	19762	19762	24845	24845
二、负债	76903	23831	5796	106530	198015	205877	506489	712366	508543	38215	750581	526099	948596	668692	1055126	646298
1. 权益性负债	416			416	47056	220	17370	17590	17590	3798	21388	21388	68444	68444	68860	68860
2. 流通中货币						37116		37116	32360		37116	31547.1	37116	29463	37116	26873
3. 存款						109662	414793	524455	432921	7184	531639	424664	531639	385065	531639	335855
4. 贷款		9876	26	9902	4207		9356	9356	9356	615	9971	0	14178	0	24080	0
5. 有价证券	48753		11	48764	1556	45780	42326	88106		556	88662	0	90218	0	138982	0
6. 卖出回购金融资产					0		4669	4669	4669	1802	6471	0	6471	0	6471	0
7. 衍生金融负债					0		0	0	0	2	2	2	2	2	2	2
8. 保险基金	20082			20082				0	0	14737	14737	14737	14737	14737	34819	34819
9. 应付预收款	7576	13782	4763	26121	109241	555	11303	11858	6456	1804	13662	6828	122903	108093	149024	115756
10. 其他负债	76	173	996	1245	35955	12544	6672	19216	19216	7717	26933	26933	62888	62888	64133	64133
三、净值	177242	295042	5266	477550	127147	1219	21133	22352	22352	3149	25501	25501	152648	152648	630198	630198

表 14－12

2009 年政府总体资产负债表——基础核算表

单位：亿元

项目	狭义政府	事业单位	政府控制的非营利组织	广义政府·合计	国有非金融企业	中央银行	其他存款性金融机构	国有存款性金融机构·合计·未经合并	国有存款性金融机构·合计·合并	国有非存款性金融机构	国有金融机构·合计·未经合并	国有金融机构·合计·合并	国有企业·合计·未经合并	国有企业·合计·合并	政府总体·合计·未经合并	政府总体·合计·合并
一、资产	313903	384755	11724	710382	420847	227530	668684	896214	661230	56194	952408	687763	1373255	1009376	2083637	1566522
（一）金融资产	190625	28971	9666	229262	112283	226972	657396	884368	649384	54518	938886	674241	1051169	687290	1280431	763316
1. 国际储备资产						167508		167508	167508		167508	167508	167508	167508	167508	167508
2. 通货和存款	45336	12335	5432	63103	58766	3288	110839	114127	0	24239	138366	0	197132	0	260235	0
3. 贷款	530			530	0	19959	358850	378809	367187	6715	385524	372825	385524	372825	386054	349542
4. 有价证券	138446	2198	2488	143132	29870	30292	150631	180923	86957	21646	202569	107720	232439	128000	375571	213710
5. 买入返售金融资产					0	0	32063	32063	24571	262	32325	22976	32325	22976	32325	22976
6. 衍生金融工具					0		0	0	0	1	1	1	1	1	1	1
7. 应收预付款	5720	14180	1020	20920	18856	5493	2284	7777	0	1605	9382	0	28238	0	49158	0
8. 其他金融资产	593	258	726	1577	4791	432	2729	3161	3161	50	3211	3211	8002	8002	9579	9579
（二）非金融资产	123278	355784	2058	481120	308564	558	11288	11846	11846	1676	13522	13522	322086	322086	803206	803206
1. 固定资产	65468	184101	1501	251070	151826	558	4284	4842	4842	701	5543	5543	157369	157369	408439	408439
2. 在建工程	3416	18446	94	21956	55388		782	782	782		782	782	56170	56170	78126	78126
3. 公共基础设施	0	143190		143190				0	0		0	0	0	0	143190	143190
4. 投资性房地产					3049		0	0	0	64	64	64	3113	3113	3113	3113

续表

项目	广义政府 狭义政府	广义政府 事业单位	广义政府 政府控制的非营利组织	广义政府 合计	国有企业 国有非金融企业	国有企业 国有金融机构 国有存款性金融机构 中央银行	国有企业 国有金融机构 国有存款性金融机构 其他存款性金融机构	国有企业 国有金融机构 国有存款性金融机构 未经合计	国有企业 国有金融机构 国有存款性金融机构 合计	国有企业 国有金融机构 国有非存款性金融机构	国有企业 国有金融机构 合计 未经合计	国有企业 国有金融机构 合计 合计	国有企业 合计 未经合计	国有企业 合计 合计	政府总体部门 合计 未经合计	政府总体部门 合计 合计
5. 存货	194	1321	187	1702	55852			0	0		0	0	55852	55852	57554	57554
6. 文物文化资产		2726	36	2762				0	0		0	0	0	0	2762	2762
7. 非生产资产	54200	371	236	54807	22449		1141	1141	1141	162	1303	1303	23752	23752	78559	78559
8. 其他非金融资产	0	5629	4	5633	20000		5081	5081	5081	749	5830	5830	25830	25830	31463	31463
二、负债	91552	28183	6145	125880	237595	225123	642855	867978	632994	51285	919263	654618	1156858	792979	1282738	765623
1. 权益性负债	315			315	67974	220	18022	18242	18242	4309	22551	22551	90525	90525	90840	90840
2. 流通中货币						41556		41556	36014		41556	34802	41556	31864	41556	28709
3. 存款						124280	537027	661307	552722	8806	670113	538501	670113	482673	670113	422725
4. 贷款		11764	27	11791	12022		11622	11622	0	1077	12699	0	24721	0	36512	0
5. 有价证券	57411		11	57422	9590	42064	51902	93966	0	883	94849	0	104439	0	161861	0
6. 卖出回购金融资产							7492	7492	0	1857	9349	0	9349	0	9349	0
7. 衍生金融负债							0	0	0	1	1	1	1	1	1	1
8. 保险基金	25599			25599						18137	18137	18137	18137	18137	43736	43736
9. 应付预收款	8143	16126	5050	29319	128501	319	11330	11649	3872	2328	13977	4595	142478	114240	171797	122639
10. 其他负债	84	293	1057	1434	19508	16684	5460	22144	22144	13887	36031	36031	55539	55539	56973	56973
三、净值	222351	356572	5579	584502	183252	2407	25829	28236	28236	4909	33145	33145	216397	216397	800899	800899

表14-13

2010年政府总体资产负债表——基础核算表

单位：亿元

政府总部门

项目	广义政府 狭义政府	广义政府 事业单位	广义政府 政府控制的非营利组织	广义政府 合计	国有非金融企业	国有企业·国有金融机构·国有存款性金融机构 中央银行	国有企业·国有金融机构·国有存款性金融机构 其他存款性金融机构	国有企业·国有金融机构·国有存款性金融机构 未经合并	国有企业·国有金融机构·国有存款性金融机构 合并	国有企业·国有金融机构 国有非存款性金融机构	国有企业·国有金融机构·合计 未经合并	国有企业·国有金融机构·合计 合并	国有企业·合计 未经合并	国有企业·合计 合并	合计·合计 未经合并	合计·合计 合并
一、资产	380313	430354	11967	822634	524374	259275	793032	1052307	771577	66823	1119130	805480	1643504	1167967	2466138	1812249
（一）金融资产	215988	33820	9866	259674	154022	258705	780281	1038986	758256	64107	1103093	789443	1257115	781578	1516789	862900
1. 国际储备资产						192998		192998	192998		192998	192998	192998	192998	192998	192998
2. 通货和存款	53300	14899	5544	73743	76166	4085	144096	148181	0	25443	173624	0	249790	0	323533	0
3. 贷款	1105			1105	0	20678	426769	447447	436643	9639	457086	444095	457086	409044	458191	396396
4. 有价证券	154094	2529	2540	159163	36901	31416	164175	195591	95368	26513	222104	120775	259005	141585	418168	234109
5. 买入返售金融资产					0	0	38976	38976	27894	753	39729	26135	39729	26135	39729	26135
6. 衍生金融工具					0	0	664	664	664	7	671	671	671	671	671	671
7. 应收预付款	7051	16125	1041	24217	34579	8562	1878	10440	0	1672	12112	0	46691	0	70908	0
8. 其他金融资产	438	267	741	1446	6376	966	3723	4689	4689	80	4769	4769	11145	11145	12591	12591
（二）非金融资产	164325	396534	2101	562960	370352	570	12751	13321	13321	2716	16037	16037	386389	386389	949349	949349
1. 固定资产	73992	209085	1532	284609	172555	570	4631	5201	5201	914	6115	6115	178670	178670	463279	463279
2. 在建工程	3429	22650	96	26175	68867		956	956	956		956	956	69823	69823	95998	95998
3. 公共基础设施		152512		152512											152512	152512
4. 投资性房地产					4806	47	47	47	47	91	138	138	4944	4944	4944	4944

续表

项目	广义政府 狭义政府	广义政府 事业单位	广义政府 政府控制的非营利组织	广义政府 合计	国有企业 国有非金融企业	国有金融机构 中央银行	国有金融机构 其他存款性金融机构	国有存款性金融机构 未经合并	国有存款性金融机构 合并	国有非存款性金融机构	国有金融机构合计 未经合并	国有金融机构合计 合并	国有企业合计 未经合并	国有企业合计 合并	合计 未经合并	合计 合并
5. 存货	256	1509	191	1956	72264			0	0		0	0	72264	72264	74220	74220
6. 文物文化资产	2881		37	2918				0	0		0	0	0	0	2918	2918
7. 非生产资产	86648	513	241	87402	28353		1125	1125	1125	205	1330	1330	29683	29683	117085	117085
8. 其他非金融资产		7384	4	7388	23507		5992	5992	5992	1506	7498	7498	31005	31005	38393	38393
二、负债	108050	33473	6270	147793	298213	256465	756885	1013350	732620	60373	1073723	760073	1371936	896399	1519729	865840
1. 权益性负债	97			97	74169	220	20045	20265	20265	5247	25512	25512	99681	99681	99778	99778
2. 流通中货币						48646		48646	41441		48646	40169	48646	36361	48646	32674
3. 存款						161600	636636	798236	657260	14074	812310	647163	812310	574805	812310	504749
4. 贷款		13725	28	13753	35051	40497	10804	10804	0	2187	12991	0	48042	0	61795	0
5. 有价证券	66628		11	66639	16091	1422	59726	100223	0	1106	101329	0	117420	0	184059	0
6. 卖出回购金融资产					0	4080	11082	11082	0	2512	13594	0	13594	0	13594	0
7. 衍生金融负债					0		656	656	656	9	665	665	665	665	665	665
8. 保险基金	31073			31073				0	0	18696	18696	18696	18696	18696	49769	49769
9. 应付预收款	10158	19406	5153	34717	148281		12526	13948	3508	2544	16492	4380	164773	118082	199490	128582
10. 其他负债	94	342	1078	1514	24621	2810	5410	9490	9490	13998	23488	23488	48109	48109	49623	49623
三、净值	272263	396881	5697	674841	226161		36147	38957	38957	6450	45407	45407	271568	271568	946409	946409

表14-14　　2011年政府总体资产负债表——基础核算表

单位：亿元

项目	广义政府·狭义政府	广义政府·事业单位	广义政府·政府控制的非营利组织	广义政府·合计	国有企业·国有非金融企业	国有企业·国有金融机构·国有存款性金融机构·中央银行	国有企业·国有金融机构·国有存款性金融机构·其他存款性金融机构	国有企业·国有金融机构·国有存款性金融机构·未经合并	国有企业·国有金融机构·国有存款性金融机构·合并	国有企业·国有金融机构·国有非存款性金融机构	国有企业·国有金融机构·合计·未经合并	国有企业·国有金融机构·合计·合并	国有企业·合计·未经合并	国有企业·合计·合并	政府总体部门·合计·未经合并	合计·合并
一、资产	427958	484110	12670	924738	640781	280979	936042	1217021	876471	75024	1292045	914396	1932826	1331387	2857564	2057485
（一）金融资产	240732	37014	10445	288191	195132	280392	922663	1203055	862505	71540	1274595	896946	1469727	868288	1757918	957839
1. 国际储备资产						205144	205144	205144	205144		205144	205144	205144	205144	205144	205144
2. 通货和存款	58664	15721	5870	80255	88601	1316	192786	194102	0	25553	219655	0	308256	0	388511	0
3. 贷款	1616		1616	1616	0	19699	505773	525472	510888	13040	538512	519953	538512	464014	540128	449477
4. 有价证券	171148	2420	2688	176256	43916	37100	174067	211167	111375	29892	241059	139681	284975	159042	461231	261447
5. 买入返售金融资产					0	0	41530	41530	26024	573	42103	22990	42103	22990	42103	22990
6. 衍生金融工具					0		938	938	938	13	951	951	951	951	951	951
7. 应收预付款	8621	18657	1103	28381	54695	14278	2288	16566	0	2378	18944	0	73639	0	102020	0
8. 其他金融资产	683	216	784	1683	7920	2855	5281	8136	8136	91	8227	8227	16147	16147	17830	17830
（二）非金融资产	187226	447096	2225	636547	445649	587	13379	13966	13966	3484	17450	17450	463099	463099	1099646	1099646
1. 固定资产	81863	232799	1622	316284	198162	587	5241	5828	5828	1106	6934	6934	205096	205096	521380	521380
2. 在建工程	3621	25265	102	28988	84331		1108	1108	1108		1108	1108	85439	85439	114427	114427
3. 公共基础设施		175504		175504									0	0	175504	175504
4. 投资性房地产					6302		51	51	51	191	242	242	6544	6544	6544	6544

续表

项目	政府总体部门															
	广义政府				国有企业										合计	
	狭义政府	事业单位	政府控制的非营利组织	合计	国有非金融企业	国有金融机构							合计		未经合并	合并
						国有存款性金融机构				国有非存款性金融机构	合计		未经合并	合并		
						中央银行	其他存款性金融机构	合计			未经合并	合并				
								未经合并	合并							
5. 存货	387	2081	202	2670	92651				0		0	0	92651	92651	95321	95321
6. 文物文化资产		3036	39	3075					0		0	0	0	0	3075	3075
7. 非生产资产	101355	585	255	102195	35622		1123	1123	1123	267	1390	1390	37012	37012	139207	139207
8. 其他非金融资产		7826	5	7831	28581		5856	5856	5856	1920	7776	7776	36357	36357	44188	44188
二、负债	124499	38104	6637	169240	330613	278517	888592	1167109	826559	67789	1234898	857249	1565511	964072	1734751	934672
1. 权益性负债	207			207	83765	220	20908	21128	21128	6278	27406	27406	111171	111171	111378	111378
2. 流通中货币						55850		55850	46211		55850	44933	55850	40503	55850	36490
3. 存款						192434	741854	934288	749825	15692	949980	741242	949980	657071	949980	580829
4. 贷款		16124	29	16153	55939		14584	14584	0	3975	18559	0	74498	0	90651	0
5. 有价证券	73839		12	73851	24555	23337	76455	99792	0	1586	101378	0	125933	0	199784	0
6. 卖出回购金融资产					0		15506	15506	0	3607	19113	0	19113	0	19113	0
7. 衍生金融负债					0		754	754	754	19	773	773	773	773	773	773
8. 保险基金	38542			38542				0	0	22688	22688	22688	22688	22688	61230	61230
9. 应付预收款	11815	21648	5455	38918	131478	3425	15325	18750	2184	2978	21728	2784	153206	79567	192124	90104
10. 其他负债	96	332	1141	1569	34876	3251	3206	6457	6457	10966	17423	17423	52299	52299	53868	53868
三、净值	303459	446006	6033	755498	310168	2462	47450	49912	49912	7235	57147	57147	367315	367315	1122813	1122813

表 14 - 15

2012 年政府总体资产负债表——基础核算表

单位：亿元

政府总体部门

项目	广义政府				国有企业										合计	
	狭义政府	事业单位	政府控制的非营利组织	合计	国有非金融企业	国有金融机构							合计		未经合并	合计
						国有存款性金融机构				国有非存款性金融机构	合计		未经合并	合计		
						中央银行	其他存款性金融机构	未经合并	合计		未经合并	合计				
一、资产	445180	545107	13375	1003662	766342	294537	1089566	1384103	992812	91125	1475228	1036748	2241570	1504899	3245232	2289973
（一）金融资产	263792	41621	11027	316440	241976	293938	1073871	1367809	976518	87331	1455140	1016660	1697116	960445	2013556	1058297
1. 国际储备资产						212944		212944	212944		212944	212944	212944	212944	212944	212944
2. 通货和存款	64634	17623	6197	88454	99331	1708	224058	225766	0	29788	255554	0	354885	0	443339	0
3. 贷款	2354			2354		20136	581150	601286	583266	17581	618867	594704	618867	516479	621221	502929
4. 有价证券	186128	2824	2839	191791	55903	28558	199579	228137	120189	36293	264430	154404	320333	170259	512124	279515
5. 买入返售金融资产						4980	58315	63295	45186	853	64148	40252	64148	40252	64148	40252
6. 衍生金融工具							860	860	860	8	868	868	868	868	868	868
7. 应收预付款	9641	20890	1164	31695	77002	22938	2809	25747	4299	2679	28426	3585	105428	0	137123	0
8. 其他金融资产	1035	284	827	2146	9740	2674	7100	9774	9774	129	9903	9903	19643	19643	21789	21789
（二）非金融资产	181388	503486	2348	687222	524366	599	15695	16294	16294	3794	20088	20088	544454	544454	1231676	1231676
1. 固定资产	86586	238633	1712	326931	225395	599	5793	6392	6392	1221	7613	7613	233008	233008	559939	559939
2. 在建工程	5784	27984	107	33875	99191		1431	1431	1431		1431	1431	100622	100622	134497	134497
3. 公共基础设施	220555			220555											220555	220555
4. 投资性房地产					8462		82	82	82	220	302	302	8764	8764	8764	8764

续表

政府总体部门

项目	狭义政府	事业单位	政府控制的非营利组织	广义政府 合计	国有非金融企业	中央银行	其他存款性金融机构	国有存款性金融机构 未经合并	国有存款性金融机构 合并	国有非存款性金融机构	国有金融机构合计 未经合并	国有金融机构合计 合并	国有企业合计 未经合并	国有企业合计 合并	政府总体 合计 未经合并	政府总体 合计 合并
5. 存货	547	2451	213	3211	112662						0	0	112662	112662	115873	115873
6. 文物文化资产		3525	41	3566							0	0	0	0	3566	3566
7. 非生产性资产	88471	798	269	89538	43807		1156	1156	1156	277	1433	1433	45240	45240	134778	134778
8. 其他非金融资产		9540	6	9546	34849		7233	7233	7233	2076	9309	9309	44158	44158	53704	53704
二、负债	143496	40706	7006	191208	460963	291006	1029579	1320585	929294	81820	1402405	963925	1863368	1126697	2054576	1099317
1. 权益性负债	203			203	92960	220	21297	21517	21517	7588	29105	29105	122065	122065	122268	122268
2. 流通中货币						60646		60646	49443		60646	47954	60646	42987	60646	38564
3. 存款						213801	851429	1065230	850667	18187	1083417	840555	1083417	746191	1083417	662160
4. 贷款		15873	31	15904	78225		18020	18020	0	6143	24163	0	102388	0	118292	0
5. 有价证券	82522		13	82535	40048	13880	94068	107948	0	2078	110026	0	150074	0	232609	0
6. 卖出回购金融资产					0		18109	18109	0	5787	23896	0	23896	0	23896	0
7. 衍生金融负债					0		832	832	832	13	845	845	845	845	845	845
8. 保险基金	47643			47643				0	0	26671	26671	26671	26671	26671	74314	74314
9. 应付预收款	13024	24540	5759	43323	208373	1125	20323	21448	0	3393	24841	0	233214	127786	276537	139414
10. 其他负债	104	293	1203	1600	41357	1334	5501	6835	6835	11960	18795	18795	60152	60152	61752	61752
三、净值	301684	504401	6369	812454	305379	3531	59987	63518	63518	9305	72823	72823	378202	378202	1190656	1190656

表 14－16

2013 年政府总体资产负债表——基础核算表

单位：亿元

项目	广义政府				政府总体部门										合计	
	狭义政府	事业单位	政府控制的非营利组织	合计	国有非金融企业	中央银行	其他存款性金融机构	国有存款性金融机构(未经合并)	国有存款性金融机构(合计)	国有非存款性金融机构	国有金融机构(未经合并)	国有金融机构(合计)	国有企业(未经合并)	国有企业(合计)	未经合并	合计
一、资产	554481	602698	14173	1171352	913955	317278	1226922	1544200	1140162	107172	1651372	1195528	2565327	1731202	3736679	2650158
（一）金融资产	312435	49879	11589	373903	296490	316665	1207732	1524397	1120359	103062	1627459	1171615	1923949	1089824	2297852	1211331
1. 国际储备资产						236583		236583	236583		236583	236583	236583	236583	236583	236583
2. 通货和存款	80744	20159	7023	107926	111854	1597	231655	233252	233252	30873	264125	0	375979	0	483905	0
3. 贷款	2884			2884	0	20442	659965	680407	658982	25064	705471	675772	705471	566011	708355	553542
4. 有价证券	216482	3382	1926	221790	64736	37469	235102	272571	157209	41353	313924	194965	378660	209326	600450	339331
5. 买入返售金融资产					0	0	68103	68103	68103	2121	70224	46421	70224	46421	70224	46421
6. 衍生金融工具							1494	1494	1494	76	1570	1570	1570	1570	1570	1570
7. 应收预付款	11172	24806	1354	37332	106291	13467	2385	15852	2385	3406	19258	0	125549	0	162881	0
8. 其他金融资产	1153	1532	1286	3971	13609	7107	9028	16135	16135	169	16304	16304	29913	29913	33884	33884
（二）非金融资产	242046	552819	2584	797449	617465	613	19190	19803	19803	4110	23913	23913	641378	641378	1438827	1438827
1. 固定资产	98634	264329	1764	364727	251614	613	6435	7048	7048	1375	8423	8423	260037	260037	624764	624764
2. 在建工程	4649	17084	98	21831	113865		1701	1701	1701		1701	1701	115566	115566	137397	137397
3. 公共基础设施	259866			259866											259866	259866
4. 投资性房地产					11424		85	85	85	409	494	494	11918	11918	11918	11918

续表

部门	政府总体部门															
	广义政府				国有企业										合计	
						国有金融机构							合计			
						国有存款性金融机构				国有非存款性金融机构	合计					
项目	狭义政府	事业单位	政府控制的非营利组织	合计	国有非金融企业	中央银行	其他存款性金融机构	未经合并	合并		未经合并	合并	未经合并	合并	未经合并	合并
5. 存货	751	3501	226	4478	138839			0	0		0	0	138839	138839	143317	143317
6. 文物文化资产		3863	264	4127				0	0		0	0	0	0	4127	4127
7. 非生产资产	138012	991	227	139230	54992		1208	1208	1208	407	1615	1615	56607	56607	195837	195837
8. 其他非金融资产		3185	5	3190	46731		9761	9761	9761	1919	11680	11680	58411	58411	61601	61601
二、负债	164055	43525	7788	215368	556095	313833	1155246	1469079	1065041	96591	1565670	1109826	2121765	1287640	2337133	1250612
1. 权益性负债	384			384	102257	220	21927	22147	22147	8713	30860	30860	133117	133117	133501	133501
2. 流通中货币						64981		64981	53398		64981	51855	64981	46262	64981	40866
3. 存款						235983	953722	1189705	968036	22278	1211983	960984	1211983	854723.1	1211983	752193.4
4. 贷款		15322	31	15353	109761		21425	21425	0	8274	29699	0	139460	0	154813	0
5. 有价证券	91780		5	91785	50375	7762	107600	115362	0	3597	118959	0	169334	0	261119	0
6. 卖出回购金融资产					0		18147	18147	0	5656	23803	0	23803	0	23803	0
7. 衍生金融负债					0		1417	1417	1417	22	1439	1439	1439	1439	1439	1439
8. 保险基金	56400			56400						30537	30537	30537	30537	30537	86937	86937
9. 应付预收款	15387	27443	6551	49381	240143	664	23312	23976	8124	4494	28470	9212	268613	143064	317994	155113
10. 其他负债	104	760	1201	2065	53559	4223	7696	11919	11919	13020	24939	24939	78498	78498	80563	80563
三、净值	390426	559173	6385	955984	357860	3445	71676	75121	75121	10581	85702	85702	443562	443562	1399546	1399546

表14-17　　2014 年政府总体资产负债表——基础核算表

单位：亿元

政府总体部门

部门／项目	广义政府				国有企业										合计	
	狭义政府	事业单位	政府控制的非营利组织	合计	国有非金融企业	国有金融机构							国有企业合计		总体合计	
						国有存款性金融机构				国有非存款性金融机构	国有金融机构合计					
						中央银行	其他存款性金融机构	存款性合计 未经合并	存款性合计 合并		未经合并	合并	未经合并	合并	未经合并	合并
一、资产	578280	577677	15427	1171384	1057470	338249	1384993	1723242	1266710	147593	1870835	1336099	2928305	1933678	4099689	2821053
（一）金融资产	356162	54299	12904	423365	364615	337627	1365558	1703185	1246653	142275	1845460	1310724	2210075	1215448	2633440	1354804
1. 国际储备资产						238597		238597	238597		238597	238597	238597	238597	238597	238597
2. 通货和存款	91623	23393	7179	122195	124528	2262	256762	259024	0	43813	302837	0	427365	0	549560	0
3. 贷款	3538	3808	3064	3538	0	36132	742491	778623	752508	37423	816046	776693	816046	639469	819584	626085
4. 有价证券	245331			252203	85205	15318	284017	299335	164159	52153	351488	211074	436693	232181	688896	381291
5. 买入返售金融资产					0	1000	67170	68170	46673	3900	72070	39335	72070	39335	72070	39335
6. 衍生金融工具					232		1627	1627	1627	88	1715	1715	1947	1947	1947	1947
7. 应收预付款	14319	26005	1475	41799	134041	12307	2413	14720	0	4677	19397	0	153438	0	195237	0
8. 其他金融资产	1351	1093	1186	3630	20609	32011	11078	43089	43089	221	43310	43310	63919	63919	67549	67549
（二）非金融资产	222118	523378	2523	748019	692855	622	19435	20057	20057	5318	25375	25375	718230	718230	1466249	1466249
1. 固定资产	102647	262919	1554	367120	277760	622	7103	7725	7725	1678	9403	9403	287163	287163	654283	654283
2. 在建工程	8113	24092	88	32293	121749		1783	1783	1783		1783	1783	123532	123532	155825	155825
3. 公共基础设施	739	223903		224642				0	0		0	0	0	0	224642	224642
4. 投资性房地产					13858		96	96	96	466	562	562	14420	14420	14420	14420

续表

项目	广义政府 / 狭义政府	广义政府 / 事业单位	广义政府 / 政府控制的非营利组织	广义政府 / 合计	国有企业 / 国有非金融企业	国有金融机构 / 国有存款性金融机构 / 中央银行	国有金融机构 / 国有存款性金融机构 / 其他存款性金融机构	国有金融机构 / 国有存款性金融机构 / 未经合并	国有金融机构 / 国有存款性金融机构 / 合并	国有金融机构 / 国有非存款性金融机构	国有金融机构 / 合计 / 未经合并	国有金融机构 / 合计 / 合并	国有企业 / 合计 / 未经合并	国有企业 / 合计 / 合并	合计 / 未经合并	合计 / 合并
5. 存货	953	3954	511	5418	160934				0		0	0	160934	160934	166352	166352
6. 文物文化资产		4088	138	4226					0		0	0	0	0	4226	4226
7. 非生产资产	108609	1760	228	110597	59901		1224	1224	1224	432	1656	1656	61557	61557	172154	172154
8. 其他非金融资产	1057	2662	4	3723	58653		9229	9229	9229	2742	11971	11971	70624	70624	74347	74347
二、负债	189850	48043	7870	245763	650290	334487	1297216	1631703	1175171	132227	1763930	1229194	2414220	1419593	2659983	1381347
1. 权益性负债	533			533	111959	220	24183	24403	24403	10426	34829	34829	146788	146788	147321	147321
2. 流通中货币						67151		67151	54313		67151	52122	67151	45896	67151	39786
3. 存款						259775	1060105	1319880	1073694	28136	1348016	1060208	1348016	941906	1348016	825821
4. 贷款		16844	78	16922	137224		26115	26115	0	13238	39353	0	176577	0	193499	0
5. 有价证券	103075		18	103093	64098	6522	128654	135176		5238	140414	0	204512	0	307605	0
6. 卖出回购金融资产					0		21497	21497		11238	32735	0	32735	0	32735	0
7. 衍生金融负债					196		1554	1554	1554	91	1645	1645	1841	1841	1841	1841
8. 保险基金	65254			65254				0	0	34880	34880	34880	34880	34880	100134	100134
9. 应付预收款	19627	30221	6638	56486	264575	249	25701	25950	11230	6864	32814	13417	297389	143951	353875	158638
10. 其他负债	1361	978	1136	3475	72238	570	9407	9977	9977	22116	32093	32093	104331	104331	107806	107806
三、净值	388430	529634	7557	925621	407180	3762	87777	91539	91539	15366	106905	106905	514085	514085	1439706	1439706

注：政府总体部门

表 14－18

2015 年政府总体资产负债表——基础核算表

单位：亿元

项目	政府总体部门																合计	
	广义政府				国有企业										合计		未经合并	合计
	狭义政府	事业单位	政府控制的非营利组织	合计	国有非金融企业	国有金融机构							合计		未经合并	合计		
						国有存款性金融机构				国有非存款性金融机构	合计		未经合并	合计				
						中央银行	其他存款性金融机构	未经合并	合并		未经合并	合计						
一、资产	627437	670005	23732	1321174	1258465	317836	1601145	1918981	1408499	196762	2115743	1503480	3374208	2205998	4695382	3175883	4695382	3175883
（一）金融资产	403545	60385	20157	484087	475295	317184	1581405	1898589	1388107	189137	2087726	1475463	2563021	1394811	3047108	1527609	3047108	1527609
1. 国际储备资产						221179	221179	221179	221179		221179	221179	221179	221179	221179	221179	221179	221179
2. 通货和存款	95348	26600	13061	135009	141527	2139	245650	247789	0	57099	304888	0	446415	0	581424	0	581424	0
3. 贷款	4142			4142	0	35254	845197	880451	846259	45997	926448	877125	926448	717583	930590	703401	930590	703401
4. 有价证券	284855	4667	4799	294321	112350	15318	408244	423562	246995	74116	497678	308991	610028	338057	904349	482617	904349	482617
5. 买入返售金融工具					0	100	62175	62275	32776	6030	68305	26859	68305	26859	68305	26859	68305	26859
6. 衍生金融工具					355		3591	3591	3591	151	3742	3742	4097	4097	4097	4097	4097	4097
7. 应收预付款	17781	28318	2096	48195	171594	18739	3696	22435	0	5484	27919	0	199513	0	247708	0	247708	0
8. 其他金融资产	1419	800	201	2420	49469	24455	12852	37307	37307	260	37567	37567	87036	87036	89456	89456	89456	89456
（二）非金融资产	223892	609620	3575	837087	783170	652	19740	20392	20392	7625	28017	28017	811187	811187	1648274	1648274	1648274	1648274
1. 固定资产	111177	284743	2576	398496	301510	652	7526	8178	8178	2028	10206	10206	311716	311716	710212	710212	710212	710212
2. 在建工程	10135	28516	267	38918	131482		1804	1804	1804		1804	1804	133286	133286	172204	172204	172204	172204
3. 公共基础设施	1217	282535		283752									0	0	283752	283752	283752	283752
4. 投资性房地产					17542		96	96	96	549	645	645	18187	18187	18187	18187	18187	18187

续表

项目	广义政府				国有企业										合计	
	狭义政府	事业单位	政府控制的非营利组织	合计	国有非金融企业	国有金融机构							合计		未经合并	合并
						国有存款性金融机构				国有非存款性金融机构	合计		未经合并	合并		
						中央银行	其他存款性金融机构	合计			未经合并	合并				
								未经合并	合并							
5. 存货	1299	4866	542	6707	181617			0	0		0	0	181617	181617	188324	188324
6. 文物文化资产		4163	158	4321				0	0		0	0	0	0	4321	4321
7. 非生产资产	98748	2071	28	100847	69264		1237	1237	1237	535	1772	1772	71036	71036	171883	171883
8. 其他非金融资产	1316	2726	4	4046	81755		9077	9077	9077	4513	13590	13590	95345	95345	99391	99391
二、负债	251542	53781	13896	319219	796343	315241	1492997	1808238	1297756	174679	1982917	1370654	2779260	1611050	3098479	1578980
1. 权益性负债	1023			1023	125872	220	30044	30264	30264	12699	42963	42963	168835	168835	169858	169858
2. 流通中货币						69886		69886	57604		69886	54749	69886	47672	69886	40922
3. 存款						236497	1187763	1424260	1188754	38868	1463128	1173377	1463128	1038927	1463128	910668
4. 贷款		18076	248	18324	159542	6572	34192	34192	0	15131	49323	0	208865	0	227189	0
5. 有价证券	149758		3	149761	83284		169995	176567	0	12120	188687	0	271971	0	421732	0
6. 卖出回购金融资产					0		29499	29499	0	11947	41446	0	41446	0	41446	0
7. 衍生金融负债					281		3353	3353	3353	151	3504	3504	3785	3785	3785	3785
8. 保险基金	75082			75082				0	0	39747	39747	39747	39747	39747	114829	114829
9. 应付预收款	24164	34217	13018	71399	301829	1107	29469	30576	8141	10837	41413	13494	343242	143729	414641	166933
10. 其他负债	1515	1488	627	3630	125535	959	8682	9641	9641	33179	42820	42820	168355	168355	171985	171985
三、净值	375895	616224	9836	1001955	462122	2595	108148	110743	110743	22083	132826	132826	594948	594948	1596903	1596903

政府总体部门

表14-19

2016年政府总体资产负债表——基础核算表

单位：亿元

政府总体部门

部门＼项目	广义政府				国有企业										合计	
						国有金融机构							合计			
						国有存款性金融机构				国有非存款性金融机构	合计					
	狭义政府	事业单位	政府控制的非营利组织	合计	国有非金融企业	中央银行	其他存款性金融机构	未经合并	合并		未经合并	合并	未经合并	合并	未经合并	合并
一、资产	696654	697316	28704	1422674	1403371	343711	1838859	2182570	1554021	224846	2407416	1674158	3810787	2453616	5233461	3438475
（一）金融资产	453127	71978	23587	548693	554233	343031	1815176	2158207	1529658	212403	2370610	1637352	2924843	1567672	3473535	1678549
1. 国际储备资产						214897		214897	214897		214897	214897	214897	214897	214897	214897
2. 通货和存款	101372	29871	13502	144745	153689	2835	270878	273713	0	56005	329718	0	483407	0	628152	0
3. 贷款	4675			4675	0	74014	952543	1026557	968947	52941	1079498	1003505	1079498	833748	1084173	821803
4. 有价证券	326229	5089	7892	339210	139230	15279	529006	544285	326789	86692	630977	399580	770207	440794	1109417	560949
5. 买入返售金融工具					0	14550	37114	51664	0	10464	62128	0	62128	0	62128	0
6. 衍生金融工具					448		5394	5394	5394	79	5473	5473	5921	5921	5921	5921
7. 应收预付款	19230	36128	2037	57395	202451	22984	5082	28066	0	5956	34022	0	236473	0	293868	0
8. 其他金融资产	1621	890	156	2667	58415	-1528	15159	13631	13631	266	13897	13897	72312	72312	74979	74979
（二）非金融资产	243527	625338	5117	873982	849138	680	23683	24363	24363	12443	36806	36806	885944	885944	1759926	1759926
1. 固定资产	115557	296223	2228	414008	330392	680	7832	8512	8512	2943	11455	11455	341847	341847	755855	755855
2. 在建工程	11827	32912	1611	46350	138812		1647	1647	1647		1647	1647	140459	140459	186809	186809
3. 公共基础设施	1534	280880		282414											282414	282414
4. 投资性房地产					20372		132	132	132	840	972	972	21344	21344	21344	21344

续表

政府总体部门

项目	广义政府				国有企业										合计（政府总体部门）	
						国有金融机构										
				国有非金融企业	国有存款性金融机构				国有非存款性金融机构	国有金融机构合计		国有企业合计				
	狭义政府	事业单位	政府控制的非营利组织	合计		中央银行	其他存款性金融机构	存款性合计（未经合并）	存款性合计（合并）		未经合并	合并	未经合并	合并	未经合并	合并
5. 存货	1696	5674	1147	8517	195937				0		0	0	195937	195937	204454	204454
6. 文物文化资产		4482	103	4585					0		0	0	0	0	4585	4585
7. 非生产资产	112743	2526	23	115292	79623		1280	1280	1280	581	1861	1861	81484	81484	196776	196776
8. 其他非金融资产	170	2641	5	2816	84002		12792	12792	12792	8079	20871	20871	104873	104873	107689	107689
二、负债	330014	56386	13091	399491	885514	341787	1715889	2057676	1429127	200793	2258469	1525211	3143983	1786812	3543474	1748488
1. 权益性负债				791	144028	220	32227	32447	32447	15525	47972	47972	192000	192000	192791	192791
2. 流通中货币						74884		74884	61340.1		74884	58539.9	74884	50855.4	74884	43618.2
3. 存款						265643	1301147	1566790	1306621	50492	1617282	1303908	1617282	1157904	1617282	1020396
4. 贷款		16367	253	16620	169757		57610	57610	0	18383	75993	0	245750	0	262370	0
5. 有价证券	219043		12	219055	98016	500	216996	217496	0	13901	231397	0	329413	0	548468	0
6. 卖出回购金融资产					0		61234	61234	9570	9525	70759	8631	70759	8631	70759	8631
7. 衍生金融负债				0	378		5085	5085	5085	97	5182	5182	5560	5560	5560	5560
8. 保险基金	82908			82908				0	0	45565	45565	45565	45565	45565	128473	128473
9. 应付预收款	26941	38294	12089	77324	342981	358	31285	31643	3577	15126	46769	12747	389750	153277	467074	173206
10. 其他负债	331	1725	737	2793	130354	182	10305	10487	10487	32179	42666	42666	173020	173020	175813	175813
三、净值	366640	640930	15613	1023183	517857	1924	122970	124894	124894	24053	148947	148947	666804	666804	1689987	1689987

第三节　2008—2016 年政府部门
总体资产负债表简要分析

刘智媛

2008—2016 年政府总体资产负债表显示：资产和负债均增长较快，但增速均呈下降趋势；资产负债率相对稳定，呈逐年上升趋势。

一、资产

资产总额从 2008 年的 168.5 万亿元增加到 2016 年的 523.3 万亿元，增加 354.8 万亿元，增长 2.11 倍，年均增加 44.4 万亿元。其中，国有企业增加 271.0 万亿元，年均增加 33.9 万亿元；广义政府增加 83.9 万亿元，年均增加 10.5 万亿元。

总资产中，各类机构的平均占比分别是：国有企业占比为 68.8%，广义政府占比为 31.2%。

资产年均增长 15.28%，其中，国有企业增长 16.84%，广义政府增长 11.94%。

资产增速总体呈下降趋势，最高为 2009 年的 23.63%，最低为 2014 年的 9.71%。其中，国有企业最高为 2009 年的 24.70%，最低为 2016 年的 12.94%；广义政府最高为 2009 年的 21.62%，最低为 2014 年的 0。

从资产构成来看，金融资产平均占比为 62.8%，非金融资产平均占比为 37.2%。在金融资产中，贷款平均占比为 19.1%，有价证券平均占比为 17.7%，通货和存款平均占比为 12.9%，国际储备资产平均占比为 6.5%。上述四项占金融资产的 89.7%。

二、负债

负债总额从 2008 年的 105.5 万亿元增加到 2016 年的 354.3 万亿元，增加 248.8 万亿元，增加 2.36 倍，年均增加 31.1 万亿元。其中，国有企业增加 219.5 万亿元，年均增加 27.4 万亿元，广义政府增加 29.3 万亿元，年均增加 3.7 万亿元。

总负债中，各类机构的平均占比分别是：国有企业占比为 90.1%，广义政府占比为 9.9%。

负债年均增长 16.38%，其中，国有企业增长 16.20%，广义政府增长 18.11%。

负债增长较为平稳，整体呈下降趋势，最高为 2009 年的 21.57%，最低为 2012 年的 13.44%。其中，国有企业最高为 2009 年的 21.96%，最低为 2016 年的 13.12%；广义政府最高为 2015 年的 29.89%，最低为 2013 年的 12.63%。

从负债结构来看，存款的平均占比为 51.0%，应付预收款平均占比为 13.2%，有价证券平均占比为 12.5%。上述三项在负债中平均占比为 76.7%。

三、资产与负债

净值从 2008 年的 63.0 万亿元增加到 2016 年的 169.0 万亿元，增加了 106.0 万亿元，增长 1.68 倍。净值年均余额为 120.2 万亿元，其中，国有企业年均净值为 40.1 万亿元，广义政府年均净值为 80.1 万亿元。2008 年到 2016 年，净值平均增速为 13.39%，其中，国有企业平均增速为 20.81%，广义政府平均增速为 10.27%。

2008 年至 2016 年，政府总体平均资产负债率为 59.6%，其中，国有企业为 77.5%，广义政府为 20.3%。

附件 1：2008—2016 年政府总体资产负债项目结构分析表

附件 2：2008—2016 年政府总体资产负债分机构结构分析表

附件 3：2008—2016 年政府总体资产负债项目增长分析表

附件 4：2008—2016 年政府总体资产负债分机构增长分析表

附件 1

2008—2016 年政府总体资产负债项目结构分析表　　　单位：%

年度 项目	2008	2009	2010	2011	2012	2013	2014	2015	2016	平均占比
一、资产	100.0	100.0	100.0	100.0	100.0	100.0	100.0	100.0	100.0	100.0
（一）金融资产	61.4	61.5	61.5	61.5	62.0	61.5	64.2	64.9	66.4	62.8
国际储备资产	8.0	8.0	7.8	7.2	6.6	6.3	5.8	4.7	4.1	6.5
通货和存款	12.2	12.5	13.1	13.6	13.7	13.0	13.4	12.4	12.0	12.9
贷款	17.6	18.5	18.6	18.9	19.1	19.0	20.0	19.8	20.7	19.1
有价证券	19.2	18.0	17.0	16.1	15.8	16.1	16.8	19.3	21.3	17.7
买入返售证券	1.2	1.6	1.6	1.5	2.0	1.9	1.8	1.5	1.2	1.6
衍生金融资产	0	0	0	0	0	0	0	0.1	0.1	0
应收预付款	2.0	2.4	2.9	3.6	4.2	4.4	4.8	5.3	5.6	3.9
其他金融资产	1.3	0.5	0.5	0.6	0.7	0.9	1.6	1.9	1.4	1.0
（二）非金融资产	38.6	38.5	38.5	38.5	38.0	38.5	35.8	35.1	33.6	37.2
固定资产	19.8	19.6	18.8	18.2	17.3	16.7	16.0	15.1	14.4	17.3
在建工程	3.6	3.7	3.9	4.0	4.1	3.7	3.8	3.7	3.6	3.8
公共基础设施	7.5	6.9	6.2	6.1	6.8	7.0	5.5	6.0	5.4	6.4
投资性房地产	0.1	0.1	0.2	0.2	0.3	0.3	0.4	0.4	0.4	0.3
存货	2.9	2.8	3.0	3.3	3.6	3.8	4.1	4.0	3.9	3.5
文物文化资产	0.2	0.1	0.1	0.1	0.1	0.1	0.1	0.1	0.1	0.1
非生产资产	3.0	3.8	4.7	4.9	4.2	5.2	4.2	3.7	3.8	4.2
其他非金融资产	1.5	1.5	1.6	1.5	1.7	1.6	1.8	2.1	2.1	1.7
二、负债	100.0	100.0	100.0	100.0	100.0	100.0	100.0	100.0	100.0	100.0
权益性负债	6.5	7.1	6.6	6.4	6.0	5.7	5.5	5.5	5.4	6.1
流通中货币	3.5	3.2	3.2	3.2	3.0	2.8	2.5	2.3	2.1	2.9
存款	50.4	52.2	53.5	54.8	52.7	51.9	50.7	47.2	45.6	51.0
贷款	2.3	2.8	4.1	5.2	5.8	6.6	7.3	7.3	7.4	5.4
有价证券	13.2	12.6	12.1	11.5	11.3	11.2	11.6	13.6	15.5	12.5
卖出回购金融负债	0.6	0.7	0.9	1.1	1.2	1.0	1.2	1.3	2.0	1.1
衍生金融负债	0	0	0	0	0	0.1	0.1	0.1	0.2	0.1
保险基金	3.3	3.4	3.3	3.5	3.6	3.7	3.8	3.7	3.6	3.5
应付预收款	14.1	13.4	13.1	11.1	13.5	13.6	13.3	13.4	13.2	13.2
其他负债	6.1	4.4	3.3	3.1	3.0	3.4	4.1	5.6	5.0	4.2

附件 2

2008—2016 年政府总体资产负债分机构结构分析表　　　　单位：%

项目 ＼ 年度	2008	2009	2010	2011	2012	2013	2014	2015	2016	平均占比
一、资产	100.0	100.0	100.0	100.0	100.0	100.0	100.0	100.0	100.0	100.0
国有企业	65.3	65.9	66.6	67.6	69.1	68.7	71.4	71.9	72.8	68.8
广义政府	34.7	34.1	33.4	32.4	30.9	31.3	28.6	28.1	27.2	31.2
二、负债	100.0	100.0	100.0	100.0	100.0	100.0	100.0	100.0	100.0	100.0
国有企业	89.9	90.2	90.3	90.2	90.7	90.8	90.8	89.7	88.7	90.1
广义政府	10.1	9.8	9.7	9.8	9.3	9.2	9.2	10.3	11.3	9.9
三、净值	100.0	100.0	100.0	100.0	100.0	100.0	100.0	100.0	100.0	100.0
国有企业	24.2	27.0	28.7	32.7	31.8	31.7	35.7	37.3	39.5	32.1
广义政府	75.8	73.0	71.3	67.3	68.2	68.3	64.3	62.7	60.5	67.9
四、资产负债率	58.5	57.2	57.6	56.8	59.5	59.0	61.3	62.4	64.0	59.6
国有企业	79.9	77.7	77.4	75.2	77.7	77.5	77.4	77.4	77.5	77.5
广义政府	18.2	17.7	18.0	18.3	19.0	18.4	20.9	24.1	28.1	20.3

附件 3

2008—2016 年政府总体资产负债项目增长分析表   单位：%

项目 \ 年度	2009	2010	2011	2012	2013	2014	2015	2016	平均增速
一、资产	23.63	18.36	15.87	13.57	15.14	9.71	14.53	11.46	15.28
（一）金融资产	23.69	18.46	15.90	14.54	14.12	14.60	15.71	13.99	16.38
国际储备资产	24.65	15.22	6.29	3.80	11.10	0.85	-7.30	-2.84	6.47
通货和存款	26.31	24.32	20.08	14.11	9.15	13.57	5.80	8.04	15.17
贷款	30.29	18.69	17.88	15.01	14.03	15.70	13.54	16.50	17.71
有价证券	15.85	11.34	10.30	11.03	17.25	14.73	31.28	22.68	16.81
买入返售证券	63.23	22.90	5.98	52.36	9.47	2.63	-5.22	-9.04	17.79
衍生金融资产	-50.00	67000	41.73	-8.73	80.88	24.01	110.43	44.52	8405
应收预付款	47.76	44.25	43.88	34.41	18.78	19.86	26.88	18.63	31.81
其他金融资产	-54.83	31.44	41.61	22.20	55.51	99.35	32.43	-16.18	26.44
（二）非金融资产	23.54	18.19	15.83	12.01	16.82	1.91	12.41	6.77	13.44
固定资产	22.29	13.43	12.54	7.40	11.58	4.72	8.55	6.43	10.87
在建工程	28.14	22.88	19.20	17.54	2.16	13.41	10.51	8.48	15.29
公共基础设施	13.39	6.51	15.08	25.67	17.82	-13.55	26.31	-0.47	11.34
投资性房地产	51.85	58.82	32.36	33.92	35.99	20.99	26.12	17.36	34.68
存货	19.51	28.96	28.43	21.56	23.68	16.07	13.21	8.57	20.00
文物文化资产	5.30	5.65	5.38	15.97	15.73	2.40	2.25	6.11	7.35
非生产资产	53.36	49.04	18.89	-3.18	45.30	-12.09	-0.16	14.48	20.71
其他非金融资产	26.64	22.03	15.09	21.54	14.70	20.69	33.69	8.35	20.34
二、负债	21.57	18.48	14.15	18.44	13.75	13.81	16.48	14.36	16.38
权益性负债	31.92	9.84	11.63	9.78	9.19	10.35	15.30	13.50	13.94
流通中货币	11.96	17.06	14.81	8.59	7.15	3.34	4.07	7.15	9.27
存款	26.05	21.22	16.95	14.05	11.87	11.22	8.54	10.54	15.05
贷款	51.63	69.25	46.70	30.49	30.87	24.99	17.41	15.49	35.85
有价证券	16.46	13.71	8.54	16.43	12.26	17.80	37.10	30.05	19.05
卖出回购金融负债	44.48	45.41	40.60	25.02	-0.39	37.52	26.61	70.73	36.25
衍生金融负债	-50.00	66400	16.24	9.31	70.30	27.94	105.59	46.90	8328.28
保险基金	25.61	13.79	23.03	21.37	16.99	15.18	14.68	11.88	17.82
应付预收款	15.28	16.12	-3.69	43.94	14.99	11.28	17.17	12.65	15.97
其他负债	-11.16	-12.90	8.55	14.64	30.46	33.82	59.53	2.23	15.65
三、净值	27.09	18.17	18.64	6.04	17.54	2.87	10.92	5.83	13.39

附件4

2008—2016 年政府总体资产负债分机构增长分析表　　　　　单位：%

年度 项目	2009	2010	2011	2012	2013	2014	2015	2016	平均增速
一、资产	23.63	18.36	15.87	13.57	15.14	9.71	14.53	11.46	15.28
国有企业	24.70	19.68	17.60	15.97	14.44	14.15	15.23	12.94	16.84
广义政府	21.62	15.80	12.41	8.53	16.71	0.00	12.79	7.68	11.94
二、负债	21.57	18.48	14.15	18.44	13.75	13.81	16.48	14.36	16.38
国有企业	21.95	18.59	14.11	19.03	13.87	13.78	15.12	13.12	16.20
广义政府	18.16	17.41	14.51	12.98	12.64	14.11	29.89	25.15	18.11
三、净值	27.09	18.17	18.64	6.04	17.54	2.87	10.92	5.83	13.39
国有企业	41.76	25.50	35.26	2.96	17.28	15.90	15.73	12.08	20.81
广义政府	22.40	15.46	11.95	7.54	17.67	-3.18	8.25	2.12	10.27

第十五章　2008—2016 年政府部门总体资产负债表
——SNA 标准表

第一节　2008—2016 年政府部门总体资产负债表
——SNA 标准表编制说明

政府总体资产负债表的编制分为汇总和合并两种形式。

一、狭义政府资产负债表

（一）资产

1. 金融资产

通货和存款——现金和存款；贷款——借出款项；债务性证券——有价证券（扣除社会保障保险基金表中的"国有股票"、"非国有股票"所有有价证券金额）；股票和其他权益——有价证券（社会保障保险基金表中的"国有股票"、"非国有股票"）＋出资额；应收预付款——应收预付款＋应收转贷款；其他金融资产——其他金融资产。

2. 非金融资产

固定资产——固定资产；在建工程——在建工程；公共基础设施——公共基础设施；存货——存货；非生产资产——土地＋无形资产；其他非金融资产——其他非金融资产。

（二）负债

债务性证券——应付政府债券；股票和其他权益——有价证券；应付预收款——应付预收款＋应付政府转贷款＋应缴款；保险技术准备金——社会保障保险基金；其他负债——其他负债。

（三）净值——净值

二、事业单位资产负债表

（一）资产

1. 金融资产

通货和存款——货币资金；债务性证券——短期投资＋长期投资；应收预付款——应收预付款；其他金融资产——其他流动资产。

2. 非金融资产

固定资产——固定资产；在建工程——在建工程；公共基础设施——公共基础设施；存货——存货；文物文化资产——文物文化资产；非生产资产——无形资产；其他非金融资产——其他非流动资产。

3. 负债

贷款——短期借款＋长期借款；应付预收款——应付预收款＋应缴款＋长期应付款；其他负债——其他流动负债＋其他非流动负债。

（二）净值——净值

三、政府控制的非营利组织资产负债表

（一）资产

1. 金融资产

通货和存款——货币资金；债务性证券——短期投资（全部）＋长期投资（债券）＋一年内到期长期债权；股票和其他权益——长期投资（股票）；应收预付款——应收款项＋预付账款；其他金融资产——待摊费用＋其他流动资产。

2. 非金融资产

固定资产——固定资产；在建工程——在建工程；文物文化资产——文物文化资产；存货——存货；非生产资产——无形资产；其他非金融资产——受托代理资产。

3. 负债

债务性证券——一年内到期长期负债；贷款——短期借款＋长期借款；应付预收款——应付款项＋应付工资＋应付税金＋预收款项＋长期应付款；其他负债——预提费用＋预计负债＋其他流动负债＋其他长期负债＋受托代理负债。

（三）净值——净值

四、国有非金融企业资产负债表

（一）资产

1. 金融资产

通货和存款——货币资金；贷款——拆出资金 + 买入返售金融资产；债务性证券——短期投资（全部）+ 长期投资（扣除长期股权投资）；股票和其他权益——长期股权投资；应收预付款——应收预付款 + 长期应收款；衍生金融资产——衍生金融资产；其他金融资产——其他流动资产。

2. 非金融资产

固定资产——固定资产；在建工程——在建工程；投资性房地产——投资性房地产；存货——存货；非生产资产——无形资产；其他非金融资产——其他非流动资产。

（二）负债

贷款——短期借款 + 长期借款 + 拆入资金 + 卖出回购金融产品；债务性证券——短期证券（国有企业发行的短期证券）+ 应付债券；股票和其他权益——权益性负债；应付预收款——各种应付款 + 预收款项 + 长期应付款；衍生金融负债——衍生金融负债；其他负债——其他流动负债 + 其他非流动负债。

（三）净值——净值

五、中央银行资产负债表

（一）资产

1. 金融资产

国际储备资产——国际储备资产；通货和存款——在金融机构存款；贷款——贷款 + 买入返售证券；债务性证券——有价证券；应收预付款——应收预付款；其他金融资产——其他金融资产。

2. 非金融资产

固定资产——固定资产；在建工程——在建工程；非生产资产——无形资产；其他非金融资产——其他非金融资产 + 抵债资产。

3. 负债

股票和其他权益——权益性负债；通货和存款——流通中货币 + 金融机构存款 + 金融机构缴存款 + 财政存款；债务性证券——发行票据；应付预收款——应付暂收款；其他负债——其他负债。

（二）净值——净值

六、国有其他存款性金融机构资产负债表

（一）资产

1. 金融资产

通货和存款——现金和存款 + 存放中央银行款项 + 存放同业；贷款——各项贷款 + 买入返售资产 + 拆放同业；债务性证券——证券投资（债券投资 + 持有同业存单 + 其他投资）；

股票和其他权益——证券投资（股权投资）；衍生金融资产——衍生金融资产；应收预付款——应收预付款；其他金融资产——其他金融资产＋贵金属。

2. 非金融资产

固定资产——固定资产；在建工程——在建工程；投资性房地产——投资性房地产；非生产资产——无形资产；其他非金融资产——其他非金融资产＋抵债资产。

3. 负债

股票和其他权益——权益性负债；通货和存款——各项存款＋同业存放；贷款——向中央银行借款＋同业拆入＋卖出回购金融资产；债务性证券——发行债务工具；衍生金融负债——衍生金融负债；应付预收款——其他应付款；其他负债——其他负债。

（二）净值——净值

七、国有非存款性金融机构资产负债表

（一）资产

1. 金融资产

通货和存款——现金和存款＋存出保证金＋结算备付金；贷款——贷款＋买入返售证券＋拆放同业；债务性证券——证券投资（债券投资按 69.6% 的比例估算）；股票和其他权益——证券投资（股权投资按 30.4% 的比例估算）；衍生金融资产——衍生金融资产；应收预付款——其他应收预付款＋应收准备金；其他金融资产——其他金融资产。

2. 非金融资产

固定资产——固定资产；投资性房地产——投资性房地产；非生产资产——无形资产；其他非金融资产——其他非金融资产。

3. 负债

股票和其他权益——权益性负债；通货和存款——存款；贷款——借款＋同业拆入＋卖出回购金融资产；债务性证券——发行债务工具；衍生金融负债——衍生金融负债；应付预收款——其他应付款；保险技术准备金——应付准备金；其他负债——其他负债＋代理证券。

（二）净值——净值

八、合并报表编制

（一）合并的国有存款性金融机构资产负债表的编制

1. 中央银行资产负债表资产方"通货和存款"与国有其他存款性金融机构资产负债表负债方"通货和存款"合并，国有其他存款性金融机构资产负债表资产方"通货和存款"按现金与存款的比例分别与中央银行资产负债表负债方"通货和存款"、国有其他存款性金融机构资产负债表负债方"通货和存款"合并。

2. 合并后的"贷款"应是中央银行资产负债表资产方"贷款"减去国有其他存款性金融机构资产负债表负债方"贷款",再加上国有其他存款性金融机构资产负债表的"贷款"。

3. 中央银行和国有其他存款性金融机构资产负债表资产方"股票和其他权益"、"债务性证券"应与其相互持有的负债方"股票和其他权益"、"债务性证券"合并。

4. 中央银行和国有其他存款性金融机构资产负债表资产方"应收预付款"应与其相互持有的负债方"应付预收款"合并。

（二）合并的国有金融机构资产负债表的编制

1. 国有非存款性金融机构资产负债表资产方"通货和存款"与国有存款性金融机构资产负债表负债方"通货和存款"合并。

2. 合并后的贷款应是国有非存款性金融机构资产负债表资产方"贷款"减去其负债方"贷款",再加上国有存款性金融机构资产负债表资产方"贷款"。

3. 国有非存款性金融机构和国有存款性金融机构资产负债表资产方"股票和其他权益"、"债务性证券"应与其相互持有的负债方"股票和其他权益"、"债务性证券"合并。

4. 国有非存款性金融机构和国有存款性金融机构资产负债表资产方"应收预付款"应与其相互持有的负债方"应付预收款"合并。

（三）合并的国有企业资产负债表的编制

1. 国有非金融企业资产负债表资产方"通货和存款"与国有金融企业资产负债表资产方"通货和存款"合并。

2. 国有非金融企业资产负债表资产方"贷款"应减去国有金融企业资产负债表其负债方对应的"贷款",再加上国有金融企业资产负债表资产方"贷款"。

3. 国有非金融企业和国有金融机构资产负债表资产方"股票和其他权益、债务性证券"应与其相互持有的负债方"股票和其他权益"、"债务性证券"合并。

4. 国有非金融企业和国有金融机构资产负债表资产方"应收预付款"应与其相互持有的负债方"应付预收款"合并。

（四）合并的政府总体资产负债表的编制

1. 广义政府资产负债表资产方"通货和存款"与国有企业资产负债表负债方"通货和存款"按现金与存款比例合并。

2. 合并后的贷款应是广义政府资产负债表资产方"贷款"减去其负债方"贷款",再加上国有企业资产负债表资产方"贷款"。

3. 广义政府和国有企业资产负债表资产方"股票和其他权益"、"债务性证券"应与其相互持有的负债方"股票和其他权益"、"债务性证券"合并。

4. 广义政府和国有企业资产负债表资产方"应收预付款"应与其相互持有的负债方"应付预收款"合并。

第二节　2008—2016 年政府部门总体资产负债表

表 15 - 1　　　　　　　　　　2008—2016 年政府部门总体资产负债表　　　　　　　单位：亿元

项目＼年度	2008	2009	2010	2011	2012	2013	2014	2015	2016
一、资产	1685327	2083636	2466138	2857562	3245233	3736682	4099688	4695383	5233461
非金融资产	650142	803205	949349	1099646	1231676	1438827	1466248	1648275	1759925
固定资产	333987	408503	463368	521571	560160	625174	654749	710761	756695
在建工程	60967	78126	95998	114427	134497	137397	155825	172204	186809
投资性房地产	2050	3113	4944	6544	8763	11918	14420	18187	21344
公共基础设施	126285	143190	152512	175504	220555	259866	224642	283752	282414
存货	48159	57554	74220	95321	115873	143317	166352	188324	204454
文物文化资产	2623	2762	2918	3075	3566	4127	4226	4321	4585
非生产资产	51226	78559	117086	139207	134778	195837	172154	171883	196775
其他非金融资产	24845	31398	38303	43997	53484	61191	73880	98843	106849
金融资产	1035185	1280431	1516788	1757916	2013557	2297855	2633439	3047108	3473535
国际储备资产	134382	167508	192998	205144	212944	236583	238597	221179	214897
通货和存款	206027	260235	323534	388510	443340	483905	549559	581425	628152
债务性债券	182682	208322	224559	242966	267202	318611	379518	533435	679711
贷款	316107	418380	497921	582232	685368	778581	891654	998894	1146302
股票和其他权益	141510	167247	193606	218264	244923	281838	309379	370914	429706
保险技术准备金	0	0	0	0	0	0	0	0	0
衍生金融资产	2	1	672	951	868	1571	1947	4098	5921
应收预付款	33268	49157	70907	102020	137123	162881	195237	247708	293868
其他金融资产	21205	9580	12591	17829	21789	33885	67549	89455	74978
二、负债	1055124	1282741	1519728	1734752	2054577	2337134	2659987	3098479	3543468
通货和存款	568754	711669	860954	1005829	1144062	1276965	1415168	1533014	1692166
债务性证券	138983	161862	184060	199784	232610	261119	307605	421733	548467
贷款	30550	45860	75390	109764	142188	178615	226235	268634	333129
股票和其他权益	68859	90842	99778	111379	122269	133503	147321	169858	192790
保险技术准备金	34819	43736	49769	61230	74314	86937	100134	114829	128473
衍生金融负债	2	1	665	774	846	1440	1841	3786	5560
应付预收款	149025	171797	199489	192124	276537	317994	353875	414641	467073
其他负债	64133	56974	49624	53869	61752	80563	107807	171984	175811
三、净值	630203	800895	946410	1122810	1190656	1399547	1439700	1596904	1689991

表15 -2 　　　　　　　　　　2008—2016年狭义政府资产负债表　　　　　　单位：亿元

项目＼年度	2008	2009	2010	2011	2012	2013	2014	2015	2016
一、资产	254145	313903	380313	427958	445180	554481	578280	627438	696654
非金融资产	87864	123278	164325	187226	181388	242046	222118	223892	243527
固定资产	52661	65468	73992	81863	86586	98634	102647	111177	115557
在建工程	2687	3416	3429	3621	5784	4649	8113	10135	11827
投资性房地产									
公共基础设施	0	0	0	0	0	0	739	1217	1534
存货	147	194	256	387	547	751	953	1299	1696
文物文化资产									
非生产资产	32369	54200	86648	101355	88471	138012	108609	98748	112743
其他非金融资产	0	0	0	0	0	0	1057	1316	170
金融资产	166281	190625	215988	240732	263792	312435	356162	403546	453127
国际储备资产									
通货和存款	36645	45336	53300	58664	64634	80744	91623	95348	101372
债务性债券	5303	6907	8480	8651	7892	12052	14269	17356	18867
贷款	359	530	1105	1616	2354	2884	3538	4142	4675
股票和其他权益	118209	131539	145614	162497	178236	204430	231062	267500	307362
保险技术准备金									
衍生金融资产									
应收预付款	5515	5720	7051	8621	9641	11172	14319	17781	19230
其他金融资产	250	593	438	683	1035	1153	1351	1419	1621
二、负债	76903	91552	108050	124499	143496	164055	189850	251542	330014
通货和存款									
债务性证券	48753	57411	66628	73839	82522	91780	103075	149758	219043
贷款									
股票和其他权益	416	315	97	207	203	384	533	1023	791
保险技术准备金	20082	25599	31073	38542	47643	56400	65254	75082	82908
衍生金融负债									
应付预收款	7576	8143	10158	11815	13024	15387	19627	24164	26941
其他负债	76	84	94	96	104	104	1361	1515	331
三、净值	177242	222351	272263	303459	301684	390426	388430	375896	366640

表 15－3　　　　　　　　　**2008—2016 年事业单位资产负债表**　　　　单位：亿元

年度 项目	2008	2009	2010	2011	2012	2013	2014	2015	2016
一、资产	318873	384755	430354	484110	545107	602698	577677	670005	697316
非金融资产	294796	355784	396534	447096	503486	552819	523378	609620	625338
固定资产	144432	184101	209085	232799	238633	264329	262919	284743	296223
在建工程	15178	18446	22650	25265	27984	17084	24092	28516	32912
投资性房地产									
公共基础设施	126285	143190	152512	175504	220555	259866	223903	282535	280880
存货	942	1321	1509	2081	2451	3501	3954	4866	5674
文物文化资产	2589	2726	2881	3036	3525	3863	4088	4163	4482
非生产资产	291	371	513	585	798	991	1760	2071	2526
其他非金融资产	5079	5629	7384	7826	9540	3185	2662	2726	2641
金融资产	24077	28971	33820	37014	41621	49879	54299	60385	71978
国际储备资产									
通货和存款	10030	12335	14899	15721	17623	20159	23393	26600	29871
债务性债券	1844	2198	2529	2420	2824	3382	3808	4667	5089
贷款									
股票和其他权益									
保险技术准备金									
衍生金融资产									
应收预付款	11980	14180	16125	18657	20890	24806	26005	28318	36128
其他金融资产	223	258	267	216	284	1532	1093	800	890
二、负债	23831	28183	33473	38104	40706	43525	48043	53781	56386
通货和存款									
债务性证券									
贷款	9876	11764	13725	16124	15873	15322	16844	18076	16367
股票和其他权益									
保险技术准备金									
衍生金融负债									
应付预收款	13782	16126	19406	21648	24540	27443	30221	34217	38294
其他负债	173	293	342	332	293	760	978	1488	1725
三、净值	295042	356572	396881	446006	504401	559173	529634	616224	640930

表 15－4　　　　　**2008—2016 年政府控制的非营利组织资产负债表**　　　单位：亿元

项目 \ 年度	2008	2009	2010	2011	2012	2013	2014	2015	2016
一、资产	11062	11724	11967	12670	13375	14173	15427	23732	28704
非金融资产	1942	2058	2101	2225	2348	2584	2523	3575	5117
固定资产	1416	1501	1532	1622	1712	1764	1554	2576	2228
在建工程	89	94	96	102	107	98	88	267	1611
投资性房地产									
公共基础设施									
存货	176	187	191	202	213	226	511	542	1147
文物文化资产	34	36	37	39	41	264	138	158	103
非生产资产	223	236	241	255	269	227	228	28	23
其他非金融资产	4	4	4	5	6	5	4	4	5
金融资产	9120	9666	9866	10445	11027	11589	12904	20157	23587
国际储备资产									
通货和存款	5125	5432	5544	5870	6197	7023	7179	13061	13502
债务性债券	1527	1619	1653	1749	1848	791	1681	3156	5530
贷款									
股票和其他权益	820	869	887	939	991	1135	1383	1643	2362
保险技术准备金									
衍生金融资产									
应收预付款	963	1020	1041	1103	1164	1354	1475	2096	2037
其他金融资产	685	726	741	784	827	1286	1186	201	156
二、负债	5796	6145	6270	6637	7006	7788	7870	13896	13091
通货和存款									
债务性证券	11	11	11	12	13	5	18	3	12
贷款	26	27	28	29	31	31	78	248	253
股票和其他权益									
保险技术准备金									
衍生金融负债									
应付预收款	4763	5050	5153	5455	5759	6551	6638	13018	12089
其他负债	996	1057	1078	1141	1203	1201	1136	627	737
三、净值	5266	5579	5697	6033	6369	6385	7557	9836	15613

表 15 − 5　　　　　　　　　2008—2016 年国有非金融企业资产负债表　　　　　　　单位：亿元

年度 项目	2008	2009	2010	2011	2012	2013	2014	2015	2016
一、资产	325161	420847	524374	640780	766344	913955	1057469	1258464	1403371
非金融资产	253336	308564	370352	445649	524366	617465	692855	783170	849138
固定资产	130219	151826	172555	198162	225395	251614	277760	301510	330392
在建工程	42574	55388	68867	84331	99191	113865	121749	131482	138812
投资性房地产	2000	3049	4806	6302	8462	11424	13858	17542	20372
公共基础设施									
存货	46894	55852	72264	92651	112662	138839	160934	181617	195937
文物文化资产									
非生产资产	17054	22449	28353	35622	43807	54992	59901	69264	79623
其他非金融资产	14595	20000	23507	28581	34849	46731	58653	81755	84002
金融资产	71825	112283	154022	195132	241977	296489	364615	475294	554233
国际储备资产									
通货和存款	41683	58766	76166	88601	99331	111854	124528	141527	153689
债务性债券	1043	2714	1084	1762	5296	5316	28759	46067	69133
贷款	0	0	0	0	0	0	0	0	0
股票和其他权益	16263	27156	35816	42154	50607	59419	56447	66282	70097
保险技术准备金									
衍生金融资产	0	0	0	0	0	0	232	355	448
应收预付款	7976	18856	34579	54695	77002	106291	134041	171594	202451
其他金融资产	4860	4791	6376	7920	9740	13609	20609	49469	58415
二、负债	198016	237596	298212	330613	460963	556095	650291	796342	885513
通货和存款									
债务性证券	1556	9590	16091	24555	40048	50375	64098	83284	98016
贷款	4207	12022	35051	55939	78225	109761	137225	159542	169757
股票和其他权益	47056	67974	74169	83765	92960	102257	111959	125872	144028
保险技术准备金									
衍生金融负债	0	0	0	0	0	0	196	281	378
应付预收款	109241	128501	148281	131478	208373	240143	264575	301829	342981
其他负债	35956	19508	24621	34876	41357	53559	72238	125535	130354
三、净值	127145	183252	226161	310167	305381	357859	407178	462122	517858

pleg.

表 15－6　　2008—2016 年中央银行资产负债表　　单位：亿元

项目 \ 年度	2008	2009	2010	2011	2012	2013	2014	2015	2016
一、资产	207096	227530	259275	280978	294537	317279	338249	317837	343712
非金融资产	544	558	570	587	599	613	622	652	680
固定资产	544	558	570	587	599	613	622	652	680
在建工程									
投资性房地产									
公共基础设施									
存货									
文物文化资产									
非生产资产									
其他非金融资产									
金融资产	206552	226973	258705	280391	293938	316665	337627	317185	343032
国际储备资产	134382	167508	192998	205144	212944	236583	238597	221179	214897
通货和存款	1166	3288	4085	1316	1708	1597	2262	2139	2835
债务性债券	34651	30292	31416	37100	28558	37469	15318	15318	15279
贷款	20407	19959	20678	19699	25116	20442	37132	35354	88564
股票和其他权益									
保险技术准备金									
衍生金融资产									
应收预付款	3246	5493	8562	14278	22938	13467	12307	18739	22984
其他金融资产	12700	432	966	2855	2674	7107	32011	24455	－1528
二、负债	205876	225124	256464	278516	291006	313832	334487	315242	341786
通货和存款	146777	165836	210246	248284	274447	300964	326927	306383	340527
债务性证券	45780	42064	40497	23337	13880	7762	6522	6572	500
贷款									
股票和其他权益	220	220	220	220	220	220	220	220	220
保险技术准备金									
衍生金融负债									
应付预收款	555	319	1422	3425	1125	664	249	1107	358
其他负债	12544	16684	4080	3251	1334	4223	570	959	182
三、净值	1220	2407	2810	2462	3531	3446	3762	2595	1925

表 15 – 7　　　　　　　2008—2016 年国有其他存款性金融机构资产负债表　　　　单位：亿元

年度 / 项目	2008	2009	2010	2011	2012	2013	2014	2015	2016
一、资产	527622	668684	793031	936041	1089566	1226922	1384992	1601144	1838860
非金融资产	10192	11288	12752	13379	15695	19188	19434	19740	23683
固定资产	4131	4284	4631	5241	5793	6435	7103	7526	7832
在建工程	439	782	956	1108	1431	1701	1783	1804	1647
投资性房地产	0	0	47	51	82	85	96	96	132
公共基础设施									
存货									
文物文化资产									
非生产资产	1093	1141	1125	1123	1156	1208	1224	1237	1280
其他非金融资产	4529	5080	5992	5856	7233	9760	9229	9077	12792
金融资产	517430	657396	780280	922662	1073871	1207733	1365558	1581404	1815177
国际储备资产									
通货和存款	95124	110839	144096	192786	224058	231655	256762	245650	270879
债务性债券	126515	149528	160945	170480	195523	230819	279384	395286	505475
贷款	290159	390913	465746	547303	639464	728068	809661	907371	989658
股票和其他权益	1065	1103	3230	3587	4056	4283	4633	12958	23531
保险技术准备金									
衍生金融资产	0	0	664	938	860	1494	1627	3591	5394
应收预付款	2156	2284	1878	2288	2809	2385	2413	3696	5082
其他金融资产	2411	2729	3722	5280	7100	9028	11078	12852	15158
二、负债	506487	642855	756884	888593	1029581	1155248	1297218	1492997	1715886
通货和存款	414793	537026	636635	741854	851428	953723	1060106	1187764	1301147
债务性证券	42326	51902	59726	76455	94068	107600	128654	169995	216996
贷款	14025	19114	21886	30091	36130	39572	47612	63691	118844
股票和其他权益	17369	18023	20045	20909	21298	21928	24184	30043	32226
保险技术准备金									
衍生金融负债	0	0	656	754	832	1417	1554	3353	5085
应付预收款	11303	11330	12526	15325	20323	23312	25701	29469	31285
其他负债	6672	5460	5410	3206	5501	7696	9407	8682	10305
三、净值	21135	25828	36148	47448	59986	71674	87773	108147	122973

表 15 – 8　　　　　　　　2008—2016 年国有非存款性金融机构资产负债表　　　单位：亿元

项目＼年度	2008	2009	2010	2011	2012	2013	2014	2015	2016
一、资产	41368	56193	66824	75025	91124	107175	147594	196762	224845
非金融资产	1468	1675	2716	3484	3793	4111	5319	7625	12442
固定资产	583	764	1004	1297	1440	1785	2145	2578	3782
在建工程									
投资性房地产	50	64	91	191	219	410	466	549	840
公共基础设施									
存货									
文物文化资产									
非生产资产	197	162	206	267	277	407	432	535	580
其他非金融资产	638	685	1416	1729	1856	1509	2276	3965	7239
金融资产	39900	54518	64108	71540	87331	103064	142275	189137	212403
国际储备资产									
通货和存款	16255	24238	25443	25552	29789	30873	43813	57100	56004
债务性债券	11799	15065	18453	20805	25260	28781	36299	51585	60337
贷款	5182	6978	10392	13614	18433	27187	41323	52027	63406
股票和其他权益	5153	6580	8060	9087	11033	12571	15855	22531	26354
保险技术准备金									
衍生金融资产	2	1	8	13	8	77	88	151	79
应收预付款	1433	1604	1671	2378	2678	3406	4677	5483	5956
其他金融资产	76	50	81	91	129	170	221	259	266
二、负债	38215	51287	60375	67790	81820	96591	132227	174679	200791
通货和存款	7183	8806	14073	15692	18187	22278	28136	38868	50492
债务性证券	557	883	1106	1586	2078	3597	5238	12121	13901
贷款	2416	2934	4700	7581	11929	13929	24476	27077	27908
股票和其他权益	3798	4310	5247	6278	7588	8714	10426	12699	15526
保险技术准备金	14737	18137	18696	22688	26671	30537	34880	39747	45565
衍生金融负债	2	1	9	19	13	23	91	152	97
应付预收款	1805	2328	2544	2978	3392	4494	6864	10837	15125
其他负债	7717	13888	13999	10967	11960	13019	22116	33178	32178
三、净值	3153	4906	6449	7235	9304	10584	15366	22083	24054

第三节　2008—2016 年政府部门总体资产负债表——分年度

2008 年政府总体资产负债表——SNA 标准表

表 15－9　　单位：亿元

项目	广义政府：狭义政府	广义政府：事业单位	广义政府：政府控制的非营利组织	广义政府：合计	国有企业：国有非金融企业	国有金融机构·存款性：中央银行	国有金融机构·存款性：其他存款性金融机构	国有存款性金融机构：未经合并	国有存款性金融机构：合并	国有非存款性金融机构	国有金融机构合计：未经合并	国有金融机构合计：合并	国有企业合计：未经合并	国有企业合计：合并	合计：未经合并	合计：合并
一、资产	254145	318873	11062	584080	325161	207096	527622	734718	530675	41368	776086	545384	1101247	798861	1685327	1207639
非金融资产	87864	294796	1942	384602	253336	544	10192	10736	10736	1468	12204	12204	265540	265540	650142	650142
固定资产	52661	144432	1416	198509	130219	544	4131	4675	4675	583	5258	5258	135478	135478	333987	333987
在建工程	2687	15178	89	17954	42574	0	439	439	439	0	439	439	43013	43013	60967	60967
投资性房地产	0	0	0	0	2000	0	0	0	0	50	50	50	2050	2050	2050	2050
公共基础设施	0	126285	0	126285	0	0	0	0	0	0	0	0	0	0	126285	126285
存货	147	942	176	1265	46894	0	0	0	0	0	0	0	46894	46894	48159	48159
文物文化资产	0	2589	34	2623	0	0	0	0	0	0	0	0	0	0	2623	2623
非生产资产	32369	291	223	32883	17054	0	1093	1093	1093	197	1289	1289	18343	18343	51226	51226
其他非金融资产	0	5079	4	5083	14595	0	4529	4529	4529	638	5167	5167	19762	19762	24845	24845
金融资产	166281	24077	9120	199478	71825	206552	517430	723982	519939	39900	763882	533180	835707	533321	1035185	557497
国际储备资产	0	0	0	0	0	134382	0	134382	134382	0	134382	134382	134382	134382	134382	134382
通货和存款	36645	10030	5125	51800	41683	1166	95124	96290	0	16255	112545	0	154227	0	206027	0

续表

政府总体部门

项目	广义政府				国有企业										合计	
	狭义政府	事业单位	政府控制的非营利组织	合计	国有非金融企业	国有金融机构							合计			
						国有存款性金融机构				国有非存款性金融机构	合计					
						中央银行	其他存款性金融机构	未经合并	合并		未经合并	合并	未经合并	合并	未经合并	合并
债务性债券	5303	1844	1527	8674	1043	34651	126515	161166	73061	11799	172965	84302	174008	83790	182682	43700
贷款	359	0	0	359	0	20407	290159	310565	296540	5182	315748	299307	315748	295100	316107	285557
股票和其他权益	118209	0	820	119029	16263	0	1065	1065	845	5153	6218	0	22481	0	141510	72652
保险技术准备金	0	0	0	0	0	0	0	0	0	0	0	0	0	0	0	0
衍生金融资产	0	0	0	0	0	0	0	0	0	2	2	2	2	2	2	2
应收预付款	5515	11980	963	18458	7976	3246	2156	5402	0	1433	6834	0	14810	0	33268	0
其他金融资产	250	223	685	1158	4860	12700	2411	15111	15111	76	15187	15187	20047	20047	21205	21205
二、负债	76903	23831	5796	106530	198016	205876	506487	712363	508321	38215	750578	519877	948594	646208	1055124	577437
通货和存款	0	0	0	0	0	146777	414793	561570	465280	7183	568754	456209	568754	414526	568754	362726
债务性证券	48753	0	11	48764	1556	45780	42326	88106	0	557	88663	0	90219	0	138983	0
贷款	0	9876	26	9902	4207	0	14025	14025	0	2416	16441	0	20648	0	30550	0
股票和其他权益	416	0	0	416	47056	220	17369	17589	17369	3798	21387	15168	68443	45961	68859	0
保险技术准备金	20082	0	0	20082	0	0	0	0	0	14737	14737	14737	14737	14737	34819	34819
衍生金融负债	0	0	0	0	0	0	0	0	0	2	2	2	2	2	2	2
应付预收款	7576	13782	4763	26121	109241	555	11303	11858	6457	1805	13663	6829	122904	108094	149025	115757
其他负债	76	173	996	1245	35956	12544	6672	19215	19215	7717	26932	26932	62888	62888	64133	64133
三、净值	177242	295042	5266	477550	127145	1220	21135	22355	22355	3153	25507	25507	152653	152653	630203	630203

表 15 – 10　2009 年政府总体资产负债表——SNA 标准表

单位：亿元

项目	广义政府				政府总体部门										合计	
	狭义政府	事业单位	政府控制的非营利组织	合计	国有非金融企业	中央银行	其他存款金融机构	国有存款性金融机构 未经合并	国有存款性金融机构 合并	国有非存款性金融机构	国有金融机构 未经合并	国有金融机构 合并	国有企业 未经合并	国有企业 合并	未经合并	合并
一、资产	313903	384755	11724	710382	420847	227530	668684	896214	661011	56193	952407	680080	1373254	974537	2083636	1475681
非金融资产	123278	355784	2058	481120	308564	558	11288	11846	11846	1675	13521	13521	322085	322085	803205	803205
固定资产	65468	184101	1501	251070	151826	558	4284	4842	4842	764	5606	5606	157433	157433	408503	408503
在建工程	3416	18446	94	21956	55388	0	782	782	782	0	782	782	56170	56170	78126	78126
投资性房地产	0	0	0	0	3049	0	0	0	0	64	64	64	3113	3113	3113	3113
公共基础设施	0	143190	0	143190	0	0	0	0	0	0	0	0	0	0	143190	143190
存货	194	1321	187	1702	55852	0	0	0	0	0	0	0	55852	55852	57554	57554
文物文化资产	0	2726	36	2762	0	0	0	0	0	0	0	0	0	0	2762	2762
非生产性资产	54200	371	236	54807	22449	0	1141	1141	1141	162	1303	1303	23752	23752	78559	78559
其他非金融资产	0	5629	4	5633	20000	0	5080	5080	5080	685	5766	5766	25765	25765	31398	31398
金融资产	190625	28971	9666	229262	112283	226973	657396	884368	649165	54518	938886	666559	1051169	652452	1280431	672476
国际储备资产	0	0	0	0	0	167508	0	167508	167508	0	167508	167508	167508	167508	167508	167508
通货和存款	45336	12335	5432	63103	58766	3288	110839	114127	0	24238	138365	0	197132	0	260235	0
债务性债券	6907	2198	1619	10724	2714	30292	149528	179819	85853	15065	194884	100035	197598	93159	208322	46461
贷款	530	0	0	530	0	19959	390913	410872	391758	6978	417850	395803	417850	383781	418380	372520

续表

政府总体部门

项目	广义政府				国有企业										合计	
	狭义政府	事业单位	政府控制的非营利组织	合计	国有非金融企业	中央银行	其他存款性金融机构	国有存款性金融机构合计·未经合并	国有存款性金融机构合计·合并	国有非存款性金融机构	国有金融机构合计·未经合并	国有金融机构合计·合并	国有企业合计·未经合并	国有企业合计·合并	未经合并	合并
股票和其他权益	131539	0	869	132408	27156	0	1103	1103	884	6580	7683	884	34839	0	167247	76406
保险技术准备金	0	0	0	0	0	0	0	0	0	0	0	0	0	0	0	0
衍生金融资产	0	0	0	0	0	0	0	0	0	1	1	1	1	1	1	1
应收预付款	5720	14180	1020	20920	18856	5493	2284	7777	0	1604	9381	0	28237	0	49157	0
其他金融资产	593	258	726	1577	4791	432	2729	3162	3162	50	3212	3212	8003	8003	9580	9580
二、负债	91552	28183	6145	125880	237596	225124	642855	867979	632776	51287	919266	646939	1156861	758144	1282741	674786
通货和存款	0	0	0	0	0	165836	537026	702863	588735	8806	711669	573304	711669	514537	711669	451434
债务性证券	57411	0	11	57422	9590	42064	51902	93966	0	883	94849	0	104440	0	161862	0
贷款	0	11764	27	11791	12022	0	19114	19114	0	2934	22048	0	34069	0	45860	0
股票和其他权益	315	0	0	315	67974	220	18023	18243	18024	4310	22553	14869	90527	55687	90842	0
保险技术准备金	25599	0	0	25599	0	0	0	0	0	18137	18137	18137	18137	18137	43736	43736
衍生金融负债	0	0	0	0	0	0	0	0	0	1	1	1	1	1	1	1
应收预付款	8143	16126	5050	29319	128501	319	11330	11649	3872	2328	13977	4596	142478	114241	171797	122640
其他负债	84	293	1057	1434	19508	16684	5460	22144	22144	13888	36032	36032	55540	55540	56974	56974
三、净值	222351	356572	5579	584502	183252	2407	25828	28235	28235	4906	33141	33141	216393	216393	800895	800895

表 15－11

2010 年政府总体资产负债表——SNA 标准表

单位：亿元

政府总体部门

项目	广义政府	广义政府	广义政府	广义政府	国有企业·国有非金融企业	国有金融机构·国有存款性金融机构	国有金融机构·国有存款性金融机构	国有金融机构·国有存款性金融机构	国有金融机构·国有存款性金融机构	国有金融机构·国有非存款性金融机构	国有金融机构·合计	国有金融机构·合计	国有企业·合计	国有企业·合计	合计	合计
	狭义政府	事业单位	政府控制的非营利组织	合计		中央银行	其他存款性金融机构	未经合并	合计		未经合并	合计	未经合并	合并	未经合并	合并
一、资产	380313	430354	11967	822634	524374	259275	793031	1052306	771356	66824	1119130	794190	1643504	1120860	2466138	1712470
非金融资产	164325	396534	2101	562960	370352	570	12752	13322	13322	2716	16037	16037	386389	386389	949349	949349
固定资产	73992	209085	1532	284609	172555	570	4631	5200	5200	1004	6204	6204	178759	178759	463368	463368
在建工程	3429	22650	96	26175	68867	0	956	956	956	0	956	956	69823	69823	95998	95998
投资性房地产	0	0	0	0	4806	0	47	47	47	91	138	138	4944	4944	4944	4944
公共基础设施	0	152512	0	152512	0	0	0	0	0	0	0	0	0	0	152512	152512
存货	256	1509	191	1956	72264	0	0	0	0	0	0	0	72264	72264	74220	74220
文物文化资产	0	2881	37	2918	0	0	0	0	0	0	0	0	0	0	2918	2918
非生产资产	86648	513	241	87402	28353	0	1125	1125	1125	206	1331	1331	29684	29684	117086	117086
其他非金融资产	0	7384	4	7388	23507	0	5992	5992	5992	1416	7408	7408	30915	30915	38303	38303
金融资产	215988	33820	9866	259674	154022	258705	780280	1038985	758034	64108	1103093	778152	1257114	734471	1516788	763120
国际储备资产	0	0	0	0	0	192998	0	192998	192998	0	192998	192998	192998	192998	192998	192998
通货和存款	53300	14899	5544	73743	76166	4085	144096	148182	0	25443	173624	0	249791	0	323534	0
债务性债券	8480	2529	1653	12662	1084	31416	160945	192360	92137	18453	210813	109483	211897	94477	224559	40500
贷款	1105	0	0	1105	0	20678	465746	486424	464537	10392	496816	470230	496816	435179	497921	422531

续表

政府总体部门

项目	广义政府				国有企业										合计	
					国有非金融企业	国有金融机构							合计			
						国有存款性金融机构				国有非存款性金融机构	合计					
	狭义政府	事业单位	政府控制的非营利组织	合计		中央银行	其他存款性金融机构	未经合并	合并		未经合并	合并	未经合并	合并	未经合并	合并
股票和其他权益	145614	0	887	146501	35816	0	3230	3230	3010	8060	11289	3010	47105	0	193606	93829
保险技术准备金	0	0	0	0	0	0	0	0	0	0	0	0	0	0	0	0
衍生金融资产	0	0	0	0	0	0	664	664	664	8	672	672	672	672	672	672
应收预付款	7051	16125	1041	24217	34579	8562	1878	10440	0	1671	12111	0	46690	0	70907	0
其他金融资产	438	267	741	1446	6376	966	3722	4688	4688	81	4769	4769	11145	11145	12591	12591
二、负债	108050	33473	6270	147793	298212	256464	756884	1013348	732397	60375	1073723	748782	1371935	849292	1519728	766060
通货和存款	66628	0	0	0	0	210246	636635	846881	698699	14073	860954	687330	860954	611163	860954	537420
债务性证券	31073	0	11	66639	16091	40497	59726	100224	0	1106	101330	0	117421	0	184060	0
贷款	0	13725	28	13753	35051	0	21886	21886	0	4700	26586	0	61637	0	75390	0
股票和其他权益	97	0	0	97	74169	220	20045	20264	20045	5247	25512	14222	99681	52575	99778	0
保险技术准备金	31073	0	0	31073	0	0	0	0	0	18696	18696	18696	18696	18696	49769	49769
衍生金融负债	0	0	0	0	0	0	656	656	656	9	665	665	665	665	665	665
应付预收款	10158	19406	5153	34717	148281	1422	12526	13948	3508	2544	16492	4381	164772	118082	199489	128582
其他负债	94	342	1078	1514	24621	4080	5410	9490	9490	13999	23489	23489	48110	48110	49624	49624
三、净值	272263	396881	5697	674841	226161	2810	36148	38958	38958	6449	45407	45407	271569	271569	946410	946410

表 15－12

2011 年政府总体资产负债表——SNA 标准表

单位：亿元

部门\项目	广义政府				国有企业										合计	
	狭义政府	事业单位	政府控制的非营利组织	合计	国有非金融企业	国有金融机构										
						国有存款性金融机构				国有非存款性金融机构	合计		合计			
						中央银行	其他存款性金融机构	未经合并	合并		未经合并	合并	未经合并	合并	未经合并	合并
一、资产	427958	484110	12670	924738	640780	280978	936041	1217019	876248	75025	1292044	901722	1932824	1276558	2857562	1946106
非金融资产	187226	447096	2225	636547	445649	587	13379	13966	13966	3484	17450	17450	463099	463099	1099646	1099646
固定资产	81863	232799	1622	316284	198162	587	5241	5828	5828	1297	7126	7126	205287	205287	521571	521571
在建工程	3621	25265	102	28988	84331	0	1108	1108	1108	0	1108	1108	85439	85439	114427	114427
投资性房地产	0	0	0	0	6302	0	51	51	51	191	242	242	6544	6544	6544	6544
公共基础设施	0	175504	0	175504	0	0	0	0	0	0	0	0	0	0	175504	175504
存货	387	2081	202	2670	92651	0	0	0	0	0	0	0	92651	92651	95321	95321
文物文化资产	0	3036	39	3075	0	0	0	0	0	0	0	0	0	0	3075	3075
非生产资产	101355	585	255	102195	35622	0	1123	1123	1123	267	1390	1390	37012	37012	139207	139207
其他非金融资产	0	7826	5	7831	28581	0	5856	5856	5856	1729	7585	7585	36166	36166	43997	43997
金融资产	240732	37014	10445	288191	195132	280391	922662	1203053	862282	71540	1274593	884271	1469725	813459	1757916	846460
国际储备资产	0	0	0	0	0	205144	0	205144	205144	0	205144	205144	205144	205144	205144	205144
通货和存款	58664	15721	5870	80255	88601	1316	192786	194102	0	25552	219654	0	308255	0	388510	0
债务性债券	8651	2420	1749	12820	1762	37100	170480	207579	107788	20805	228384	127006	230146	104214	242966	43183
贷款	1616	0	0	1616	0	19699	547303	567002	536911	13614	580616	542944	580616	487005	582232	472468

续表

政府总体部门

项目	狭义政府	事业单位	政府控制的非营利组织	广义政府 合计	国有非金融企业	中央银行	其他存款性金融机构	国有存款性金融机构 未经合并	国有存款性金融机构 合并	国有非存款性金融机构	国有金融机构 合计 未经合并	国有金融机构 合计 合并	国有企业 合计 未经合并	国有企业 合计 合并	政府总体部门 合计 未经合并	政府总体部门 合计 合并	合计 未经合并	合计 合并
股票和其他权益	162497	0	939	163436	42154	0	3587	3587	3367	9087	12674	0	54828	0	218264	106886	218264	106886
保险技术准备金	0	0	0	0	0	0	0	0	0	0	0	0	0	0	0	0	0	0
衍生金融资产	0	0	0	0	0	0	938	938	938	13	951	951	951	951	951	951	951	951
应收预付款	8621	18657	1103	28381	54695	14278	2288	16566	0	2378	18944	0	73639	0	102020	0	102020	0
其他金融资产	683	216	784	1683	7920	2855	5280	8135	8135	91	8226	8226	16146	16146	17829	17829	17829	17829
二、负债	124499	38104	6637	169240	330613	278516	888593	1167109	826339	67790	1234898	844576	1565512	909246	1734752	823296	1734752	823296
通货和存款	0	0	0	0	0	248284	741854	990137	796036	15692	1005829	786175	1005829	697574	1005829	617319	1005829	617319
债务性证券	73839	0	12	73851	24555	23337	76455	99792	0	1586	101378	0	125933	0	199784	0	199784	0
贷款	0	16124	29	16153	55939	0	30091	30091	0	7581	37672	0	93611	0	109764	0	109764	0
股票和其他权益	207	0	0	207	83765	220	20909	21128	20908	6278	27407	14732	111172	56343	111379	0	111379	0
保险技术准备金	38542	0	0	38542	0	0	0	0	0	22688	22688	22688	22688	22688	61230	61230	61230	61230
衍生金融负债	0	0	0	0	0	0	754	754	754	19	774	774	774	774	774	774	774	774
应付预收款	11815	21648	5455	38918	131478	3425	15325	18750	2184	2978	21728	2784	153206	79568	192124	90105	192124	90105
其他负债	96	332	1141	1569	34876	3251	3206	6457	6457	10967	17423	17423	52300	52300	53869	53869	53869	53869
三、净值	303459	446006	6033	755498	310167	2462	47448	49910	49910	7235	57145	57145	367312	367312	1122810	1122810	1122810	1122810

表 15－13

2012 年政府总体资产负债表——SNA 标准表

单位：亿元

项目	广义政府				国有企业										合计	
	狭义政府	事业单位	政府控制的非营利组织	合计	国有非金融企业	国有金融机构							合计		未经合并	合并
						中央银行	其他存款性金融机构	国有存款性金融机构		国有非存款性金融机构	合计		未经合并	合并		
								未经合并	合并		未经合并	合并				
一、资产	445180	545107	13375	1003662	766344	294537	1089566	1384104	992592	91124	1475228	1021657	2241571	1439202	3245233	2167704
非金融资产	181388	503486	2348	687222	524366	599	15695	16295	16295	3793	20088	20088	544454	544454	1231676	1231676
固定资产	86586	238633	1712	326931	225395	599	5793	6393	6393	1440	7833	7833	233229	233229	560160	560160
在建工程	5784	27984	107	33875	99191	0	1431	1431	1431	0	1431	1431	100622	100622	134497	134497
投资性房地产	0	0	0	0	8462	0	82	82	82	219	301	301	8763	8763	8763	8763
公共基础设施	0	220555	0	220555	0	0	0	0	0	0	0	0	0	0	220555	220555
存货	547	2451	213	3211	112662	0	0	0	0	0	0	0	112662	112662	115873	115873
文物文化资产	0	3525	41	3566	0	0	0	0	0	0	0	0	0	0	3566	3566
非生产资产	88471	798	269	89538	43807	0	1156	1156	1156	277	1433	1433	45240	45240	134778	134778
其他非金融资产	0	9540	6	9546	34849	0	7233	7233	7233	1856	9089	9089	43938	43938	53484	53484
金融资产	263792	41621	11027	316440	241977	293938	1073871	1367809	976297	87331	1455139	1001569	1697117	894748	2013557	936028
国际储备资产	0	0	0	0	0	212944	0	212944	212944	0	212944	212944	212944	212944	212944	212944
通货和存款	64634	17623	6197	88454	99331	1708	224058	225766	0	29789	255555	0	354886	0	443340	0
债务性债券	7892	2824	1848	12564	5296	28558	195523	224081	116133	25260	249341	139315	254638	104563	267202	34592
贷款	2354	0	0	2354	0	25116	639464	664580	628450	18433	683014	634954	683014	556730	685368	543180

政府总体部门

续表

政府总体部门

部门／项目	广义政府：狭义政府	广义政府：事业单位	广义政府：政府控制的非营利组织	广义政府：合计	国有企业：国有非金融企业	国有金融机构：国有存款性金融机构：中央银行	国有金融机构：国有存款性金融机构：其他存款性金融机构	国有金融机构：国有存款性金融机构：未经合并	国有金融机构：国有存款性金融机构：合并	国有金融机构：国有非存款性金融机构	国有金融机构：合计：未经合并	国有金融机构：合计：合并	国有企业：合计：未经合并	国有企业：合计：合并	合计：未经合并	合计：合并
股票和其他权益	178236	0	991	179227	50607	0	4056	4056	3837	11033	15089	0	65696	0	244923	122655
保险技术准备金	0	0	0	0	0	0	0	0	0	0	0	0	0	0	0	0
衍生金融资产	0	0	0	0	0	0	860	860	860	8	868	868	868	868	868	868
应收预付款	9641	20890	1164	31695	77002	22938	2809	25747	4299	2678	28425	3585	105428	0	137123	0
其他金融资产	1035	284	827	2146	9740	2674	7100	9774	9774	129	9903	9903	19643	19643	21789	21789
二、负债	143496	40706	7006	191208	460963	291006	1029581	1320587	929075	81820	1402407	948836	1863369	1061001	2054577	977048
通货和存款	0	0	0	0	0	274447	851428	1125875	900110	18187	1144062	888507	1144062	789176	1144062	700722
债务性证券	82522	0	13	82535	40048	13880	94068	107948	0	2078	110026	0	150075	0	232610	0
贷款	0	15873	31	15904	78225	0	36130	36130	0	11929	48059	0	126284	0	142188	0
股票和其他权益	203	0	0	203	92960	220	21298	21517	21298	7588	29106	14016	122066	56369	122269	0
保险技术准备金	47643	0	0	47643	0	0	0	0	0	26671	26671	26671	26671	26671	74314	74314
衍生金融负债	0	0	0	0	0	0	832	832	832	13	846	846	846	846	846	846
应付预收款	13024	24540	5759	43323	208373	1125	20323	21448	0	3392	24841	0	233214	127786	276537	139414
其他负债	104	293	1203	1600	41357	1334	5501	6835	6835	11960	18795	18795	60152	60152	61752	61752
三、净值	301684	504401	6369	812454	305381	3531	59986	63517	63517	9304	72821	72821	378202	378202	1190656	1190656

表 15－14

2013 年政府总体资产负债表——SNA 标准表

单位：亿元

政府总体部门

项目	广义政府				国有企业										合计	
	狭义政府	事业单位	政府控制的非营利组织	合计	国有非金融企业	国有金融机构							合计		未经合并	合计
						国有存款性金融机构				国有非存款性金融机构	合计					
						中央银行	其他存款性金融机构	未经合并	合计		未经合并	合计	未经合并	合计		
一、资产	554481	602698	14173	1171352	913955	317279	1226922	1544200	1139941	107175	1651375	1178678	2565330	1654933	3736682	2516660
非金融资产	242046	552819	2584	797449	617465	613	19188	19802	19802	4111	23913	23913	641378	641378	1438827	1438827
固定资产	98634	264329	1764	364727	251614	613	6435	7048	7048	1785	8833	8833	260447	260447	625174	625174
在建工程	4649	17084	98	21831	113865	0	1701	1701	1701	0	1701	1701	115566	115566	137397	137397
投资性房地产	0	0	0	0	11424	0	85	85	85	410	494	494	11918	11918	11918	11918
公共基础设施	0	259866	0	259866	0	0	0	0	0	0	0	0	0	0	259866	259866
存货	751	3501	226	4478	138839	0	0	0	0	0	0	0	138839	138839	143317	143317
文物文化资产	0	3863	264	4127	0	0	0	0	0	0	0	0	0	0	4127	4127
非生产资产	138012	991	227	139230	54992	0	1208	1208	1208	407	1615	1615	56607	56607	195837	195837
其他非金融资产	0	3185	5	3190	46731	0	9760	9760	9760	1509	11270	11270	58001	58001	61191	61191
金融资产	312435	49879	11589	373903	296489	316665	1207733	1524399	1120140	103064	1627462	1154766	1923952	1013555	2297855	1077833
国际储备资产	0	0	0	0	0	236583	0	236583	236583	0	236583	236583	236583	236583	236583	236583
通货和存款	80744	20159	7023	107926	111854	1597	231655	233252	0	30873	264125	0	375979	0	483905	0
债务性债券	12052	3382	791	16225	5316	37469	230819	268288	152926	28781	297069	178111	302386	133052	318611	57492
贷款	2884	0	0	2884	0	20442	728068	748510	708938	27187	775697	722196	775697	612435	778581	599966

续表

政府总体部门

项目	广义政府				国有企业										合计	
	狭义政府	事业单位	政府控制的非营利组织	合计	国有非金融企业	国有金融机构							合计		未经合并	合并
						国有存款性金融机构				国有非存款性金融机构	合计		未经合并	合并		
						中央银行	其他存款性金融机构	合计			未经合并	合并				
								未经合并	合并							
股票和其他权益	204430	0	1135	205565	59419	0	4283	4283	4063	12571	16854	0	76273	0	281838	148336
保险技术准备金	0	0	0	0	0	0	0	0	0	0	0	0	0	0	0	0
衍生金融资产	0	0	0	0	0	0	1494	1494	1494	77	1571	1571	1571	1571	1571	1571
应收预付款	11172	24806	1354	37332	106291	13467	2385	15852	0	3406	19258	0	125549	0	162881	0
其他金融资产	1153	1532	1286	3971	13609	7107	9028	16136	16136	170	16305	16305	29914	29914	33885	33885
二、负债	164055	43525	7788	215368	556095	313832	1155248	1469080	1064821	96591	1565671	1092975	2121766	1211370	2337134	1117112
通货和存款	0	0	0	0	0	300964	953723	1254687	1021434	22278	1276965	1012840	1276965	900986	1276965	793060
债务性证券	91780	0	5	91785	50375	7762	107600	115362	0	3597	118959	0	169334	0	261119	0
贷款	0	15322	31	15353	109761	0	39572	39572	0	13929	53501	0	163262	0	178615	0
股票和其他权益	384	0	0	384	102257	220	21928	22147	21927	8714	30862	14007	133119	56845	133503	86937
保险技术准备金	56400	0	0	56400	0	0	0	0	0	30537	30537	30537	30537	30537	86937	86937
衍生金融负债	0	0	0	0	0	0	1417	1417	1417	23	1440	1440	1440	1440	1440	1440
应付预收款	15387	27443	6551	49381	240143	664	23312	23975	8123	4494	28470	9212	268613	143064	317994	155113
其他负债	104	760	1201	2065	53559	4223	7696	11919	11919	13019	24938	24938	78498	78498	80563	80563
三、净值	390426	559173	6385	955984	357859	3446	71674	75120	75120	10584	85704	85704	443563	443563	1399547	1399547

表 15－15

2014 年政府总体资产负债表——SNA 标准表

单位：亿元

项目	广义政府				国有企业										合计	
	狭义政府	事业单位	政府控制的非营利组织	合计	国有非金融企业	国有金融机构							合计		未经合并	合并
						国有存款性金融机构			国有非存款性金融机构	合计					
						中央银行	其他存款性金融机构	合计		未经合并	合并	未经合并	合并		
								未经合并	合并							
一、资产	578280	577677	15427	1171384	1057469	338249	1384992	1723241	1266489	147594	1870834	1315611	2928304	1856742	4099688	2673730
非金融资产	222118	523378	2523	748019	692855	622	19434	20056	20056	5319	25375	25375	718229	718229	1466248	1466248
固定资产	102647	262919	1554	367120	277760	622	7103	7724	7724	2145	9869	9869	287629	287629	654749	654749
在建工程	8113	24092	88	32293	121749	0	1783	1783	1783	0	1783	1783	123532	123532	155825	155825
投资性房地产	0	0	0	0	13858	0	96	96	96	466	562	562	14420	14420	14420	14420
公共基础设施	739	223903	0	224642	0	0	0	0	0	0	0	0	0	0	224642	224642
存货	953	3954	511	5418	160934	0	0	0	0	0	160934	160934	160934	160934	166352	166352
文物文化资产	0	4088	138	4226	0	0	0	0	0	0	0	0	0	0	4226	4226
非生产资产	108609	1760	228	110597	59901	0	1224	1224	1224	432	1656	1656	61557	61557	172154	172154
其他非金融资产	1057	2662	4	3723	58653	0	9229	9229	9229	2276	11504	11504	70157	70157	73880	73880
金融资产	356162	54299	12904	423365	364615	337627	1365558	1703185	1246433	142275	1845460	1290236	2210074	1138513	2633439	1207482
国际储备资产	0	0	0	0	0	238597	0	238597	238597	0	238597	238597	238597	238597	238597	238597
通货和存款	91623	23393	7179	122195	124528	2262	256762	259024	0	43813	302837	0	427364	0	549559	0
债务性债券	14269	3808	1681	19758	28759	15318	279384	294702	159527	36299	331001	190588	359760	155248	379518	71913
贷款	3538	0	0	3538	0	37132	809661	846792	799180	41323	888116	816027	888116	678802	891654	665418

政府总体部门

续表

项目	政府总体部门															
	广义政府				国有企业								合计		合计	
						国有金融机构										
	狭义政府	事业单位	政府控制的非营利组织	合计	国有非金融企业	国有存款性金融机构				国有非存款性金融机构	合计					
						中央银行	其他存款性金融机构	未经合并	合并		未经合并	合并	未经合并	合并	未经合并	合并
股票和其他权益	231062	0	1383	232445	56447	0	4633	4633	4413	15855	20487	0	76934	0	309379	162058
保险技术准备金	0	0	0	0	0	0	0	0	0	0	0	0	0	0	0	0
衍生金融资产	0	0	0	0	232	0	1627	1627	1627	88	1715	1715	1947	1947	1947	1947
应收预付款	14319	26005	1475	41799	134041	12307	2413	14720	0	4677	19397	0	153438	0	195237	0
其他金融资产	1351	1093	1186	3630	20609	32011	11078	43089	43089	221	43310	43310	63919	63919	67549	67549
二、负债	189850	48043	7870	245763	650291	334487	1297218	1631706	1174954	132227	1763933	1208709	2414224	1342663	2659987	1234029
通货和存款	0	0	0	0	0	326927	1060106	1387032	1128008	28136	1415168	1112331	1415168	987804	1415168	865609
债务性证券	103075	0	18	103093	64098	6522	128654	135176	0	5238	140413	0	204512	0	307605	0
贷款	0	16844	78	16922	137225	0	47612	47612	0	24476	72089	0	209313	0	226235	0
股票和其他权益	533	0	0	533	111959	220	24184	24404	24184	10426	34829	14342	146788	69854	147321	100134
保险技术准备金	65254	0	0	65254	0	0	0	0	0	34880	34880	34880	34880	34880	100134	100134
衍生金融负债	0	0	0	0	196	0	1554	1554	1554	91	1645	1645	1841	1841	1841	1841
应付预付款	19627	30221	6638	56486	264575	249	25701	25950	11230	6864	32814	13417	297389	143951	353875	158638
其他负债	1361	978	1136	3475	72238	570	9407	9978	9978	22116	32094	32094	104332	104332	107807	107807
三、净值	388430	529634	7557	925621	407178	3762	87773	91535	91535	15366	106901	106901	514079	514079	1439700	1439700

表 15 – 16

2015 年政府总体资产负债表——SNA 标准表

单位：亿元

项目	政府总体部门														合计	
	广义政府				国有企业											
	狭义政府	事业单位	政府控制的非营利组织	合计	国有非金融企业	国有金融机构							合计		未经合并	合并
						国有存款性金融机构				国有非存款性金融机构	合计		未经合并	合并		
						中央银行	其他存款性金融机构	未经合并	合并		未经合并	合并				
一、资产	627438	670005	23732	1321175	1258464	317837	1601144	1918981	1408279	196762	2115744	1467990	3374208	2104226	4695383	3006025
非金融资产	223892	609620	3575	837087	783170	652	19740	20392	20392	7625	28018	28018	811188	811188	1648275	1648275
固定资产	111177	284743	2576	398496	301510	652	7526	8178	8178	2578	10755	10755	312265	312265	710761	710761
在建工程	10135	28516	267	38918	131482	0	1804	1804	1804	0	1804	1804	133286	133286	172204	172204
投资性房地产	0	0	0	0	17542	0	96	96	96	549	645	645	18187	18187	18187	18187
公共基础设施	1217	282535	0	283752	0	0	0	0	0	0	0	0	0	0	283752	283752
存货	1299	4866	542	6707	181617	0	0	0	0	0	0	0	181617	181617	188324	188324
文物文化资产	0	4163	158	4321	0	0	0	0	0	0	0	0	0	0	4321	4321
非生产资产	98748	2071	28	100847	69264	0	1237	1237	1237	535	1772	1772	71036	71036	171883	171883
其他非金融资产	1316	2726	4	4046	81755	0	9077	9077	9077	3965	13042	13042	94797	94797	98843	98843
金融资产	403546	60385	20157	484088	475294	317185	1581404	1898589	1387886	189137	2087726	1439973	2563020	1293038	3047108	1357751
国际储备资产	0	0	0	0	0	221179	0	221179	221179	0	221179	221179	221179	221179	221179	221179
通货和存款	95348	26600	13061	135009	141527	2139	245650	247789	0	57100	304889	0	446416	0	581425	0
债务性债券	17356	4667	3156	25179	46067	15318	395286	410604	234037	51585	462189	273501	508256	236284	533435	111702
贷款	4142	0	0	4142	0	35354	907371	942725	879034	52027	994752	903984	994752	744442	998894	730260

续表

部门＼项目	广义政府 狭义政府	事业单位	政府控制的非营利组织	合计	国有企业 国有非金融企业	国有金融机构 国有存款性金融机构 中央银行	其他存款性金融机构	国有存款性金融机构 未经合并	国有存款性金融机构 合并	国有非存款性金融机构	国有金融机构 合计 未经合并	国有金融机构 合计 合并	国有企业 合计 未经合并	国有企业 合计 合并	合计 未经合并	合计 合并
股票和其他权益	267500	0	1643	269143	66282	0	12958	12958	12738	22531	35489	0	101771	0	370914	201057
保险技术准备金	0	0	0	0	0	0	0	0	0	0	0	0	0	0	0	0
衍生金融资产	0	0	0	0	355	0	3591	3591	3591	151	3743	3743	4098	4098	4098	4098
应收预付款	17781	28318	2096	48195	171594	18739	3696	22436	0	5483	27919	0	199513	0	247708	0
其他金融资产	1419	800	201	2420	49469	24455	12852	37307	37307	259	37566	37566	87035	87035	89455	89455
二、负债	251542	53781	13896	319219	796342	315242	1492997	1808239	1297536	174679	1982918	1335164	2779260	1509278	3098479	1409121
通货和存款	0	0	0	0	0	306383	1187764	1494147	1246358	38868	1533014	1228126	1533014	1086598	1533014	951589
债务性证券	149758	0	3	149761	83284	6572	169995	176567	0	12121	188688	0	271972	0	421733	0
贷款	0	18076	248	18324	159542	0	63691	63691	0	27077	90768	0	250310	0	268634	0
股票和其他权益	1023	0	0	1023	125872	220	30043	30263	30043	12699	42963	30043	168835	67063	169858	114829
保险技术准备金	75082	0	0	75082	0	0	0	0	0	39747	39747	39747	39747	39747	114829	114829
衍生金融负债	0	0	0	0	281	0	3353	3353	3353	152	3505	3505	3786	3786	3786	3786
应付预收款	24164	34217	13018	71399	301829	1107	29469	30577	29469	10837	41413	13494	343242	143729	414641	166933
其他负债	1515	1488	627	3630	125535	959	8682	9641	9641	33178	42819	42819	168354	168354	171984	171984
三、净值	375896	616224	9836	1001956	462122	2595	108147	110743	110743	22083	132826	132826	594948	594948	1596904	1596904

政府总体部门

表 15 – 17

2016 年政府总体资产负债表——SNA 标准表

政府总体部门

项目	广义政府				国有企业										合计	
	狭义政府	事业单位	政府控制的非营利组织	合计	国有非金融企业	国有金融机构							合计		未经合并	合并
						国有存款性金融机构				国有非存款性金融机构	合计		未经合并	合并		
						中央银行	其他存款性金融机构	合计			未经合并	合并				
								未经合并	合并							
一、资产	696654	697316	28704	1422674	1403371	343712	1838860	2182571	1544233	224845	2407416	1617557	3810787	2325004	5233461	3237055
非金融资产	243527	625338	5117	873982	849138	680	23683	24363	24363	12442	36805	36805	885943	885943	1759925	1759925
固定资产	115557	296223	2228	414008	330392	680	7832	8512	8512	3782	12294	12294	342687	342687	756695	756695
在建工程	11827	32912	1611	46350	138812	0	1647	1647	1647	0	1647	1647	140459	140459	186809	186809
投资性房地产	0	0	0	0	20372	0	132	132	132	840	972	972	21344	21344	21344	21344
公共基础设施	1534	280880	0	282414	0	0	0	0	0	0	0	0	0	0	282414	282414
存货	1696	5674	1147	8517	195937	0	0	0	0	0	0	0	195937	195937	204454	204454
文物文化资产	0	4482	103	4585	0	0	0	0	0	0	0	0	0	0	4585	4585
非生产性资产	112743	2526	23	115292	79623	0	1280	1280	1280	580	1860	1860	81483	81483	196775	196775
其他非金融资产	170	2641	5	2816	84002	0	12792	12792	12792	7239	20031	20031	104033	104033	106849	106849
金融资产	453127	71978	23587	548693	554233	343032	1815177	2158209	1519870	212403	2370612	1580752	2924845	1439061	3473535	1477130
国际储备资产	0	0	0	0	0	214897	0	214897	214897	0	214897	214897	214897	214897	214897	214897
通货和存款	101372	29871	13502	144745	153689	2835	270879	273713	0	56004	329718	0	483407	0	628152	0
债务性债券	18867	5089	5530	29486	69133	15279	505475	520755	303259	60337	581092	349696	650225	320813	679711	131244
贷款	4675	0	0	4675	0	88564	989658	1078222	959378	63406	1141627	994876	1141627	825119	1146302	813174

续表

政府总体部门

项目＼部门	广义政府				国有企业										合计	
	狭义政府	事业单位	政府控制的非营利组织	合计	国有非金融企业	国有金融机构							合计		未经合并	合并
						国有存款性金融机构				国有非存款性金融机构	合计		未经合并	合并		
						中央银行	其他存款性金融机构	未经合并	合并		未经合并	合并				
股票和其他权益	307362	0	2362	309724	70097	0	23531	23531	23311	26354	49885	1914	119982	0	429706	236916
保险技术准备金	0	0	0	0	0	0	0	0	0	0	0	0	0	0	0	0
衍生金融资产	0	0	0	0	448	0	5394	5394	5394	79	5473	5473	5921	5921	5921	5921
应收预付款	19230	36128	2037	57395	202451	22984	5082	28067	0	5956	34023	0	236474	0	293868	0
其他金融资产	1621	890	156	2667	58415	-1528	15158	13631	13631	266	13896	13896	72311	72311	74978	74978
二、负债	330014	56386	13091	399491	885513	341786	1715886	2057673	1419334	200791	2258464	1468605	3143977	1658194	3543468	1547064
通货和存款	0	0	0	0	0	340527	1301147	1641674	1367961	50492	1692166	1362449	1692166	1208759	1692166	1064014
债务性证券	219043	0	12	219055	98016	500	216996	217496	0	13901	231396	0	329412	0	548467	0
贷款	0	16367	253	16620	169757	0	118844	118844	0	27908	146751	0	316509	0	333129	0
股票和其他权益	791	0	0	791	144028	220	32226	32446	32226	15526	47971	0	191999	72017	192790	0
保险技术准备金	82908	0	0	82908	0	0	0	0	45565	45565	45565	45565	45565	45565	128473	128473
衍生金融负债	0	0	0	0	378	0	5085	5085	5085	97	5182	5182	5560	5560	5560	5560
应付预收款	26941	38294	12089	77324	342981	358	31285	31643	3576	15125	46768	12745	389749	153275	467073	173206
其他负债	331	1725	737	2793	130354	182	10305	10486	10486	32178	42665	42665	173018	173018	175811	175811
三、净值	366640	640930	15613	1023183	517858	1925	122973	124898	124898	24054	148952	148952	666810	666810	1689987	1689991

参考文献

［1］杜金富等：《中国政府资产负债表编制研究》，北京：中国金融出版社，2018。

［2］财政部：《中国会计年鉴》（2008—2016 年）。

［3］财政部：《中国财政年鉴》（2008—2016 年）。

［4］财政部：《国有企业财务报告》（2008—2016 年）。

［5］民政部：《中国民政统计年鉴》（2008—2016 年）。

［6］交通运输部：《中国交通年鉴》（2008—2016 年）。

［7］住房和城乡建设部：《中国城市年鉴》（2008—2016 年）。

［8］住房和城乡建设部：《中国建设年鉴》（2008—2016 年）。

［9］住房和城乡建设部：《中国房地产统计年鉴》（2008—2016 年）。

［10］水利部：《中国水利年鉴》（2008—2016 年）。

［11］国务院国资委：《中国国有资产监督管理年鉴》（2008—2016 年）。

［12］中国人民银行：《中国金融年鉴》（2008—2016 年）。

［13］中国人民银行：《货币当局资产负债表》（2008—2016 年）。

［14］国家外汇管理局：《国际投资头寸（IIP）统计表》（2008—2016 年）。

［15］国家统计局：《中国统计年鉴》（2008—2016 年）。

［16］国家文物局：《中国文物年鉴》（2008—2016 年）。

［17］中国铁路总公司：《中国铁道年鉴》（2008—2016 年）。

［18］全国社保基金理事会：《全国社保基金年报》（2008—2016 年）。

［19］国土资源部：《中国国土资源年鉴》（2008—2016 年）。

［20］中国银监会：《中国商业银行统计年鉴》（2008—2016 年）。